ACCESO GRATIS ***a la Lectura en la Nube***

Para visualizar el libro electrónico en la nube de lectura envíe junto a su nombre y apellidos una fotografía del código de barras situado en la contraportada del libro y otra del ticket de compra a la dirección:

ebooktirant@tirant.com

En un máximo de 72 horas laborales le enviaremos el código de acceso con sus instrucciones.

La actualidad de San Agustín. Estudios sobre filosofía, antropología y religión

Procedimiento de selección de originales, ver página web:

www.tirant.net/index.php/editorial/procedimiento-de-seleccion-de-originales

Rubén Sánchez Muñoz
Jacob Buganza
Coordinadores

La actualidad de San Agustín. Estudios sobre filosofía, antropología y religión

tirant humanidades
Ciudad de México, 2024

Director de la colección:

Juan José Tamayo

Director de la Cátedra de Teología y Ciencias de las Religiones

Universidad Carlos III de Madrid

© EDITA: TIRANT HUMANIDADES
DISTRIBUYE: TIRANT LO BLANCH MÉXICO
Av. Tamaulipas 150, Oficina 502
Hipódromo, Cuauhtémoc, 06100 Ciudad de México
Telf: +52 1 55 65502317
infomex@tirant.com
www.tirant.com/mex/
www.tirant.es
ISBN: 978-84-1183-583-1
MAQUETA: Tink Factoría de Color

Autores

Mauricio Beuchot
Jacob Buganza
Giovanni Catapano
Pamela Chávez Aguilar
Diego I. Rosales
Rubén Sánchez Muñoz
Samuele F. Tadini
Vicente Valenzuela Osorio

Índice

Presentación

San Agustín es, de manera indiscutible, un autor inagotable. Su doctrina y enseñanza son una fuente preciosa para todo aquel que sinceramente busca con afán la verdad. Los trabajos que aquí se reúnen la buscan a partir de varias de sus obras, de manera que ponen de realce no solo la diversidad de perspectivas que pueden adoptarse para penetrar en la filosofía y teología del santo de Hipona, sino su actualidad, vigencia y validez teorética. El primer capítulo, a cargo de Giovanni Catapano, se titula "Agustín y el conocimiento de sí. Una lectura del libro X del *De trinitate*". Ahí, el filósofo de Pordenone hace ver que la *inquisitio* y el *amor* presuponen el conocimiento de la mente sobre sí misma: la mente siempre tiene un conocimiento de sí, pues sin ella no hay búsqueda ni amor, y todo lo que sabe la mente lo sabe con la totalidad de sí: al conocer, lo sabe en plenitud y no parcialmente, pues si aún hubiese una parte faltante, se sabe faltante en relación a la totalidad que ya debe tener consabida, así que lo que se conoce, sean objetos corpóreos o el conocimiento de otras mentes, siempre es prueba del conocimiento de sí de la propia mente, y dado que se conoce viviendo y de la vivencia la mente aprehende, toda ella conoce su vivir. Catapano realiza un análisis detallado del libro mencionado en su título, advirtiendo que, si bien es válido decir que la mente con todo de sí misma sabe que sabe algo, no se puede deducir que con todo de sí misma sabe lo que sabe ni que conoce todo de sí misma; por ende, no es válido decir que la mente conoce en general, sino que se conoce directamente a sí misma. Catapano hila de manera nítida y sutil el conocimiento de uno mismo con la tríada mental de memoria, inteligencia y voluntad que San Agustín formula de manera por demás clara en el libro XI del *De Trinitate*. Se trata de un capítulo que permite constatar la actualidad del Hiponense, debido a la profundidad de sus planteamientos, los cuales, por lo mismo, lo vuelven un interlocutor prácticamente incuestionable para todo aquel que busca los fundamentos genuinos del ser.

El segundo capítulo, a cargo de Vicente Valenzuela, se titula "Hacer, decir y amar la materia a dos manos. Deriva a partir de los comentarios de San Agustín al *Gn.* 1, 1-5". En él, su autor se propone, por medio del análisis hermenéutico de una selección de textos de los comentarios de San Agustín al Génesis 1, 1-5 (*Las Confesiones*, libro XII y XIII y *Génesis a la letra*, libro I), explicitar una relación entre la Divinidad, la creación y la existencia humana y su significación a lo largo de la historia de la filosofía. El problema estriba en la gradualidad que se encuentra entre Dios, el ser, el pensar y el lenguaje, así como sus mediaciones, cuyo núcleo identificable es la materia respecto al acto creador, que se brinda como existencia para el *conocer* y el *pensar*, siendo de este modo "un horizonte mediador y relacional que es un insumo metódico para el conocer y una ayuda epistemológica para el pensar", ya que mediar es reconocer la diferencia en la realidad, pero no por esto se pierde de vista la unidad que conforma esta alteridad: conocer a Dios en su creación. A partir de la lectura del *Génesis*, el Hiponense advierte que, en el tiempo, no puede darse una relación directa entre Dios y la creación, por lo que desarrolla, para hablar de una creación fuera del tiempo, las nociones de "materia informe" y "formación de la materia". El autor echa mano de estas nociones para sostener una relación trinitaria en la que se hace, se dice y se ama la materia, cuya indagación inicia en la "plástica erótica", referenciando la vitalidad de la creación que expresa el eros. En suma, se propone un aporte agustiniano a las investigaciones estéticas contemporáneas: por ejemplo, la visión dinámica que tiene Agustín del signo, donde su referente no es ni la cosa ni un elemento extralingüístico del mundo, sino la libertad, producto de un diálogo posible en la interioridad, que constituye una comunicabilidad con el espíritu de Dios en la intimidad. Este encuentro, el diálogo en la intimidad, la capacidad de intelección de las cosas funge como eslabón entre la palabra y el decir, hacer y amar de Dios, siendo ella misma trascendente y poniendo de manifiesto la diferencia y su relación con la unidad; este es el carácter de la Sagrada Escritura, y por esto es relevante para la concepción de Agustín sobre el lenguaje, la palabra, el *verbo*, así como su manifestación como signo, tal como la Palabra de Dios. Por ello el santo de Hipona profundiza en la Sagrada Escritura como un ejercicio de intimidad, de diálogo, donde, como cita el autor, "la palabra redime la palabra".

La tercera contribución, de carácter más antropológico-moral, a cargo de Jacob Buganza, lleva por título "El dispositivo teorético neoplatónico en el *De agone christiano* de San Agustín". Este trabajo plantea la importancia de una relectura del *De agone christiano* para recordar y retomar aquella lucha que debe emprender el hombre contra el adversario del alma, que se sirve de sus apetitos para distraerlo con amores desordenados (*cupiditates*) hacia los bienes efímeros (*temporalia bona*) de lo que es lo ordenado. El paradigma es Cristo: el *Verbo* creador y la encarnación de la virtud, pues Él ya ha derrotado al diablo. La manera de ejercitarse para vencerlo es la fe o la búsqueda racional o filosófica de los bienes suprasensibles. El dispositivo teórico es de cuño neoplatónico, y se requiere diferenciar entre el mundo sensible y el mundo inteligible, y captar en qué consiste el Ser de Dios. Es en este marco que se lee el *De agone christiano*: la lucha moral primaria se halla en la propia intimidad, subsumiendo los bienes temporales y perecederos a los bienes supra-temporales y eternos: la *voluntad* es la facultad encargada de efectuar esta subsunción. Esta clara preferencia por los bienes eternos, y sobre todo por el *Bonum summum*, es plasmada por Cristo mismo, a quien el cristiano tiene el deber de imitar, apreciando sus virtudes y tendiendo a practicarlas, dirigiendo las potencias hacia el Bien, en lo que estriba la plena realización y felicidad del hombre.

Viene después la contribución de Samuele F. Tadini con su trabajo "En el principio era el Verbo. Rosmini y las fuentes agustinianas sobre el tema del *incipit* en el *Prólogo* a San Juan". Ahí, su autor busca establecer una relación entre la interpretación que Antonio Rosmini hace del *incipit* encontrado en el *Prólogo* de San Juan, siguiendo la lectura que del santo de Hipona hace el roveretano particularmente en el *In Iohannis evangelium tractatus*, el *De Trinitate*, el *De civitate Dei* y las *Confessiones*. Tadini realiza un pormenorizado análisis de las obras referenciadas por Rosmini, donde San Agustín expone una exégesis de la figura misma de San Juan en virtud de lo que expresa en el *Prólogo*, y lo que ha de significar para los demás hombres. Tras esto, se expone en qué consisten los comentarios de Rosmini, siguiendo a los Padres de la Iglesia y a San Agustín, en los cuales hay un especial énfasis en la importancia de la temporalidad para la comprensión de las afirmaciones joánicas. Distingue además las razones que tiene San Juan, según Rosmini, para disponerlas como lo hizo, concentrándose en el término *Verbum*, lo que da pie a una diferenciación entre esencia y subsistencia en el caso de Dios. Se expone que, de la doctrina expresada en *Prólogo* sobre la creación del mundo, Rosmini diferencia entre acto creativo y acto generativo, lo que también permite comprender la diferencia entre verbo del hombre y Verbo Divino. Finalmente, Tadini habla de una "metafísica vocativa" a la luz de las *Confessiones*, metafísica que propugna una "tercera navegación" que solo es posible con el reconocimiento de Dios de parte del hombre, de un "Yo" que llama a un "Tú", concluyendo con el tema de la comunicabilidad con Dios.

El siguiente capítulo corre a cargo de Diego I. Rosales, quien presenta "San Agustín, el silencio y el deber de la filosofía". Recuperando los compases de los *Soliloquios*, Rosales destaca que la pregunta genuinamente filosófica por el actuar humano conduce a una reflexión de carácter antropológico: al plantearse qué hacer, cómo hacerlo correctamente y por qué finalidad, subyace una necesidad de verdad que justifique la propia existencia del individuo humano, en lo cual estriba justamente la filosofía. El autor expone la relación entre la intimidad del alma del hombre y la exterioridad del mundo que le rodea, pues en aquella se reúne la inquietud de manifestarse en este. Esta manifestación se resume en dos movimientos: el primero consiste en el propio deseo del alma por realizarse verbalmente, por decirse a sí misma, aunque pronto descubra su intrínseca dificultad para hacerlo plenamente, perdiendo intensidad y vivencia; la segunda, más que una expresión, es una proyección, un movimiento del presente al futuro, donde el alma se deja vivir en el tiempo, viviendo por sus deseos y voluntades, un amor primordial que busca su libertad para realizarse, por la que el hombre descubre que su libertad no es omnipotente. Aunque el alma tenga que vérselas en un mundo que le pone resistencia tanto física como socialmente, también es el que la posibilita, pues, de otro modo, el alma no tendría pulsiones: el alma se decanta frente a los objetos que acontecen en él: "el desfase o la asimetría entre lo vivido y lo expresado, y lo deseado y lo conseguido, forma parte del devenir dramático de la existencia humana". Con estas distinciones, Rosales destaca la importancia, primero, de conocer y escuchar la palabra, el *verbum interior*, imagen y semejanza de Dios, que se manifiesta cuando, con el decidido silencio, se presta oído a su música con goce. Aprender a escuchar es aprender a callar, pues solo con el íntimo entendimiento, dotándose de sentido, la voz sensible (*vox*) puede manifestar de mejor manera aquella vivencia interior. Solo la filosofía puede dotar de profundo sentido al deseo, pues escudriña en la cotidianidad la razón de aquel y los motivos que la conducen; es la filosofía la que permite una vivencia del silencio, es decir, la *contemplatio* de los bienes que le son propios al alma, pues tal contemplación y meditación permite al filósofo dirimir correctamente, pues es labor del filósofo madurar y dar sentido a lo que debe expresar el alma, si quiere hacerlo con relación al Bien, que es, imitando a Dios, dar orden y dirección a los propios deseos.

Ahora bien, "San Agustín y el pensamiento analógico" es la quinta contribución de este libro, y ha sido redactada por Mauricio Beuchot. El filósofo coahuilense busca dar cuenta del uso de la analogía que se encuentra presente en la obra de San Agustín, que, si bien es una herramienta tan antigua como los pitagóricos, no le es en ninguna manera desconocida al Hiponense, ya que su pensamiento se revela como un tejido que mantiene un balance entre la rigidez de la razón unívoca y la ambigüedad de la sinrazón equívoca. Beuchot plantea que la analogía se halla en los pilares mismos del pensamiento de San Agustín, pues ya la relación que se establece entre Dios y su creación se concibe en términos analógicos, o sea, como participación, proporcionalidad y armonía divinamente dispuesta. También el pensar sobre Dios solo puede hacerse sirviéndose de la analogía, pues el Creador está por encima de todas las categorías de lo creado: solo la analogía, que es un conocimiento indirecto, si se quiere, permite acceder indirectamente al conocimiento de Dios. Igualmente, la analogía es utilizada para hablar de la Trinidad, su relación, imagen y semejanza con la estructuración del espíritu humano. Las creaturas, en general, son iconos del Creador, y más lo son las inteligentes. En este mismo sentido, la exégesis de la Biblia hace ver la importancia tan alta que tiene el uso de la alegoría, no perdiéndose en lo meramente literal, sino encontrando un sentido en lo escrito para el quehacer nuestro. La historia también es analógica, pues en ella no solo hay datos de grandes obras, sino indicios o signos de la intervención de Dios en la vida del mundo. En suma, el pensamiento de San Agustín, especialmente el teológico, se encuentra vinculado por una dialéctica de la diferencia, donde lo semejante se funde con lo desemejante, dejando que lo opuesto conviva en constante tensión y que, a su vez, logra dar cuenta de una unidad, a saber, la verdad.

Rubén Sánchez Muñoz presenta "Persona e interioridad: Edith Stein y San Agustín". El autor tiene como propósito el establecer una relación entre el concepto Persona, núcleo de la antropología de Edith Stein, que no es sino la vida interior, en el corazón, donde residen las afectividades, y la Interioridad de San Agustín, cuya figura, dice el autor, se ha visto opacada por las de Tomás de Aquino, Edmund Husserl y los místicos. Se trata además de una exposición de lecturas de varios especialistas, de entre los que destacan Ezequiel García Rojo, Urbano Ferrer, Eduardo González Di Pierro, Peter Schulz, entre otros, en cuyas obras se trata el personalismo de la filósofa y también fungen como antecedentes de una advertencia sobre la relación que tiene con el santo de Hipona, que puede ser vislumbrada de mejor manera en el capítulo VIII de *Ser finito y ser eterno*: este capítulo presupone las lecturas de Stein al *De Trinitate* y a las *Confessiones*. Aun cuando hay indicios de que ya desde el periodo de conversión hay en Stein influencia agustiniana, Sánchez Muñoz estima más plausible verla expuesta hasta su madurez, pues la misma filósofa, en una carta respuesta a la tesis doctoral de Boelaars (*Der Intentionaliteit der kennis bij Edmund Husserl*), recomienda su propio libro donde explicita la vena agustiniana que caracteriza su estudio, aunque el punto de partida sea Santo Tomás. Para dar prueba de su tesis, Sánchez Muñoz se sirve de varias citas de Stein donde ella se refiere directamente al Obispo de Hipona, y concatena una línea de pensamiento en la que se enmarca la interioridad como la experiencia originaria del yo como punto de partida para la preocupación fenomenológica de la "realidad del propio ser", que empieza con el libro X del *De Trinitate*. Vinculando esta postura con lo explicado por Catapano, en tal libro se establece que lo que primeramente se conoce es que se vive, pasando por las *Meditaciones metafísicas*, con el *cogito ergo sum*, y que tiene finalmente continuación en Husserl cuando establece como campo de investigación la conciencia: esto da como resultado la "vida-del-yo", que no es otra cosa que la conciencia misma. Si bien en su antropología Stein afirma que naturalmente el hombre está atento al mundo exterior, eventualmente puede adquirir capacidad para dirigir la atención hacia su propio ser, que es ciertamente su propia interioridad. Desde aquí, Rubén Sánchez indaga sobre la vida del yo, cuyo núcleo es el corazón, la facultad por la que el hombre vive y mantiene la interioridad del alma, la cual es afectada por los acontecimientos que la persona misma experimenta, que van desde lo externo hacia lo interno y viceversa. Finalmente, lo que daría título a la obra más conocida de Stein, *Ser finito y ser eterno* circunscribe, al igual que San Agustín lo hiciera en el *De Trinitate*, una relación entre el hombre, cuya vida es pasajera, y Dios, quien es eterno y puede colmar al hombre.

El último capítulo del libro se titula "Libertad del ser humano en clave relacional en San Agustín", a cargo Pamela Chávez. Este trabajo conclusivo tiene como intención recuperar la noción de libertad de San Agustín presente en *De libero arbitrio* y en las *Confessiones*, en el marco de la filosofía contemporánea. El carácter que la filosofía de San Agustín ofrece es la libertad en clave relacional, que ya puede advertirse desde la misma relación entre personas que integran la Trinidad como fundamento teológico: el hombre, al ser *imago Dei*, es asimismo "constitutivamente intencional", es decir, el ser del hombre está relacionado al Ser de Dios, y es su deber, si quiere actuar correctamente y calmar su angustia, dirigirse hacia él imitando a Cristo, quien redime al hombre en el tiempo y cuya imitación nos redime también a nosotros. Dicha vuelta hacia Dios expresa una unión amorosa y definitiva que explicitaría la estructura del *liberum arbitrium*: "la necesidad de liberación y el anhelo de libertad", que se finca en la certeza del existir mismo y el camino que debe adquirir la voluntad en función de qué tanto desea aceptar o rechazar la realidad. La voluntad es condición de posibilidad de la vida moral, ya que, al tener consciencia de la voluntad en plena posesión, se relaciona tanto a influencias del exterior como del interior. Aunque tenga afecciones involuntarias, cuya fuente es el exterior, como el miedo o tristeza, no contradice a ese yo que se auto-posee, sino que lo supone al dar cuenta sobre una contigüidad de voluntades. Recuperando a Edith Stein, el autor comparte la opinión de la fenomenóloga cuando dice que el libre arbitrio consiste en un movimiento de la voluntad hacia algo que se posicione frente a ella, siendo este algo un motivo; de modo que la voluntad es una intencionalidad que tiene el alma para manifestar el movimiento hacia un objeto de deseo con mayor o menor fuerza. Por la comunidad con Dios que se encuentra en la interioridad, es posible advertir que la voluntad también puede ser dirigida por alguna semilla del Bien plantada por Él, pero al encontrarse en una vitalidad que se va realizando, y debido a que el ser del hombre es frágil y perecedero, la voluntad tiene que verse en constante lucha; la vida humana es una tensión constante, un esfuerzo dramático, en la que se halla la libertad, hasta que la Gracia divina transforma y sostiene en paz al combatiente y permite comprender cómo la libertad plena se sostiene en el amor al bien (*ordo amoris*). En suma, Chávez analiza con enorme cuidado el significado que se encuentra en el *fecisti nos ad te et inquietum est cor nostrum, donec requiescat in te*, pues en esta frase emblemática se engloba el núcleo fundamental que constituye al hombre: su origen en Dios y su búsqueda incesante por volver a Él.

Los coordinadores

Agustín y el conocimiento de sí. Una lectura del libro X del *De trinitate*[1]

Giovanni Catapano
Universidad de Padua

En esta contribución me propongo brindar una introducción a la lectura del libro X del *De trinitate* de Agustín, centrándome en particular en un tema de primordial importancia filosófica que se aborda en este libro: el del conocimiento de sí, propio de la mente humana. Existe ya una considerable literatura crítica sobre este tema en el pensamiento agustiniano[2]. Sin embargo, pienso que no es inútil enmarcarlo en una

1. Este trabajo originalmente fue una conferencia impartida en la Universidad de Pavía el 21 de abril de 2016 en el marco de la *Lectio Augustini* de la XLVIII "Settimana Agostiniana Pavese". Agradezco al colega Enrico Moro por las importantes observaciones a la primera versión del texto. La traducción castellana es de Jacob Buganza.
2. Cf. Biolo, S. *La coscienza nel De Trinitate di S. Agostino*, Libreria Editrice dell'Università Gregoriana, Roma, 1969; Williams, R. "The Paradoxes of Self-Knowledge in the *De Trinitate*", en: Lienhard, J. T.; Muller, E. C. y Teske, Roland, J. (eds.), *Collectanea Augustiniana. Augustine: "Presbyter factus sum"*, P. Lang, New York, 1993, pp, 121-134; Ayres, L. "The Discipline of Self-Knowledge in Augustine's *De Trinitate* Book X", en: Id. (ed.), *The Passionate Intellect*, Transaction Publisher, Brunswick NJ, 1995, pp. 261-296; Id., *Augustine and the Trinity*, Cambridge University Press, Cambridge, 2010, pp. 297-303; Friis Johansen, K. "The Mind's Discovery of Itself. Augustine on Self-Knowledge with a View to the Pagan Tradition", en: *Henologische Perspektiven, II. Festschrift für E.A. Willers*, Editions Rodopi, Amsterdam, 1997, pp. 103-117; Brachtendorf, J. *Die Struktur des menschlichen Geistes nach Augustinus. Selbstreflexion und Erkenntnis Gottes in "De Trinitate"*, F. Meiner, Hamburg, 2000, pp. 163-193; Matthews, G. "Augustine on the Mind's Search for Itself", en: *Faith and Philosophy*, 20, (2003), pp. 415-429; Hankey, W. J. "'Knowing as We Are Known' in *Confessions* 10 and Other Philosophical, Augustinian and Christian Obedience to the Delphic *Gnothi Seauton* from Socrates to Modernity",

presentación en conjunto con el libro que acoge su mayor tratamiento por parte de Agustín, convencido de que una correcta aproximación hermenéutica debe partir del estudio de los textos antes de llegar al análisis de los temas, y no al revés. De hecho, al abstraer un tema de su ubicación textual, se corre el riesgo de no comprender completamente las razones por las que el autor lo discutió y la forma en que lo desarrolló.

1. EL LIBRO X EN EL CONTEXTO DE LA OBRA

Para introducirnos en la lectura del libro X del *De trinitate*, conviene comenzar por el resumen que el propio Agustín sitúa en el último libro de la obra. En 15, 3, 5 resume el libro X en los siguientes términos:

> En el libro X se trata del mismo argumento, pero con mayor profundidad y diligencia; y llegamos a descubrir en el alma una trinidad de relieve más acusado en la memoria, entendimiento y voluntad. Mas, como es manifiesto, es imposible a la mente dejar de acordarse de sí misma, de conocerse y amarse,

en: *Augustinian Studies*, 34, (2003), pp. 23-48; Cillerai, B. *La memoria come "capacitas Dei" secondo Agostino. Unità e complessità*, ETS, Pisa, 2008, pp. 294-300; Brittain, C. "Self-knowledge in Cicero and Augustine (*De trinitate*, X, 5,7-10, 16), en: *Medioevo. Rivista di storia della filosofia medievale*, 37, (2012), pp. 107-135; Id., "Intellectual Self-Knowledge in Augustine (*De Trinitate* 14.7-14), en: Bermon, E. y O'Daly, G. (eds.), *Le De Trinitate de saint Augustin. Exégèse, logique et noétique*, Institut d'Études Augustiniennes, París, 2012, pp. 313-330; Horn, C. "Augustine's Theory of Mind and Self-Knowledge: Some Fundamental Problems", ibid., pp. 205-219; Catapano, G. "Saggio introduttivo", en: Agostino, *La Trinità*, Bompiani, Milán, 2012, pp. CXV-CXXII; Morrison, K. F. "Augustine's Project of Self-Knowing and the Paradoxes of Art: An Experiment in Biblical Hermeneutics", en: Vinzent, Markus (ed.), *Studia Patristica*, t. 70, Peeters, Leuven-París-Walpole, Ma., 2013, pp. 159-183; Catapano, G. "Le triadi mentali nel *De trinitate* di Agostino tra conoscenza di sé e pensiero di sé", en: Piaia, G. y Zago, G. (eds.), *Pensiero e formazione. Studi in onore di Giuseppe Micheli*, CLEUP, Padova, 2016, pp. 157-170; Bae, S. *La Trinità luce e amore dell'anima. Indagine sul concetto agostiniano di* intentio, Città Nuova, Roma, 2022, pp. 314-328.

> aunque no siempre piense en sí. Cuando reflexiona, no se desentiende con el pensamiento de los objetos corpóreos, y por eso aplazamos la disputa trinitaria hasta encontrar en la percepción de los cuerpos visibles una especie de trinidad, para ejercitar así la penetración del lector[3].

Este resumen destaca en primer lugar el vínculo entre el libro X y los anteriores y posteriores. De hecho, Agustín afirma que en el libro X el tema tratado es el mismo que en el libro IX, a saber, el hecho de que en la mente humana, creada a imagen de Dios, se encuentra una trinidad constituida por la mente misma, por el conocimiento de sí misma y por su amor a sí y a su propio conocimiento, y que estas tres cosas —*mens, notitia* y *amor*— son iguales entre sí y de una sola esencia, es decir, consustanciales[4]. La diferencia con respecto al libro IX es que este tema en el libro X se somete a un tratamiento más cuidadoso y sutil, hasta el punto de resaltar una *trinitas* mental más evidente, la constituida por la tríada de *memoria, intellegentia* y *voluntas*, donde la cualificación de *evidentior* se entiende, en mi opinión, tanto en el sentido de que estos tres segundos términos resultan indudablemente

3. San Agustín, *De trin.*, 15, 3, 5: "*In decimo hoc idem diligentius subtiliusque tractatum est atque ad id perductum ut inveniretur in mente evidentior trinitas eius, in memoria scilicet et intellegentia et voluntate. sed quoniam et hoc compertum est quod mens numquam esse ita potuerit ut non sui meminisset, non se intellegeret et diligeret, quamvis non semper se cogitaret, cum autem cogitaret non se a corporalibus rebus eadem cogitatione dis cerneret, dilata est de trinitate cuius haec imago est disputatio ut in ipsis etiam corporalibus visis inveniretur trinitas et distinctius in ea lectoris exerceretur intentio*". Las citas latinas provienen de la edición de William J. Mountain y François Glorie, Brepols, Turnhout, 1968 (Corpus Christianorum, series Latina, 50-50A). La traducción corresponde a la versión vertida por la editorial Biblioteca de Autores Cristianos.
4. Cf. San Agustín, *De trin.*, 15, 3, 5: "La discusión avanza, en el libro IX, hasta llegar a la imagen de Dios, que es el hombre según la mente, y en la mente encontramos una cierta trinidad: la mente, la noticia por la que se conoce a sí misma y el amor con que se ama a sí misma y a su noticia; y estas tres cosas son iguales entre sí, y su esencia se demuestra que es una".

más ciertos, como en el sentido de que en sus relaciones mutuas presentan una semejanza aún mayor a la Trinidad divina. Sin embargo, la trinitas de *memoria, intellegentia* y *voluntas* no es en modo alguno evidente en el sentido de ser fácilmente reconocible por cualquiera, y es precisamente por eso que Agustín, en lugar de elevarse inmediatamente a la contemplación de la Trinidad divina, cuya mente es la imagen, prefiere someter a sus lectores a una *exercitatio* que les permita captar de manera más distinta la trinidad mental, a partir de la estructura trinitaria de la sensación visual de los cuerpos que se analiza en el libro XI. El libro X es, por ello, el lugar del *De trinitate* en el que se produce el tránsito de la primera trinidad mental fundamental, la de *mens-notitia-amor* destacada en el libro IX, a la segunda trinidad mental fundamental, la de *memoria-intellegentia-voluntas,* y en la cual[5], al mismo tiempo, se aplaza el estudio de la segunda —que tendrá lugar únicamente en el libro XIV—, situándolo como meta de un itinerario que será recorrido en los libros XI, XII y XIII.

El resumen que hace Agustín en el libro XV, además, relaciona el itinerario de *exercitatio*, que se propondrá en los libros XI-XIII, con el pensamiento que la mente tiene de sí misma. Tal itinerario es adecuado porque no solo la mente no siempre piensa en sí misma, sino que, cuando lo hace, piensa sin distinguirse de las cosas corporales. Aparece aquí el tema del *cogitare* como un acto distinto y, en cierto modo, opuesto a los actos que forman la imagen de la Trinidad divina en la mente humana. Los actos del *sui meminisse, se intellegere* y *se diligere* son de hecho indefectibles (y, por ende, no temporalmente distintos) e independientes del *se cogitare* que, en cambio, es temporal y, además, engañoso, en la medida en que lleva a la mente a confundirse con los cuerpos. No es casual, por ello, que la *exercitatio* desplegada en los libros posteriores parta precisamente de la visión de las cosas corpóreas y se aleje cada

5. Sobre esta transición, cf. Yin-Yam, C. C.-Y. "Augustine's Intention in Proceeding from '*mens, notitia, amor*' to '*memoria, intellegentia, voluntas*'", en: Vinzent, Markus (ed.), *Studia Patristica,* t. 99, Peeters, Leuven, 2017, pp. 327-339.

vez más de ella y de la *cogitatio* que en ella se asienta, para descender paulatinamente a la profundidad constitutiva y estructural de la mente humana.

2. ESTRUCTURA

A la luz del resumen realizado por Agustín en el libro XV, esperamos encontrar —y efectivamente encontramos— en el libro X del *De trinitate* dos partes principales. La primera parte es aquella en la que se exploran la *trinitas* de la mente, el conocimiento y el amor, investigando especialmente el vínculo inseparable entre el amor propio y el conocimiento de sí de parte de la mente. La segunda es, en cambio, aquella en la que emergerán la *trinitas* de memoria, inteligencia y voluntad, colocando en primer plano algunos aspectos que vuelven aconsejable un abordaje más gradual. El límite entre la primera y la segunda parte puede identificarse en el § 13. Aquí, en efecto, el discurso pasa de la prueba del conocimiento de sí a la certeza que tiene la mente de comprender (*intellegere*), querer (*velle*) y tener memoria (*meminisse*)[6].

Estas dos partes principales del libro se pueden subdividir a su vez en macrosecciones. La primera parte, es decir, los §§ 1-12, presenta dos de ellos, en los que se argumenta respectivamente que la mente, incluso cuando se busca a sí misma, ya se conoce a sí misma totalmente (§§ 1-6) y que el mandato de conocerse a sí mismo debe entenderse en el sentido de pensarse adecuadamente (§§ 7-12). También la segunda parte, es decir, los §§ 13-19, es substancialmente bipartita: en primer lugar, se destacan las certezas que la mente tiene sobre sí misma y sobre la base de ellas se rechaza cualquier concepción materialista de la mente (§§ 13-16); en segundo lugar, de entre las cosas de las que el espíritu está

6. Para la traducción de *meminisse* como "tener memoria", cf. la nota 50 de Beatrice Cillerai en Agostino di Ippona, *La Trinità*, Bompiani, Milán, 2012, pp. 1122-1123.

seguro de sí mismo se seleccionan la memoria, la inteligencia y la voluntad y se muestra cómo constituyen una trinidad que, para hacerse claramente discernible, requiere, empero, una investigación suplementaria (§§ 17-19).

3. TEMAS

El primer gran tema del Libro X es el del conocimiento de sí. Ya había sido introducido en el libro IX, en el que Agustín había afirmado que, cuando la mente se ama a sí misma, no solo están presentes dos realidades, a saber, la mente y el amor, sino tres, porque hay que añadir el autoconocimiento, ya que es imposible amar lo que se ignora[7]. Agustín había descartado, entonces, que la mente pueda amarse a sí misma sin tener de sí más que un conocimiento genérico o específico, derivado del conocimiento que tendría de otras mentes. En efecto, si conoce otras mentes, entonces la mente no puede ignorarse a sí misma, ya que conoce realidades incorpóreas mediante sí misma[8]. En otras palabras, en todo conocimiento de las cosas incorpóreas —y, por tanto, también en el conocimiento hipotético de otras mentes— está la presencia activa de la mente, que, por ende, no puede permanecer desconocida para sí misma. Esto no significa negar la posibilidad de un conocimiento de la mente de tipo genérico o específico, es decir, según el género y la especie. En el libro IX, Agustín admite este tipo de conocimiento al distinguirlo del conocimiento directo que la mente tiene de sí misma, pero lo hace depender no de la experiencia que se hubiera tenido de otras mentes, sino de la visión de la forma inmutable de la mente presente en la

7. San Agustín, *De trin.*, 9, 3, 3. Cf. Bouton-Touboulic, A.-I. "Qu'il n'y a pas d'amour sans connaissance: *étude* d'un argument du *De Trinitate*, livres VIII-XV", en: Bermon y O'Daly (eds.), *Le De Trinitate de saint Augustin*, *Op. cit.*, pp. 181-203.
8. San Agustín, *De trin.*, 9, 3, 3.

Verdad eterna[9]. También en el libro IX, Agustín había destacado la igualdad y la inmanencia recíproca de *mens*, *notitia* y *amor* cuando estos dos últimos términos son perfectos, es decir, cuando la mente se conoce y se ama totalmente, o sea, no menos (*minus*) de cuanto ella es, y pertinentemente, es decir, nada más (*amplius*) y no de diversa manera respecto a cuanto ella es[10]. La aclaración de que esto sucede *cum se totam mens amat e totam novit*[11] permitía entender que la mente no siempre se ama y se conoce a sí misma totalmente. En el contexto del Libro IX, la *notitia* aparecía como una posibilidad que puede implementarse en diferentes grados y que se realiza bajo la forma de un *verbum* generado y nacido internamente, en un proceso que se desarrolla en el tiempo[12]. El Libro X corrige esta perspectiva y revela una capa más profunda del conocimiento de sí que ya se da originalmente con la mente misma de manera perfecta. La consecuencia de esta corrección será relegar la *notitia sui* que se expresa como *verbum* a un nivel más superficial, el de la *cogitatio*, que, situándose en la dimensión de la temporalidad, no puede candidatearse para acoger la verdadera imagen de Dios en el hombre.

El punto de partida de esta profundización de la noción de conocimiento de sí está en continuidad con los compases finales del libro IX. El último párrafo de este libro había abordado, a nivel de la mente, que está hecha a imagen de la Trinidad, una de las cuestiones fundamentales a las que el *De trinitate* pretende dar respuesta, a saber, cómo es que el primer término de la *trinitas* genere el segundo, pero no el tercero. En el caso de la Trinidad divina, se trata de comprender por qué no es correcto creer que el Espíritu Santo es engendrado por el Padre de tal manera que también a él se le puede llamar "hijo", como segunda Persona de la Trinidad. Agustín había intentado mostrar que también en el caso de la mente esta genera su propio conocimiento de sí, pero no su amor

9. Cf. Ibid., 9, 6, 9.
10. Cf. Ibid., 9, 4, 4. 7; 5, 8.
11. Ibid., 9, 5, 8.
12. Cf. Ibid., 9, 7, 12-12, 18.

propio. Para obtener este resultado, había recurrido a la distinción entre búsqueda y amor como dos fases o estadios diferentes de la voluntad en relación con un mismo objeto. La búsqueda (*inquisitio*) es la voluntad (*voluntas*) por encontrar, voluntad que también puede llamarse deseo (*appetitus*). El amor, en cambio, es el acto por el cual la voluntad posee y abraza al objeto encontrado. Desde un punto de vista cognitivo, el hallazgo del objeto buscado puede describirse como un parto[13]; dado que este nacimiento cognoscitivo es precedido por el deseo de conocer, se sigue que el deseo mismo y, por tanto, el amor, que es el deseo realizado, no son ellos mismos fruto de un parto, es decir, de una generación. Hablando precisamente del deseo de conocer, Agustín había observado que, si quien quiere conocer "con ardor lo ansia y constancia, se llama "estudio", término muy usual en la búsqueda y adquisición de las ciencias"[14].

El Libro X se vincula exactamente con el caso de los *studentes*, para explicar más claramente a partir de él la relación entre el amor y el conocimiento: "En primer término, pues nadie puede amar una cosa por completo ignorada, examinemos con diligencia de qué naturaleza es el amor de los estudiantes; es decir, de los que no saben, pero desean saber"[15]. Los *studentes* interesan a Agustín porque alimentan un intenso deseo de conocer, arden en deseos de aprender y, por tanto, son movidos hacia el conocimiento por una fuerza motriz que es la fuerza misma del amor. Sin embargo, dado el principio que rige todo razonamiento agustiniano de que es imposible amar algo que se desconoce por completo, es necesario que los *studentes* tengan ya algún conocimiento de

13. Agustín juega con la afinidad entre los verbos *reperio* ("reencuentro") y *pario* ("paro", de "parir").
14. Ibid., 9, 12, 18: "*Quod si ardenter atque instanter vult, studere dicitur, quod maxime in assequendis atque adipiscendis quibusque doctrinis dici solet*".
15. Ibid., 10, 1, 1: "*Ac primum quia rem prorsus ignotam amare omnino nullus potest, diligenter intuendum est cuiusmodi sit amor studentium, id est non iam scientium sed adhuc scire cupientium quamque doctrinam*".

ese conocimiento que se esfuerzan por adquirir. Esto se aplica no solo a aquellos que merecen propiamente el nombre de *estudiosos*, sino también a los llamados *curiosos*, es decir, a aquellos que quieren saber algo por el mero hecho de saber[16]. El tratamiento de la relación entre el amor y el conocimiento en los *estudiosos* y los *curiosos*, entremezclada con la relativa a los que quieren conocer el significado de las palabras, ocupa los tres primeros párrafos del libro X y se resume en el § 4 a través de la clasificación de cuatro diferentes formas en que podemos amar algo que anhelamos conocer. Los modos son los siguientes:

(1) mediante un conocimiento genérico, es decir, conociendo la clase de cosas a las que pertenece la cosa en cuestión, e imaginando su afinidad con las cosas de esa clase que ya conocemos;

(2) mediante un conocimiento ideal, esto es, conociendo la razón eterna de la cosa;

(3) mediante el conocimiento de algo con lo cual la cosa se relaciona, por ejemplo, el fin al que permite llegar;

(4) mediante el conocimiento del conocer en cuanto tal.

En los cuatro modos, lo que nos atrae hacia el conocimiento de algo es la percepción de cierta belleza, ya sea porque alguien nos alaba la cosa que habla de ella (modo 1), o porque vemos la cosa en su forma perfecta (modo 2), o porque nos parece bello el fin del que la cosa puede ser un medio (modo 3), o porque en todo caso nos parece bello el hecho de conocer algo (modo 4). El cuarto modo es típico de los *curiosos*, mientras que el

16. La distinción entre estudiosos y curiosos aparece por vez primera en Agustín en el *De ord.*, 1, 11, 31; 2, 5, 17 (ed. Fuhrer, Therese, en: Bibliotheca scriptorum Graecorum et Romanorum Teubneriana, 2022, De Gruyter, Berlin-Boston, 2017, pp. 139; 155) y es ampliamente ilustrada en el *De util. cred.*, 9, 22 (ed. Zycha, Joseph, en: Corpus scriptorum ecclesiasticorum Latinorum, 25.1, F. Tempsky-G. Freytag, Praha-Wien-Leipzig, 1891, pp. 26-28). Cf., también *Serm.* 2437, 7 (ed. Migne, Jacques-Paul, en: Patrologia Latina, 38, J.-P. Migne, Paris 1845, col. 1146)3.

ardor de los *estudiosos* se inflama a menudo por la autoridad de quienes elogian una determinada *doctrina* (modo 1) y a veces por la finalidad, es decir, por la utilidad práctica de la *doctrina* misma (modo 3). El modo 2 es, en cambio, el que, según Agustín, nos induce a buscar el significado de palabras desconocidas, movidos por el hecho de contemplar "en la luz de la Verdad [...] cuán grande y bueno es comprender y hablar las lenguas de todos los pueblos y no oír o hablar ninguna como extranjero"[17]. El amor dirigido al conocimiento, es decir, la búsqueda cognoscitiva de algo está, por tanto, ligado a algún conocimiento ya presente. Sin embargo, ninguno de los cuatro modos distinguidos a propósito de los *estudiosos* y los *curiosos* es adecuado para el caso de la mente que desea conocerse a sí misma, ya que todos esos modos se basan únicamente en el conocimiento indirecto. Agustín los excluye uno por uno en el § 5, por las siguientes razones:

(1) La mente no puede amarse a sí misma por el mero hecho de representarse a sí misma sobre la base del conocimiento genérico de lo que es una mente, adquirido a través de la experiencia de otras mentes, por la razón ya explicada en el libro IX, es decir, porque no podría conocer otras mentes sin conocerse a sí misma, ya que es por sí misma que conoce toda la realidad incorpórea. Tampoco podría adquirirse tal conocimiento genérico de oídas, porque entonces el alma no se amaría realmente a sí misma, sino a una representación de ella, que también podría ser muy distinta de su actual realidad;

(2) La mente no puede amarse a sí misma por el mero hecho de ver "en la razón de la Verdad eterna" lo hermoso que es conocerse a sí misma, porque no se comprende cómo podría apreciar la belleza de conocerse sin conocerse todavía;

(3) La mente no puede amarse a sí misma por el mero hecho de conocer mediante la memoria su fin, es decir, su beatitud, porque

17. San Agustín, *De trin.*, 10, 1, 2: "*Conspicit namque in luce veritatis quam magnum et quam bonum sit omnes omnium gentium linguas intellegere ac loqui nullamque ut alienigenam audire et a nullo ita audiri*".

no se comprende cómo puede recordar su beatitud sin recordarse a sí misma;

(4) Finalmente, la mente no puede amarse a sí misma por el mero hecho de amar el conocer mismo, porque el conocer es un acto suyo y el conocimiento de tal acto implica el conocimiento de la mente misma como sujeto que lo realiza.

Desarrollando este cuarto y último punto, Agustín llega, en el § 6, a la afirmación de que la mente ya se conoce a sí misma totalmente. La mente que se busca a sí misma, es decir, que desea conocerse a sí misma, es una mente que, sin embargo, sabe que no se conoce a sí misma. De hecho, si no conociera que no se conoce, no se buscaría. Así, la búsqueda de sí mismo presupone al menos el conocimiento de sí como si no se conociera. Esta situación, que es la de la búsqueda de sí mismo, no puede, empero, describirse como la situación de una mente que en parte se conoce a sí misma y en parte no. El conocimiento de sí, que presupone la búsqueda de sí mismo, no es parcial, por la razón de que, todo lo que la mente sabe, lo sabe con todo de sí misma. Es la mente en su totalidad la que sabe cualquier cosa que sepa. En consecuencia, si la mente sabe que conoce algo, ella sabe que con todo sí misma ella conoce algo, y esto significa, según Agustín, que sabe todo de sí misma. Cito textualmente el razonamiento de Agustín:

> ¿Qué diremos? ¿Que en parte se conoce y en parte se ignora? Es un absurdo afirmar que el alma toda no sabe lo que sabe. No digo: "lo sabe todo"; pero lo que sabe lo sabe toda. Cuando conoce algo suyo, cosa imposible de no saberlo toda, se conoce totalmente. Sabe que sabe algo, y es imposible saber algo si no lo sabe totalmente. Luego toda se conoce. ¿Qué hay para ella tan conocido como su propio vivir? No es posible ser mente sin vivir, siendo, a mayor abundamiento, inteligencia; las almas de los brutos tienen vida, pero no inteligencia. Esta mente es toda mente y toda vida. Conoce su vivir. Luego se conoce totalmente[18].

18. Ibid., 10, 3, 6: "*Quid ergo dicemus? An quod ex parte se novit, ex parte non novit? Sed absurdum est dicere non eam totam scire quod scit. non dico: 'Totum scit', sed: 'Quod scit tota scit'. Cum itaque aliquid de se scit quod nisi tota non*

Este argumento, a mi juicio, está expuesto a la acusación de falacia desde un punto de vista lógico. No me refiero a la verdad de las dos premisas de las que se extrae la conclusión, es decir, las afirmaciones de que es la mente en su totalidad la que sabe lo que sabe, y sabe que sabe algo. La primera premisa tal vez dependa, como ha sugerido Jean Pépin, de la doctrina neoplatónica según la cual en las realidades incorpóreas, el todo está íntegramente presente en cada parte[19]. La segunda premisa ha sido establecida por Agustín al final del § 5, donde argumenta que la mente sabe lo que es conocerse a sí misma gracias a que conoce algunas cosas, pero (*ex hypothesi*) no a sí misma[20]. Me refiero, en cambio, a la validez de deducir de estas dos premisas la conclusión de que la mente se conoce toda a sí misma. La deducción es válida si tal conclusión se sigue verdaderamente de estas premisas. La única conclusión lógicamente válida que me parece que se deduce de estas premisas es que la mente sabe, con todo de sí misma, que sabe algo. Por otra parte, no me parece que pueda deducirse legítimamente de esto que ella sabe con toda de sí misma lo que sabe, ni menos que conoce todo de sí misma. De hecho, me parece perfectamente pensable tanto que una mente sepa con todo de sí misma que sabe algo sin saber, sin embargo, que es con todo de sí misma que conoce ese algo, así como que una mente sepa con todo de sí

potest, totam se scit. Scit autem se aliquid scientem, nec potest quidquam scire nisi tota. Scit se igitur totam". Cf. un argumento semejante en *De Gen. ad litt.*, 7, 21, 28 (ed. Zycha. Joseph, en: Corpus scriptorum ecclesiasticorum Latinorum, 28.1, F. Tempsky-G. Freytag, Praha-Wien-Leipzig, 1894, p. 218), con el comentario de Enrico Moro en Agostino, *Commenti alla Genesi*, Bompiani, Milán, 2018, pp. 1538-1539, n. 78.

19. Cf. Pépin, J. "Le tout et les parties dans la connaissance de la *mens* par elle-même (*De Trin.* X 3, 5-4, 6) (Nouveaux schèmes porphyriens chez saint Augustin, III)", en: Brachtendorf, J. (ed.), *Gott und sein Bild - Augustins "De Trinitate" im Spiegel gegenwärtiger Forschung*, F. Schöningh, Paderborn et al., 2000, pp. 105-126.

20. Cf. San Agustín, *De trin.*, 10, 3, 5: "Sabe, sí, que conoce otras cosas y ella se ignora, y de ahí el conocer qué es conocer (*Nam novit quod alia noverit, se autem non noverit; hinc enim novit et quid sit nosse*)".

misma que sabe algo sin, sin embargo, saber todo de sí misma. El primer argumento enunciado en el § 6, por tanto, *prima facie* parece extraer de las premisas que Agustín ha asumido más de cuanto sea legítimo deducir. Dicho de manera más formal: dadas las premisas que:

(*p*) la mente sabe con todo de sí misma todo lo que ella sabe

y que

(*q*) la mente sabe que sabe algo,

Agustín piensa que puede deducir que

(*r*) la mente sabe todo cuanto de sí misma.

En realidad, de la combinación de *p* y *q* la única conclusión lógicamente deducible es que

(*s*) la mente sabe con todo de sí misma saber algo.

Por ello, la proposición *s* no implica ni *r* ni que

(*t*) la mente sepa saber con todo de sí misma algo,

y además tampoco *t* implica *s*. El razonamiento cnunciado al inicio de § 6 parece, en cambio, sostener necesaria tal implicación. Es como si Agustín argumentase así:

(*n*) la mente sabe algo,

pero

(*p*) la mente sabe con todo de sí misma lo que sabe,

por ende

(*o*) la mente sabe con todo de sí misma algo;

ahora bien, se da (*q*), o sea, se da el hecho de que la mente sabe *n*, y dado que en virtud de *p* de *n* se deduce *o*, entonces siempre en virtud de *p* de *q* se deduce *t*, o sea, que la mente sabe *o*. Además, puesto que *t* se puede formular diciendo que la mente se sabe a sí misma cognoscente (en latín: *se... scientem*) —con toda sí misma (*totam*)— algo, por tanto, tautológicamente, (*r*) la mente sabe *se... totam*, o sea, sabe con todo de sí misma.

El problema es que, mientras la deducción de *o* de *n* y *p* es válida, la deducción de *t* de *p* y de *q* no lo es; así como *r* no es una tautología extraíble de *t*. La deducción de *t* de *p* y de *q* no es válida porque, para deducir *t* de *q*, es preciso agregar no (*p*) sino que (*m*) la mente sabe que *p*, y está claro que *p* no es en absoluto igual a *m*. Además, *r* no es una tautología obtenible de *t* porque el conocimiento de que un sujeto S realiza una operación O, con todo él mismo no incluye necesariamente el conocimiento de todo el sujeto S. Supongamos que la operación O es conocer y que el sujeto S sea Dios: según Agustín, Dios ciertamente conoce con todo de sí mismo y sabemos que conoce de este modo, pero no conocemos todo el ser de Dios. Si, por tanto, podemos saber que un sujeto conoce con todo de sí mismo sin ese sujeto en su totalidad, entonces, ¿por qué deberíamos admitir que *r* puede derivarse tautológicamente de *t*?

Quizá, para salvar la validez del argumento de Agustín, se podría argumentar que lo que no es válido en general es válido, en cambio, para el conocimiento que la mente tiene de sí misma. En efecto, la mente no se conoce a sí misma como conoce a Dios: ella conoce a Dios indirectamente, a través de las criaturas (y especialmente a través de la imagen de Dios, que está en la mente misma), mientras que se conoce a sí misma directamente. Teniendo experiencia inmediata de uno de sus actos —el conocimiento— en el que está enteramente presente, se seguiría que la mente tiene experiencia y, por ende, conocimiento inmediato de todo de sí misma. Todo estaría, pues, en entender el verbo "saber" en la primera parte de *q* (*scit*) en el sentido de "tener evidencia directa" del propio conocer[21]: en este sentido, viéndose a sí misma en un acto en el que

21. El conocimiento de un objeto por visión directa, sin la mediación de otros testimonios, además de las propias capacidades cognitivas, es el significado

está enteramente implicada, la mente sería *ipso facto* la visión del todo de sí misma. Desde este punto de vista, *r* se seguiría de *p* y *q* sin necesidad siquiera de pasar por la mediación implícita y problemática de *t*[22].

El § 6 también contiene otro argumento, en realidad una serie de argumentos encadenados entre sí con el fin de demostrar que la mente que se busca se conoce toda a sí misma[23]. Supongamos, dice Agustín, que la mente egoísta se conoce a sí misma sólo parcialmente. Si la búsqueda se dirigiera a lo que aún no se conoce, entonces la mente no buscaría todo en sí misma, sino solo esa parte de sí misma que aún no conoce. De esta manera, sin embargo, no se buscaría realmente a sí misma, porque solo es verdaderamente ella misma en su totalidad. Además, la búsqueda de su parte faltante, en primer lugar, presupondría en todo caso el conocimiento de la totalidad de uno mismo, para poder comprender que hay una parte que aún falta respecto del todo; en segundo lugar, equivaldría a tratar de traer a la mente una parte de la mente que ella aún no tendría presente, y esto es absurdo; en tercer lugar, sería, como todos los actos mentales, un acto realizado por la mente en su totalidad y, por tanto, requeriría la presencia de la mente en su totalidad. Después de todo, si no fuera la mente en su totalidad la que se buscara a sí misma, sino que fuera una parte de ella (llamémosla parte A) la que buscara a otra (llamémosla parte B), entonces no habría una búsqueda de sí, porque ni A buscaría a A, ni B buscaría a B[24].

epistémicamente más fuerte del verbo *scire*, que ocurre cuando el objeto está presente al sujeto cognoscente: cf. *De civ. Dei*, 11, 3; *De vid. Deo* (= *Ep.* 147), 2, 7-3, 8.

22. No puedo profundizar más en la cuestión de la validez del argumento agustiniano aquí. Prometo hacerlo en el futuro, en colaboración con Enrico Moro.
23. Me refiero al cuarto de los argumentos que he distinguido en mi "Saggio introduttivo" a Agostino di Ippona, *La Trinità, Op. cit.*, pp. CXVIII-CXIX.
24. Los intérpretes han revelado la afinidad entre este argumento y el enunciado por Plotino en *Enéadas*, 5, 3 (49), 5. Cf. Agaësse, P. "La connaissance de l'âme par elle-même", n. compl. 24, en: *La Trinité, Livres VIII-XV* (Bibliothèque Augus-

El resultado al que llega la primera macrosección del libro X, compuesta por los §§ 1-6, es sorprendente: el acto de buscar, que es la expresión de un fuerte deseo de saber, cuando es dirigido por la mente a sí misma solo es posible a condición de contar con un conocimiento de sí mismo en su totalidad. La mente solo puede buscarse a sí misma en la medida en que se conoce a sí misma en su totalidad. Esta sorprendente conclusión plantea una pregunta que abre la segunda macrosección del libro: "¿Para qué se le preceptúa conocerse?"[25].

Los intérpretes coinciden en reconocer en esta pregunta una alusión al precepto de Delfos, que Agustín, bajo la probable influencia de Cicerón, entendió a la manera socrática como una invitación a conocer su dimensión más específicamente humana, la mental[26]. Y bien, ¿de qué sirve ordenar a la mente que se conozca a sí misma, si ya se conoce toda a sí misma? La respuesta de Agustín pone en tela de juicio una distinción que resultará fundamental no solo para el libro X sino también para los siguientes, la que existe entre conocer (*nosse*) y pensar (*cogitare*). La distinción se introduce con un ejemplo que Agustín había utilizado desde la época del *De inmortalitate animae*, el de un hombre competente en dos disciplinas que no pierde el conocimiento de una cuando piensa solo en la otra[27]. En el nivel de *nosse*, la mente siempre tiene un conocimiento perfecto de sí misma, pero no se puede decir lo mismo en el nivel del *cogitare*. En este segundo nivel, en efecto, la mente siente la influencia negativa de su excesivo amor por las cosas corpóreas. Este amor desmedido la impulsa a mantener los cuerpos cerca de ella en el único modo en que le es posible, la de

tinienne, 16), Institut d'Etudes Augustiniennes, París, 1997, pp. 603-605; Cillerai, B. n. 19, en: Agostino di Ippona, *La Trinità, Op. cit.*, p. 1107; Cipriani, N. n. 31, en: Agostino d'Ippona, *La Trinità/2: libri VIII-XV*, Città Nuova, Roma, 2020, p. 93.

25. San Agustín, *De trin.*, 10, 5, 7.
26. Cf. Cillerai, B. n. 20, en Agostino di Ippona, *La Trinità, Op. cit.*, p. 1107; Cipriani, N. n. 32, en: Agostino d'Ippona, *La Trinità/2, Op. cit.*, p. 93.
27. Cf. San Agustín, *De imm. an.*, 4, 6.

formarse imágenes mentales de ellos. Su apego a estas imágenes condiciona su pensamiento hasta tal punto que se piensa a sí misma de la misma manera que las cosas representadas por esas imágenes, es decir, como si ella misma fuera un cuerpo. De este error, según Agustín, nacieron las teorías materialistas sobre la mente o sobre el alma en general, que a veces la identificaban con una parte del organismo (sangre, cerebro, corazón), o con una aglomeración de átomos de cierto tipo, o con uno de los elementos materiales (aire, fuego, quinto elemento), o finalmente con la proporción y equilibrio entre los componentes constitutivos del organismo. Es para evitar estas representaciones de sí erróneas que se le ordena a la mente que se conozca a sí misma, es decir, que se piense según su verdadera naturaleza, superior a los cuerpos e inferior a Dios, de modo que actúe de acuerdo con su colocación intermedia en el orden de las cosas.

Esta original explicación del precepto de Delfos no solo justifica el sentido del imperativo de conocerse a sí mismo, sino que determina la modalidad y, por así decir, el método a través del cual la mente debe, o más bien *no* debe, buscarse a sí misma. Esta búsqueda no debe llevarse a cabo como si la mente estuviera ausente de sí misma, porque, al contrario, no hay nada más presente a la mente que la mente misma. La mente no necesita encontrarse a sí misma como encuentra otras cosas, es decir, viniendo a ellas (según la etimología del verbo latino que significa "encontrar", *in-venire*), porque ella ya ha estado siempre y por siempre consigo misma. La mente, por tanto, no debe salir de sí misma, no debe salir de sí misma en busca de una cosa ausente, sino que, por el contrario, debe sacar de sí lo que ella ha traído consigo, es decir, las imágenes de los cuerpos, y prestar atención a su estar siempre presente a sí.

> Conózcase, pues, a sí misma y no se busque como ausente; fije en sí la atención de su voluntad vagabunda y piénsese, y verá entonces cómo nunca ha dejado de amarse y cómo jamás se ignoró; sólo que, al amar consigo otras cosas, se confundió y en cierto modo tomó consistencia con ellas, y así como

un compuesto abraza elementos diversos, así abrazó esta diversidad como si fuera unidad y se figuró ser uno lo que es múltiple[28].

Además, el mismo precepto "Conócete a ti misma" requiere, para ser puesto en práctica, antes que nada, ser comprendido, es decir, que la mente comprenda qué es el conocer y qué es ella misma. Es trabajando sobre las implicaciones de esta comprensión preliminar que Agustín, en la segunda parte del libro, extrae del patrimonio de las certezas que la mente puede tener sobre sí misma la tríada de *memoria, intellegentia* y *voluntas*. Comprender el mandato *Cognosce te ipsam* como dirigido a uno mismo implica, en efecto, comprenderse a sí como un ser inteligente, además de vivir y existir, según la jerarquía de *esse, vivere* y *intellegere* ya subrayada en los diálogos juveniles. Aunque hay muchas teorías sobre la naturaleza de la mente, nadie duda de que la mente comprenda, quiera y tenga memoria, y nadie duda de que estos tres actos solo son posibles para un viviente, y que para vivir es necesario existir. Actos como los de vivir, comprender, querer, tener memoria, pero también pensar, conocer y juzgar, son además indudables en cuanto condiciones de la duda misma:

> ¿[Q]uién duda que vive, recuerda, entiende, quiere, piensa, conoce y juzga?; puesto que, si duda, vive; si duda, recuerda su duda; si duda, entiende que duda; si duda, quiere estar cierto; si duda, piensa; si duda, sabe que no sabe; si duda, juzga que no conviene asentir temerariamente. Y aunque dude de todas las demás cosas, de éstas jamás debe dudar; porque, si no existiesen, sería imposible la duda[29].

28. San Agustín, *De trin.*, 10, 8, 11: "*Cognoscat ergo semetipsam, nec quasi absentem se quaerat, sed intentionem voluntatis qua per alia vagabatur statuat in se ipsa et se cogitet. Ita videbit quod numquam se non amaverit, numquam nescierit, sed aliud secum amando cum eo se confudit et concrevit quodam modo, atque ita dum sicut unum diversa complectitur, unum putavit esse quae diversa sunt*".

29. Ibid., 10, 10, 14: "*Vivere se tamen et meminisse et intellegere et velle et cogitare et scire et iudicare quis dubitet? Quandoquidem etiam si dubitat, vivit; si dubitat, unde dubitet meminit; si dubitat, dubitare se intellegit; si dubitat, certus esse vult; si dubitat, cogitat; si dubitat, scit se nescire; si dubitat, iudicat non se*

En este punto, Agustín ya ha logrado insertar la *memoria*, la *intellegentia* y la *voluntas* entre las cosas de las que la mente busca de sí misma. Sin embargo, antes de seleccionar estos tres y concentrarse en ellos, no quiere perder la oportunidad de refutar las teorías materialistas de la mente. El hecho de que la *meminisse*, el *intellegere*, el *velle* y otros actos sean indudables, parecería no tener consecuencias sobre el modo de concebir la naturaleza de la *mens* y ser compatible incluso con filosofías de la mente muy diferentes entre sí. Para Agustín, sin embargo, no es así. Si es verdad, como él cree que es, que la mente se conoce a sí misma incluso cuando busca, y si es verdad que está segura de sí misma como ser viviente, inteligente, recordante, volente, etcétera, entonces es verdad que la mente conoce su propia substancia y está segura de ella. En efecto, argumenta Agustín, no es posible conocer realmente una cosa si uno ignora su substancia y, por ende, la certeza en el conocimiento de sí implica certeza sobre la propia substancia. En consecuencia, si la mente no está segura de algo, significa que ese algo no tiene nada que ver consigo misma ni con la substancia de la mente. Desde este punto de vista, el precepto de Delfos se traduce en una exhortación a tener la certeza de no ser aquello de lo que se está incierto: "El precepto de conocerse a sí misma tiende a darle certeza de que no es ninguna de aquellas realidades de las que ella no tiene certeza"[30].

Ahora bien, puesto que la mente no está en modo alguno segura de que sea un elemento material o un cuerpo o una propiedad del organismo, puesto que existen varias teorías contradictorias sobre esto, se sigue que no es ninguna de estas cosas[31]. Una prueba la da el hecho de que la

temere consentire oportere. Quisquis igitur alicunde dubitat de his omnibus dubitare non debet quae si non essent, de ulla re dubitare non posset".

30. Ibid., 10, 10, 16: "*Totumque illud quod se iubetur ut noverit, ad hoc pertinet ut certa sit non se esse aliquid eorum de quibus incerta est, idque solum esse se certa sit quod solum esse se certa est*".

31. He analizado este argumento en: Catapano, Giovanni, "Augustine", en: Marmodoro, A. y Cartwright, S. (eds.), *A History of Mind and Body in Late Antiquity*, Cambridge University Press, Cambridge, 2018, p. 355.

mente piensa todas estas cosas a través de una representación imaginativa (*phantasia imaginaria*), que es el modo en que se representa las cosas externas y ausentes, y que, por tanto, no puede ser el modo en que realmente piensa a sí misma, que nunca es externa o ausente a sí[32]. Una vez más, se trata de sustraer del pensamiento de sí lo que proviene de la experiencia de las cosas corporales: "Si logra despojarse de todos estos fantasmas y no cree que ella sea alguna de estas cosas, lo que de ella misma quede, esto solo es ella"[33].

Con estas palabras se cierra el § 16 y con él la tercera macrosección del libro. Los tres párrafos restantes proceden a aislar la tríada de *memoria, intellegentia* y *voluntas*, a describirla como *trinitas* dotada de características semejantes a la divina, y a motivar el contenido de los libros que seguirán.

Memoria, inteligencia y voluntad se eligen entre todas las cosas de las que la mente está segura de sí misma utilizando un doble criterio. Primero, son lo que uno mira en un niño para medir sus dotes naturales (*ingenia*). En segundo lugar, también intervienen en la valoración de la ciencia (*doctrina*) adquirida por un adulto y el uso (*usus*) que hace de sus conocimientos. La tríada *ingenium-doctrina-usus* pertenece a la tradición retórica[34]; en el *De civitate Dei* Agustín individua en ella uno de los fundamentos de la tripartición de la filosofía en natural, racional y moral[35].

32. He analizado este ulterior argumento en: Catapano, "Augustine", *Op. cit.*, p. 266. Sobre los argumentos agustinianos a favor de la espiritualidad del alma en el *De trinitate*, cf. también Hölscher, L. "Die Geistigkeit der Seele. Augustins Argumente in *De Trinitate*", en Brachtendorf (ed.), *Gott und sein Bild, Op. cit.*, pp. 81-103.

33. San Agustín, *De trin.*, 10, 10, 16: "*Ex quorum cogitationibus si nihil sibi affingat ut tale aliquid esse se putet, quidquid ei de se remanet hoc solum ipsa est*".

34. Cf. Los textos de Cicerón y Quintiliano citados por Beatrice Cillerai en la nota 57 a p. 1116 de Agostino di Ippona, *La Trinità, Op. cit.*

35. Cf. San Agustín, *De civ. Dei*, 11, 25.

La terna de memoria, intelecto (*intellectus*) y voluntad ya había sido tomada en consideración en el libro IV, dentro de una semejanza destinada a hacernos comprender cómo las Personas de la Trinidad, a pesar de ser inseparables y obrar inseparablemente, pueden mostrarse separadamente. Del mismo modo, en efecto, nombro separadamente mi memoria, mi intelecto y mi voluntad, aunque los tres operen conjuntamente en el acto de nombrar. Nello Cipriani interpreta esta similitud hecha en el libro IV como "la prueba de que en la búsqueda de similitudes San Agustín no anduvo a tientas y por ensayo y error, como escribió O. du Roy, y que ya en la parte inicial de la obra tenía claro el camino a seguir y el valor que debía dar a las similitudes psicológicas"[36].

La confirmación de que Agustín tenía presente el valor trinitario de la terna *memoria-intellegentia-voluntas* mucho antes del libro X puede obtenerse de un pasaje del libro XII del *Contra Faustum*, obra fechable en los dos o tres primeros años del siglo V, y probablemente anterior al mismo libro IV del *De trinitate*[37]. Comentando a detalle Gen 8,14, según el cual después del diluvio toda la tierra se secó el día veintisiete del segundo mes, Agustín explica que el número veintisiete, que es el cubo de tres, simboliza la perfección que la Trinidad obra en nosotros: "en la memoria por la que recordamos a Dios; en la inteligencia por la que le conocemos, y en la voluntad por la que le amamos"[38].

36. Cipriani, N. *La teologia di San Agustín. Introduzione generale e riflessione trinitaria*, Institutum Patristicum Augustinianum, Roma, 2015, p. 175, n. 162. La referencia es a du Roy, O. *L'intelligence de la foi en la Trinité selon saint Augustin. Genèse de sa théologie trinitaire jusqu'en 391*, Études Augustiniennes, París, 1966.
37. Cf. Anoz, J. "Cronología de la producción agustiniana", en: *Augustinus*, 47, (2002), p. 241.
38. San Agustín, *C. Faust.*, 12, 19: "*Sed hic evidentius, quia nos ad omne opus bonum paratos, id est quodam modo conquadratos trinitas perficit in memoria, qua deum recolimus, in intellegentia, qua cognoscimus, in voluntate, qua diligimus; tria enim ter et hoc ter fiunt viginti septem, qui est numeri ternarii quadratus*".

Es, en extrema síntesis, el mismo concepto que se desarrollará en el libro XIV del *De trinitate*, donde la memoria, la inteligencia y la voluntad serán señaladas como imagen de Dios precisamente en cuanto pueden volverse hacia Él y ser perfeccionadas por Él de modo tal que la mente obtenga la sabiduría[39].

Por tanto, es legítimo plantear la hipótesis de que Agustín ya tenía claro desde hace algún tiempo el objetivo a alcanzar mediante el estudio de memoria, inteligencia y voluntad. En el Libro X, se limita a mostrar las características que hacen de estas tres una *trinitas* semejante a la divina (§ 18). Desde un punto de vista substancial o esencial, forman una sola realidad, "no son tres vidas, sino una vida, ni tres mentes, sino una sola mente, tampoco son tres substancias, sino una sola substancia"[40].

Cada una de ellas se dice que es vida, mente y substancia en relación consigo misma (*ad se ipsam*), mientras es llamada con el nombre que la designa relativamente a las otras (*ad aliquid relative/ad se invicem*). Son, en consecuencia, tres desde un punto de vista relativo. Sin embargo, su relación mutua es tal que de ella se infiere su igualdad. En efecto, cada una contiene no solo a la otra, sino también a las tres juntas.

> Recuerdo que tengo memoria, inteligencia y voluntad; comprendo que entiendo, quiero y recuerdo; quiero querer, recordar y entender, y al mismo tiempo recuerdo toda mi memoria, inteligencia y voluntad [...] Asimismo, comprendo estas tres cosas, y las comprendo todas a un tiempo [...] Mi voluntad, siempre que uso de lo que entiendo y recuerdo, abarca toda mi inteligencia y toda mi memoria[41].

39. San Agustín, *De trin.*, 14, 12, 15-19, 26.
40. Ibid., 10, 11, 18: "*Haec igitur tria, memoria, intellegentia, voluntas, quoniam non sunt tres vitae sed una vita, nec tres mentes sed una mens, consequenter utique nec tres substantiae sunt sed una substantia*".
41. Ibidem: "*Memini enim me habere memoriam et intellegentiam et voluntatem, et intellego me intellegere et velle atque meminisse, et volo me velle et meminisse et intellegere, totamque meam memoriam et intellegentiam et voluntatem simul memini* [...] *Similiter cum haec tria intellego tota simul intellego* [...]

Esta contención mutua y global solo es posible entre realidades (espirituales) que son iguales entre sí. Memoria, inteligencia y voluntad son, pues, una *trinitas* semejante a la divina, en la medida en que reflejan la unidad e igualdad de las tres Personas divinas. Contemplar intelectualmente la *unitas* y *aequalitas* de la Trinidad divina a través de su imagen creada, que es la mente humana, es el objetivo general de todos los libros del *De trinitate* a partir del VIII[42]. La puesta en evidencia de la *trinitas* de *memoria-intellegentia-voluntas* debe, por tanto, suscitar la contemplación del modelo del que la mente es imagen, por inferior que sea. Sin embargo, Agustín cree o teme que la distinción entre esos tres términos mentales, y especialmente entre memoria e inteligencia, no está todavía lo suficientemente clara, ya que precisamente en el libro X se descubre que la mente siempre tiene conocimiento de sí misma y, en consecuencia, tiene siempre también memoria y comprensión de sí, de manera que es difícil distinguir la memoria de sí de la comprensión de sí. Para mostrar también a los *tardiores* que la *memoria sui* y la *intellegentia sui* brotan de dos fuentes mentales distintas, aunque unitarias, Agustín considera útil detenerse y examinar los actos de memoria y comprensión que ocurren a lo largo del tiempo: "cuando se trata de realidades que el alma experimenta en el tiempo o le acaecen temporalmente, al recordar lo que antes no recordaba, ver lo que antes no veía y amar lo que antes no amaba"[43].

Como es bien sabido, este es el tema del Libro XI que, por tanto, sigue de manera ordenada el discurso planteado en el Libro X y continúa

Voluntas etiam mea totam intellegentiam totamque memoriam meam capit dum toto utor quod intellego et memini".

42. Sobre la subdivisión del *De trinitate* en partes y sobre el objetivo específico de cada una, envío a lo que he escrito en mi "Saggio introduttivo", cit., pp. XXII-XXVII.

43. San Agustín, *De trin.*, 10, 12, 19: "*Quapropter etiam tardioribus dilucescere haec possunt dum ea tractantur quae ad animum tempore accedunt et quae illi temporaliter accidunt cum meminit quod antea non meminerat et cum videt quod antea non videbat et cum amat quod antea non amabat*".

la marcha de acercamiento al nivel profundo de la tríada mental de memoria, inteligencia y voluntad a partir del nivel superficial en el que se manifiesta. En la economía de la última gran parte del *De trinitate*, la dirigida al objetivo de contemplar inteligentemente la unidad e igualdad de la Trinidad a través de su imagen en la mente humana (libros VIII-XV), el libro X ocupa, en consecuencia, una posición crucial; por tanto, el extenso tratamiento del tema del conocimiento de sí que contiene debe leerse en el cuadro de conjunto de esta majestuosa y compleja arquitectura.

BIBLIOGRAFÍA

Agostino di Ippona, *La Trinità*, Bompiani, Milán, 2012.

___ *Commenti alla Genesi*, Bompiani, Milán, 2018.

Anoz, J. "Cronología de la producción agustiniana", en: *Augustinus*, 47, (2002).

Ayres, L. "The Discipline of Self-Knowledge in Augustine's *De Trinitate* Book X", en: Id. (ed.), *The Passionate Intellect*, Transaction Publisher, Brunswick NJ, 1995, pp. 261-296.

___ *Augustine and the Trinity*, Cambridge University Press, Cambridge, 2010.

Bae, S. *La Trinità luce e amore dell'anima. Indagine sul concetto agostiniano di* intentio, Città Nuova, Roma, 2022, pp. 314-328.

Biolo, S. *La coscienza nel De Trinitate di S. Agostino*, Libreria Editrice dell'Università Gregoriana, Roma, 1969.

Bouton-Touboulic, A.-I. "Qu'il n'y a pas d'amour sans connaissance: *étude* d'un argument du *De Trinitate*, livres VIII-XV", en: Bermon y O'Daly (eds.), *Le De Trinitate de saint Augustin*, *Op. cit.*, pp. 181-203.

Brachtendorf, J. *Die Struktur des menschlichen Geistes nach Augustinus. Selbstreflexion und Erkenntnis Gottes in "De Trinitate"*, F. Meiner, Hamburg, 2000, pp. 163-193.

Brittain, Ch. "Self-knowledge in Cicero and Augustine (*De trinitate*, X, 5,7-10, 16), en: *Medioevo. Rivista di storia della filosofia medievale*, 37, (2012), pp. 107-135.

___ "Intellectual Self-Knowledge in Augustine" (*De Trinitate* 14.7-14), en: Bermon, Emmanuel y O'Daly, Gerard (eds.), *Le De Trinitate de saint Augustin.*

Exégèse, logique et noétique, Institut d'Études Augustiniennes, París, 2012, pp. 313-330

Catapano, G. "Le triadi mentali nel *De trinitate* di Agostino tra conoscenza di sé e pensiero di sé", en: Piaia, Gregorio y Zago, Giuseppe (eds.), *Pensiero e formazione. Studi in onore di Giuseppe Micheli*, CLEUP, Padova, 2016, pp. 157-170

___ "Augustine", en: Marmodoro, Anna y Cartwright, Sophie (eds.), *A History of Mind and Body in Late Antiquity*, Cambridge University Press, Cambridge, 2018.

Cillerai, B. *La memoria come "capacitas Dei" secondo Agostino. Unità e complessità*, ETS, Pisa, 2008, pp. 294-300.

Cipriani, N. *La teologia di San Agustín. Introduzione generale e riflessione trinitaria*, Institutum Patristicum Augustinianum, Roma, 2015.

du Roy, O. *L'intelligence de la foi en la Trinité selon saint Augustin. Genèse de sa théologie trinitaire jusqu'en 391*, Études Augustiniennes, París, 1966.

Friis Johansen, K. "The Mind's Discovery of Itself. Augustine on Self-Knowledge with a View to the Pagan Tradition", en: *Henologische Perspektiven, II. Festschrift für E.A. Willers*, Editions Rodopi, Amsterdam, 1997, pp. 103-117

Hankey, W. J. "'Knowing as We Are Known' in *Confessions* 10 and Other Philosophical, Augustinian and Christian Obedience to the Delphic *Gnothi Seauton* from Socrates to Modernity", en: *Augustinian Studies*, 34, (2003), pp. 23-48

Horn, Ch. "Augustine's Theory of Mind and Self-Knowledge: Some Fundamental Problems", ibid., pp. 205-219; Catapano, Giovanni, "Saggio introduttivo", en: Agostino, *La Trinità*, Bompiani, Milán, 2012, pp. CXV-CXXII.

Matthews, G. "Augustine on the Mind's Search for Itself", en: *Faith and Philosophy*, 20, (2003), pp. 415-429.

Morrison, Karl. F., "Augustine's Project of Self Knowing and the Paradoxes of Art: An Experiment in Biblical Hermeneutics", en: Vinzent, Markus (ed.), *Studia Patristica*, t. 70, Peeters, Leuven-París-Walpole, Ma., 2013, pp. 159-183

Pépin, J. "Le tout et les parties dans la connaissance de la *mens* par elle-même (*De Trin.* X 3, 5-4, 6) (Nouveaux schèmes porphyriens chez saint Augustin, III)", en: Brachtendorf, Johannes (ed.), *Gott und sein Bild - Augustins "De Trinitate" im Spiegel gegenwärtiger Forschung*, F. Schöningh, Paderborn et al., 2000, pp. 105-126.

Williams, R. "The Paradoxes of Self-Knowledge in the *De Trinitate*", en: Lienhard, Joseph T.; Muller, Earl C. y Teske, Roland, J. (eds.), *Collectanea Augustiniana. Augustine: "Presbyter factus sum"*, P. Lang, New York, 1993, pp, 121-134.

Yin-Yam, C. Ch.-Y. "Augustine's Intention in Proceeding from '*mens, notitia, amor*' to '*memoria, intellegentia, voluntas*'", en: Vinzent, Markus (ed.), *Studia Patristica*, t. 99, Peeters, Leuven, 2017, pp. 327-339.

Hacer, decir y amar la materia a dos manos. Deriva a partir de los comentarios de San Agustín al *Gn*. 1, 1-5

Vicente Valenzuela Osorio[1]
Uniagustiniana, Bogotá

1. INTRODUCCIÓN

Estudiar a San Agustín por San Agustín mismo, es decir, por sus textos y no tanto a través de los ojos de Santo Tomás de Aquino o de la escolástica, abre una espiral de descubrimientos que comienza a depurar los preconceptos adquiridos en la historia de la interpretación y a dejar emerger una visión más plástica y tangible de la relación entre la Divinidad, la creación y la existencia humana. La frase anterior, aunque compleja, deja ver, de entrada, que quien escribe el presente texto se encuentra completamente implicado en dicha espiral. Cabe señalar, además, que esa situación, que no es ajena a la existencia concreta de quien investiga y escribe, tampoco lo es respecto del método. Así pues, acercarse a San Agustín de Hipona y hacerlo como un acontecer hermenéutico (problema metódico), o sea, como una existencia que se involucra en el horizonte de otra, conlleva a la transfiguración de la propia existencia presente, del camino y de la puesta en escena de los recursos del investigar (del ir tras el vestigio). Así es como ese encuentro se transforma en una deriva presente, contemporánea.

1. Director e investigador del programa de teología de Uniagustiniana, Bogotá. Doctor en teología, magister en teología, maestría en creación artística, licenciado en ciencias religiosas. Líneas de investigación: teología y visiones de mundo (religiosa, estética, neurocientífica). El presente capítulo nace de la investigación sobre "creatura intellectualis" en San Agustín articulado con una visión emergentista de la inteligencia en las neurociencias.

De esta manera, dialogar con un autor como San Agustín en el marco de dicha fusión de horizontes, pone la existencia presente en deriva. Lo que implica que, el marco epistemológico del escribir este texto no podría ser de otra manera que un expandirse en un caudal de ríos y paisajes que brotan libres a partir de un momento fundante: el encuentro. Eso es derivar. Ahora bien, volviendo a enunciar aquella espiral de descubrimientos, es oportuno decir que uno de esos hallazgos fue el problema de la relación intrínseca entre Dios, el ser, el pensar y el lenguaje, y cómo en esa relación florecía la belleza. Pero, ¿qué tipo de relación? Dicho sea de paso: lo desconcertante fue hallar que la relación tiene gradualidad y por eso mismo, tiene mediaciones.

Estos asuntos de la relación, la gradualidad y las mediaciones son el núcleo problemático del presente texto. Por su parte, la gradualidad y las mediaciones impregnan toda la visión de mundo agustiniano, llevando el discurso a la experiencia de unidad fundante. En todo caso, una unidad en donde se teje la diferencia. Pues bien, en este horizonte de lo relacional aparece el problema de la creación de la materia. La creación de la materia es uno de los muchos conceptos existenciales (que adquieren su consistencia en la existencia-experiencia), a los que acude San Agustín para poner en relación y mediación la diferencia (lo que se es significado como cielo y tierra; lo que une el cielo y la tierra, lo visible y lo invisible; lo que se forma como materia espiritual y materia corporal; lo que se despliega en las especificaciones en el tiempo). A saber, la materia permite un encuentro no directo entre Dios y la creación en el tiempo, y lo hace sin caer en el recurso de un demiurgo semidivino (cosa que devendría en un dualismo), ni en el modelo de una emanación de la divinidad (cosa que se convertiría en monismo). Conserva, eso sí, la discusión neoplatónica de la correspondencia entre el Uno y lo plural; sin embargo, el espíritu de San Agustín es capaz de transfigurar esa discusión y llevarla a un nuevo límite del conocer, del pensar y del decir: la unidad.

Por eso, en la visión agustiniana, la creación de la materia es el primer engranaje de la visión de mundo. En ello consiste su fundamento y el hecho de que su dinamismo se distienda por toda la creación posible. Es decir, la materia puede ser corporal y espiritual. Hay que entender en este punto que, la noción de materia en San Agustín no es la misma de las ciencias modernas. Puede implicar en su concepto el uso que la ciencia moderna hace de la noción de materia, sobre todo en lo que se refiere a la creación en el tiempo y a la especificación de los seres. Pero siempre, en San Agustín, la materia es un concepto que rebasa el fisicalismo, y que no se deja atrapar en el idealismo platónico. A decir verdad, se trata de un concepto transfigurado, en un momento radical, por los relatos de creación del libro del Génesis y por la propia vivencia del buscador de Hipona. Esto hace que su lenguaje lleve la impronta de una tensión creativa, de un excedente de sentido, en suma, la huella de la trascendencia. La materia tiende a la universalidad; pero no se disipa en lo abstracto, es, más bien, sustrato.

Para decirlo brevemente, dentro de los capítulos y versículos del Génesis, es llamativa la interpretación que suele hacer Gn 1, 1-5. Es llamativa esa interpretación ya que allí se dirime el problema de la relación y de la mediación que ejercerá la creación de la materia: a propósito del acto creador, San Agustín descubre que no puede haber una relación directa, de traducción, entre Dios y la creación en el tiempo. Por eso, recurre a una creación fuera del tiempo: la "materia informe" y la "formación de la materia". Esta materia no es eterna, como sí lo pretendía el maniqueísmo, sino que, participa de la eternidad de Dios mediante la conversión y la contemplación de la Trinidad. O sea que, en ese asunto, se presenta al pensar un problema irrenunciable: la materia que es capaz de interiorizarse y que lo hace en un movimiento fuera del tiempo. Dicho sea de paso, con esto, ya se plantea la disrupción entre tiempo y movimiento (un movimiento que no es temporal; sino, de interioridad en la materia).

Pero no es el asunto del tiempo y del movimiento el tema central del presente escrito. Es la materia como concepto existencial dado al conocer y al pensar, concepto que adquiere su densidad en la interpretación del libro del Génesis. Pues bien, para tratar este asunto se proponen aquí los siguientes momentos: *a*) Es necesario aclarar el vínculo entre la interpretación del texto bíblico de Gn 1, 1-5 y su lenguaje específico, con el lenguaje reflexivo que se abre a la especulación. Esto es importante porque se refiere al estatuto propio del lenguaje en San Agustín. Dicho estatuto cohesiona todo el discurso; *b*) se requiere profundizar en algunas categorías agustinianas que surgen del trato de Gn 1, 1-5. La razón de este momento se debe a que, para San Agustín, tanto el principio por medio del cual se crea (el Verbo), como la luz de la creación (el "hágase la luz"), y el dinamismo del primer día, son el foco y la clave de comprensión de todos los demás días del relato bíblico; *c*) es preciso, además, traer a colación la distinción entre "materia informe" y "formación de la materia". En este punto se hará visible el dinamismo interno del concepto de materia creada fuera del tiempo; y, *d*) será importante buscar algunos vestigios de la materia (la plástica-erótica), sobre todo, a partir de la impronta de la acción trinitaria en ella (hacer, decir y amar la materia). Este punto es vital ya que pone de relieve la pertinencia del pensar agustiniano con relación al pensamiento estético contemporáneo y los desafíos del futuro.

2. EL ESTATUTO DE LA INTERPRETACIÓN BÍBLICA Y DEL LENGUAJE ESPECULATIVO EN SAN AGUSTÍN

Una de las características principales del genio de San Agustín es que elaboró un pensar difícil de pasar por alto. Esto se debe al lugar que ocupa en la historia del pensamiento: es mediador entre la antigüedad grecolatina y la Edad Media, y por ello mismo, se da a la posteridad en pensadores reconocidos modernos y contemporáneos que se han interesado en el tránsito de esas épocas. A saber, San Agustín da qué pensar en filósofos y teólogos tales como: Santo Tomás, Descartes, Pascal, Hegel, Kierkegaard, Heidegger, Newman[2], Karl Rahner, Hans Urs von Balthasar

2. Pzywara, E. *Augustinisch: Ur-Haltung des Geistes*, Einsiedeln: Johannes Verlag, 1970.

y Joseph Ratzinger, entre otros. Pero no solo eso. También se debe, como se anticipó en la introducción, al lugar mediador de sus elaboraciones existenciales y especulativas: entre el idealismo y el materialismo, entre el dualismo y los monismos[3].

En este sentido, San Agustín ofrece un horizonte mediador y relacional que es un insumo metódico para el conocer y una ayuda epistemológica para el pensar. Por eso mismo, lo es para el lenguaje. La razón de esto es porque involucrar la mediación en el ejercicio del conocer, del pensar y del lenguaje, conlleva a la necesidad de diferenciar, de reconocer las polaridades de la alteridad de la realidad, de respetar la autonomía de los campos del saber; pero no quedarse solo con eso, sino, la necesidad de buscar puentes de unidad o de encuentro. Buscar la mediación en lo relacional implica dejar acontecer la diferencia y buscar la unidad entre lo diferente. Y este es el gran legado del pensamiento de San Agustín. Legado que se puede reconocer en el concepto de materia.

De hecho, por las anteriores razones y por otras más, se trata de un autor con una palabra relevante. Por ejemplo, frente al difícil problema del signo-palabra. Así lo han reconocido, entre otros, Pedro Lombardo, Tomás de Aquino, Ch. Pierce, R. Jakobson, U. Eco, L. Wittgenstein, E. Husserl, M. Heidegger, J. Lacan, H.-G. Gadamer, P. Ricoeur y J. Derrida[4]. Ahora bien, esta autoridad del pensador de Hipona se debe no solo al trato temático que hace de la palabra y del signo, sino, al estatuto dinámico, de rebasamiento, que le otorga al lenguaje. Esto es tan importante que, mientras que varios autores contemporáneos se preguntan si el referente del lenguaje es la cosa o alguna cosa extralingüística asociada al mundo; San Agustín, por su parte, dirá sin titubeos que la referencia del signo (con la novedad que trae consigo el Verbo encarnado), es la

3. Capanaga, V. "Parte primera: La agonía espiritual de San Agustín", en: *Agustín de Hipona, maestro de la conversión cristiana,* Madrid: BAC, 1974, pp. 13-14.
4. Rincón González, A. "El diálogo en la obra de San Agustín", en: *Signo y lenguaje en San Agustín,* Universidad Nacional de Colombia: Bogotá, 1992, pp. 24-25.

libertad, no la cosa, ni la norma[5]. Si de por sí su noción de lenguaje es dinámica, trascendental y de apertura; con mucha más razón el carácter de salida y de rebasamiento de los límites quedan expresados por la libertad que fundamenta al signo.

Además, el lenguaje adquiere su vida en el estatuto del diálogo. Por su parte, el diálogo es posible gracias a la interioridad. Se debe aclarar este asunto. En muchas ocasiones está más a la mano la idea de que el diálogo es una conversación. En ese sentido, no goza de una fuerza intrínseca. Parece quedarse en la periferia del encuentro: conversar no exige la interioridad, sino un dejar fluir significados codificados en mensaje más o menos comprensibles. En cambio, si se abandona esa idea del diálogo como mera conversación extrínseca, y se da el giro hacia la noción de diálogo como interioridad; entonces, aparecerá lo que San Agustín comprendía por dialogar. Cabe recordar que, el diálogo en tanto género literario fue empleado por Séneca y por Cicerón, pero a diferencia de ellos, y sobre todo de Cicerón, San Agustín asoció el diálogo a la interioridad y la interioridad la relacionó con Dios. Así:

> Como Cicerón, Agustín adopta la técnica de la mayéutica: parte de la pregunta, confronta las opiniones, y en sus charlas se aprecia un agradable ambiente de convivencia entre los participantes. Pero, a diferencia de Cicerón, sus diálogos son menos polémicos; casi siempre son diálogos ascéticos [...] donde interviene una noción que casi no está presente en Cicerón: es la noción de interioridad [...]. Solo a partir de Séneca esta noción apareció en Roma como básica. Para Agustín, a diferencia de Cicerón, es solo por la intervención de Dios, quien habita en el interior de cada interlocutor, como es posible el diálogo; y la certeza que se tiene de la verdad no es una certeza de orden sensible o racional, sino una certeza de iluminación [...] [los diálogos] desembocan en una filosofía de la oración, de la contemplación, de la iluminación; el objetivo final del diálogo no es un proceso sintético [...] sino un proceso que consiste en hacer el vacío para que allí no esté sino Dios[6].

5. San Agustín, "Sobre la doctrina cristiana", 205, III, 6, 10. En Obras Completas XV, editado por Balbino Martín, Madrid: BAC, 1957.
6. Rincón González, A. "El diálogo en la obra de San Agustín", p. 41.

Para San Agustín, la luminosidad intrínseca del diálogo arroja a la interioridad. Allí convergen la impronta de los sentidos con el revestimiento del espíritu. Esta es otra de las salidas brillantes que San Agustín ofrece: la interioridad es el vórtice en donde confluyen dos órdenes de la realidad, a saber, el mundo impreso en los sentidos y la visión de totalidad propia del reino espiritual. Por eso mismo, la interioridad deviene en una mediación entre órdenes diferentes. En el caso del ser humano, el espíritu humano deberá ser capaz de dejar transitar al Espíritu de Dios en la intimidad o *Noûs* (San Agustín se logra diferenciar de Cicerón con relación al diálogo, ya que logra incorporar la noción paulina de *Noûs* en la de intimidad, y por consiguiente en la de diálogo: la experiencia personal de Dios en la palabra interna e íntima)[7].

Es así como la interioridad se hace contemplación: esta relación del espíritu de Dios con el espíritu humano no es inmediata, requiere un nuevo movimiento, una nueva voluta o espiral, para evitar convertir al ser humano en un ídolo. Este movimiento es la contemplación. Allí, la permanencia en el Espíritu de Dios se hace por una opción fundamental o actitud radical de la criatura que es capaz de volver sobre sí y, en ese volver, descentrarse de sí, para poder experimentar, en el límite, la vislumbre de la diferencia inmanente: el Espíritu de Dios. Por su parte, esta experiencia debe llevar al vacío: no se trata de cosificar al Espíritu de Dios en los moldes del espíritu humano, sino de fluir con el excedente que rebasa el límite, la libertad fundamental.

Pues bien, como se ha notado, el diálogo es un concepto vital, denso, saturado, y difícil de objetivar. No obstante, es en este horizonte en donde se debe inscribir la posibilidad de la interpretación bíblica y la posibilidad del lenguaje en general. Sin embargo, lo dicho hasta aquí puede

7. Para un studio del *Noûs* en San Pablo y de su incidencia en el maniqueísmo: Cirillo, L. "The *Noûs* in the 'corpus paulinum'", En van Tongerloo A. y von Oort, J. The Manichaea *Noûs. Proceedings of the international symposium organized in Louvain from 31 july to 3 august 1991,* 5 Oostmalle: ed. IAMS-BCMS-CHR, 1995, pp. 7-59.

parecer vaporoso. Para evitar esto, se requiere evocar una situación en la cual se puede vivenciar dicho horizonte: cuando la palabra pensada o proferida se distiende en la experiencia vivida, y la experiencia vivida aclara la palabra. Esta circularidad no es foránea, sino que adquiere su constitución en el diálogo abierto al encuentro de Dios. A su vez, hace explícito el hecho de que, en la propuesta de San Agustín, lo *inteligible* posible puede ser sinónimo de la *inteligencia* posible en la propia facticidad de la condición creatural. A diferencia de Plotino, en San Agustín, lo inteligible y la inteligencia establecen *una sinonimia fáctica* (Para Odilo Lechner: "*eine sachliche Entsprechung*"), pues son puestas en Dios y no en un plano derivado o segundo con relación al Uno. Pero esa *intelligibilia no consiste en un reino abstracto de datos, sino en un diálogo vivo y creativo* ("*sondern Leben, Schöpferisches Gespräch*")[8].

Lo anterior implica que, hablar de Dios en su diferencia no es sacarlo del mundo, ni de las coordenadas de la creación, sino, hallarlo inmanente en el diálogo o relación de lo creado, aunque con el suficiente rebasamiento que es capaz de conducir el diálogo fuera de sí, y por ello mismo, como lo distinto del orden creado. No se trata, propiamente, de un dualismo, sino de una visión relacional. Relación dialógica que no se evapora en la relación misma, sino que adquiere su inteligencia e inteligibilidad en la facticidad misma, en lo concreto. Esta es una de las razones por las cuales, en la noción de Trinidad en San Agustín, Trinidad que deja su huella en todo lo creado, hay una tensión viva entre relación y sustancia[9]. Por ello mismo, el encuentro con Dios, aunque es por vía de interioridad, es posible en la historia. La vivencia concreta, el modo

8. Lechner, O. *Idee und Zeit in der Metaphysik Augustins*, München: Verlag Anton Pustet, 1964, p. 188.
9. Falque, E. "Metafísica y teología en tensión (Agustín)", en *Dios, la carne y el otro. De Ireneo a Duns Scoto: reflexiones fenomenológicas*. Bogotá: Siglo de hombres editores, 2012, pp. 73-107. Sobre la noción de sustancia en San Agustín: Blazquez, N. *La idea de substancia en San Agustín*, Madrid: Ed. Escurialenses, 1984.

de ser concreto, encuentran en el volver sobre sí lo otro distinto de sí e inherente en sí. Se trata de una danza armoniosa. En este marco se puede comprender la situación de la Sagrada Escritura y del lenguaje en general.

"La palabra redime la palabra"[10], y este redimir o abrir la palabra es propio de Cristo, Palabra del Padre: Palabra que ilumina no al modo del iluminismo craso que conlleva a una forma de teísmo platónico, sino, al modo de una luz no objetual ni cosificada, sino viva[11]. Una vez más, el pasar la palabra por el decir hacer, decir y amar de Dios, hace que la palabra se detone, que no pueda ser contenida, que, en su abreviación se exprese el misterio mismo. El misterio se expresa en la palabra como un llamado, como una voz que puede ser sentida, escuchada, proferida, pensada, incluso, escrita. Esta interioridad de la palabra libera también a la palabra fijada por escrito. Esto queda mejor esbozado en el ejemplo del maestro: El maestro no enseña la verdad, sino que la verdad se manifiesta en el lenguaje del maestro: "las palabras no hacen más que 'advertir': *admonere*"[12]. De esta forma, la palabra ancla el sentido en la trascendencia, por eso mismo, la palabra se sobrepasa a sí misma, en ese sobrepasar descubre las vislumbres de la diferencia. En el límite aparece la diferencia constitutiva e inagotable.

Por su parte, la Sagrada Escritura goza de esta caracterización de la Palabra. Ella se hace testimonio de la diferencia encarnada, hecha mundo, asociada a la materia. Pero, no solo eso. La Sagrada Escritura es, en su radicalidad, un diálogo, y por ello mismo, interioridad y carácter inagotable de sus sentidos. Esta situación pone a la Sagrada Escritura, en su constitución misma, en calidad de interpretación fundamental. Aquí tomará la palabra el tratado *Sobre la doctrina cristiana*, una auténtica "introducción

10. Rincón González, A. "El diálogo en la obra de San Agustín", p. 43.
11. von Balthasar, H. U. *Gloria. Una estética teológica. 2. Estilos eclesiásticos: Ireneo, Agustín, Dionisio, Anselmo, Buenaventura*, Madrid: Encuentro, 1986, p. 12.
12. Rincón González, A: "El diálogo en la obra de San Agustín", p. 62.

sistemática" al estudio de la Biblia[13]. Allí, lo que diferencia la inspiración de la interpretación de la Sagrada Escritura es posible gracias al recurso hermenéutico de la mediación entre distintos órdenes de la realidad y del análisis del caso concreto o contexto específico. Curiosamente es ese recurso el mismo que permite la unidad entre inspiración e interpretación.

Por ejemplo, la inspiración bíblica implica que Dios acciona en las facultades mentales del escritor y lo mueve indirectamente a escribir; sin embargo, el análisis de los casos específicos indica que, por ejemplo, el faraón recibió un sueño, pero, sólo José pudo descifrarlo, y lo hizo por una luz especial de Dios, en esa luz confluyen inspiración y revelación[14]. La mediación se halla en la facultad mental y en la luz especial de cada caso concreto. Otro tanto se debe decir para la interpretación. Sigue la misma regla. A saber, el eunuco de Hechos de los Apóstoles leyó al profeta Isaías, pero no lo comprendió; en cambio, Dios movió a Felipe para que socorriera al eunuco. Hay que reparar, a juicio de San Agustín, en que no envió a un ángel, sino a un ser humano[15]. En este caso, de nuevo se requiere de una mediación humana aclarada por un caso concreto para proponer lo que es la interpretación. Lo curioso es que se propone, además, como un texto inspirado propio de la Sagrada Escritura.

Lo que aparece en el anterior ejemplo es la dificultad de establecer la separación entre inspiración e interpretación bíblicas. Se puede decir que lo que aparece en estas circunstancias es el fenómeno de la intra-intertextualidad: los textos que se tejen entre sí en varias direcciones. Inspiración e interpretación deben comprenderse en el horizonte de la intra-intertextualidad. Ahora bien, hay que tener cuidado pues, de entrada, la intra-intertextualidad no está cerrada al mundo de los textos y de sus actores, sino que tiene una apertura ontológica y teológica. Y

13. Cilleruelo, L. "Introducción general", en *Obras de San Agustín XV*, editado por Balbino Martín, Madrid: BAC, 1957, p. 41.
14. Ibid., p. 23.
15. San Agustín, "Sobre la doctrina cristiana", 59, Prol. N. 7.

este es el genio de San Agustín. El fenómeno textual se convierte en el pretexto para ingresar en otros niveles de realidad que exceden el texto mismo y su comprensión: la inspiración como revelación abre el texto a otro plano relativo al ser y a Dios como quien se revela.

En la situación anterior ya se hace notar la correlación entre la interpretación bíblica y el excedente del lenguaje, propiamente, la base de un posible lenguaje especulativo articulado con la interpretación bíblica (objeto del presente apartado). Detrás de esta correlación subyace un método: la tensión entre sentido literal e histórico con el sentido alegórico. En primer lugar, en la etapa juvenil de San Agustín se observa un gusto por la alegoría que se abre a la especulación, y, por la lectura "a la letra", que también conduce a la reflexión. El pensador de Hipona acude al "alegorismo teórico y práctico", pues "estima que las Escrituras están selladas y son misteriosas, en que Dios ha empleado el método de los misterios para ejercitarnos buscando y deleitarnos descubriendo, y en que por ese método se favorece mucho la investigación y el progreso"[16]; además, el sentido alegórico debe estar asegurado por el sentido literal, y cuando el pasaje bíblico es oscuro o difícil, debe aclararse por el amor de Cristo[17]. Así se tiene la tensión entre la letra y la alegoría. En todo caso, se trata de vías de apertura del lenguaje al lenguaje especulativo.

Otra manera de percibir la relación íntima entre interpretación y especulación es mediante el uso que hace San Agustín de la palabra. Él distingue entre *cosa* y *signo*: "denominamos ahora cosas a las que no se emplean para significar algo"[18]. También hay cosas que, a su vez, son signos: aquellas que aparecen en un texto escrito o en el habla, como la piedra que Moisés golpeó con una vara[19]. Y, "existen otras clases de signos cuyo uso solamente se emplea para denotar alguna significación, como son las

16. Cilleruelo, L. "Introducción general", p. 40.
17. Ibid., pp. 41-42.
18. San Agustín, "Sobre la doctrina cristiana", 65, I, 4, 4.
19. Ibid., 65, I, 4, 4.

palabras"[20]. Así, "todo signo es al mismo tiempo alguna cosa"[21]. Un indicio de la relación entre interpretación y especulación recae en la apertura en la cosa que la hace susceptible de ser significado por la palabra, y, a su vez, la manera en que la palabra denota las cosas. Esa apertura, y además conexión entre cosa y palabra, está mediada por la significación.

Ahora bien, el caso paradigmático de la significación sucede en el Verbo encarnado:

> Así como al hablar el sonido se hace palabra de lo que llevamos en el corazón, a fin de que lo que llevamos en el alma penetre en el oído del que oye, lo que llamamos lenguaje, sin que nuestro pensamiento se convierta en este sonido, sino que permaneciendo íntegro en sí, toma, sin menoscabo de algún cambio propio, la forma de voz, mediante la cual penetra los oídos. Igualmente, la Palabra de Dios sin mudanza se hizo carne y habitó entre nosotros[22].

Pero, ¿hay diferencia entre la palabra y la Palabra de Dios encarnada? Sí. La diferencia es que la palabra, sin el advenimiento de la Palabra, remite a la cosa, al yugo de la cosa, de la objetualidad; en cambio, la Palabra de Dios encarnada remite a la libertad, ella misma es persona, realidad concreta, realización en su misma constitución. Por eso esa Palabra de Dios encarnada es paradigmática, o es la realización de toda otra palabra. A decir de otra manera, la plenitud de la palabra se da en la Palabra encarnada. De esta forma, San Agustín vuelve a quebrar el texto y el signo: Lo saca de sí para conducirlo a su plenitud. Lo interesante de este esquema de no reducción ni de literalismo es que, incluso la plenitud (la Palabra de Dios encarnada), es capaz de asumir nuevos sentidos en su realización. Es una plenitud que no teme el quebranto y la apertura.

Así pues, para San Agustín, cuando no hay seguridad en los pasajes bíblicos ni en su interpretación, o cuando no es notorio cómo un texto

20. Ibid., 65, I, 4, 4.
21. Ibid., 65, I, 4, 4.
22. Ibid., 75, I, 13, 12.

conduce a Cristo, entonces, se debe aplicar la clave por excelencia de la interpretación y del sentido bíblico: el amor. De esta forma, se tiene que: "El hombre que está firme en la fe, en la esperanza y en la caridad y que las retiene inalterablemente, no necesita de las Sagradas Escrituras"[23]. También, "la esencia y el fin de toda la divina Escritura es el amor de la *Cosa* que hemos de gozar y de la *cosa* que con nosotros puede gozar de Ella"[24]. Allí *cosa* es un lenguaje indigente, una manera de hablar que no impide la llegada de otra metaforización.

La palabra inaugura un dinamismo trascendental. Está ahí para ser interpretada, y crece en sus sentidos; detona el lenguaje y conduce al lenguaje. No solo eso, la palabra es un yacimiento de agua con cavernas, pozos y diferentes profundidades por donde puede generar vida (hay materialidad en la palabra). Y si se quiere ser más aventurado, la palabra es ella misma interpretación, apertura del lenguaje e inspiración. No se trata de divinizar la palabra, sino de reconocer cómo ella es llamada a la realización, a su plenitud. Pero la plenitud no es unilateral, ni unívoca. Es una persona, el Verbo encarnado. Con este asunto, se introduce el problema de la relación (persona) en el tema de la plenitud. Además, se resalta que, al hablar de Palabra encarnada se evoca en suma el escuchar más que el ver. La escucha también es encarnada. Hay materialidad en la escucha.

Pero, siguiendo la apertura de la palabra, signo privilegiado, es la misma del signo. Si bien, todo el cuerpo se comunica por signos (hay signos de la vista, del oído, y, en general de los sentidos), dentro de los signos creados o convencionales, la palabra goza de interés especial. Con esto, se da una apertura, el problema de la referencia. Lo otro distinto viene en el signo al pensamiento. Por eso, se puede hablar de un transitar de lo otro que no es pensamiento y su llegada al pensamiento y a la palabra. Así pues, la palabra se impregna de lo no humano o del

23. Ibid., 109, I, 40, 43.
24. Ibid., 105, I, 36, 39.

advenir de lo diferente. En la palabra transitan lo no humano, lo inhumano y lo humano.

Si eso ocurre con la palabra en general, con mucha más razón en el problema del estatuto propio de la Palabra de Dios en la Escritura. Y aquí ya se percibe el campo abierto y libre para otro tipo de interpretación, para darle cabida a lo que sobrepasa los límites del lenguaje y de lo conocido. Es el nicho de un nuevo lenguaje capaz de superar la barrera del tiempo y del espacio: el lenguaje del no-tiempo, del no-espacio, y el lenguaje de la eternidad. Ahora sí tiene cabida una creación fuera del tiempo y su conexión por contemplación con la eternidad de la Trinidad. Aparece el esplendor de lo no humano como constitutivo de la Palabra de Dios; pero también, lo no humano como lo apetecible por las manos de Dios con las que crea. La Palabra de Dios se muestra, en este caso, como el cruce de varios caminos o el lugar del encuentro entre diversas posibilidades que exceden lo meramente humano. Esta impronta se trasmitirá a la creación, como se verá más adelante, propiamente, a la materia.

La Sagrada Escritura, por su carácter revelado, es el paradigma del problema de la referencia del lenguaje. En el caso del signo, San Agustín habla de un signo útil instituido bajo el constitutivo de la norma. La Ley en Israel servía para guiar, y en dicho pueblo, el signo era instrumentalizado para dirigir el corazón hacia Dios. El israelita estaba bajo la servidumbre del signo, aunque se trataba de una servidumbre distinta a la del signo entre los "gentiles". Esa servidumbre del signo entre los judíos consistía en la obediencia a la ley escrita y a cierta esperanza de lo desconocido[25]. En cambio, el signo resucitado por la resurrección de Jesucristo adquiere otro estatuto: la libertad, y el referente de Cristo[26]. Por fin el signo se abre por completo. La referencialidad se esclarece. Ahora sí, el lenguaje resucitado tiene la capacidad de abrir el camino

25. Ibid., 205, III, 6, 10.
26. Ibid., 209, III, 9, 13.

hacia lo otro del lenguaje mismo, hacia la experiencia personal. La palabra, el texto y el discurso, respectivamente, quedan transformados en su acontecer. Por ello, se asocian inmediatamente a la experiencia de la fe, de la esperanza y, sobre todo, del amor. Aquí ha sucedido la entrada de lo otro que se da más allá del límite del hablar, del hacer, del sentir. Es el momento oportuno para dar el paso al problema de la creación según los comentarios al Génesis.

3. EL PRIMER DÍA, GN 1, 1-5: EL ARTE DE DIOS

Los textos más conocidos de San Agustín sobre el comentario al Génesis son: *Del Génesis contra Maniqueos,* escrito "después de mi conversión"[27]; *Del Génesis a la letra incompleto,* escrito unos cinco años después del que escribió con los maniqueos[28]; los libros XI, XII y XII de *Las Confesiones*; y, *Del Génesis a la letra* (gran obra en donde se reúnen problemas de diversas disciplinas). En el presente capítulo se seguirá la exposición de los primeros versículos del Génesis según el texto de *Las Confesiones,* libro XII y XIII y, según el libro I del *Génesis a la letra.* Se aborda lo concerniente al comentario a Gn 1, 1-5.

La razón de esta selección es la siguiente: por el uso del lenguaje que emplea en estas dos obras. Uso que está muy asociado a un problema que asume el presente escrito: el lenguaje autoimplicativo-testimonial que recae sobre el texto bíblico y que, a su vez, se abre a la especulación del concepto (en el caso de *Las Confesiones*); y, por el uso de un lenguaje con pretensión histórica y que da realce al sentido literal de la Escritura y que se abre a la especulación conceptual. En estos dos textos se tiene el paradigma de la relación entre el lenguaje narrativo de la

27. San Agustín, "Del Génesis a la letra", 951, VIII, 2, 5. En *Obras Completas XV,* editado por Balbino Martín, Madrid: BAC, 1957.
28. Martín Pérez, B. "Introducción", en *Obras Completas XV,* editado por Balbino Martín, Madrid: BAC, 1957, p. 495.

Sagrada Escritura, el lenguaje autoimplicativo de San Agustín y el lenguaje especulativo. Se podría decir que se tiene aquí el paradigma de la transformación de la metáfora en sentido narrativo a la metáfora vivida, y de allí a la cartografía conceptual. Los otros textos anteriores (*Génesis contra los Maniqueos* y *Génesis a la letra incompleto*, hacen una lectura más alegórica). Está tanto así que el mismo San Agustín reconoce en sus retractaciones el valor de su obra sobre el *Génesis a la letra*: "en él se explica su contenido, no alegóricamente, sino al pie de la letra, conforme se realizaron los hechos. En esta obra se preguntan muchas más cosas de las que se dan por halladas; y de las que se dan por halladas se afirman muy pocas"[29].

En primer lugar, cabe decir que, como horizonte epistemológico, el problema de Gn 1, 1-5 se enmarca en la discusión sobre la creación. Lo que conlleva a establecer un juicio en torno al significado de la creación en San Agustín. A saber: "En el plano de la creación el problema del constitutivo de las cosas en S. Agustín se resuelve siempre a partir del acto creador y en un contexto bíblico-platónico"[30]. Como se enunció en el apartado anterior del presente capítulo, es innegable que el concepto de creación le solucionó muchos problemas a San Agustín. Es así como se afirmaba que detrás de su conversión religiosa debió operar esta conversión mental: el descubrir para sí otro tipo de relación. Las cosas aparecen en el ámbito de la creación y solo desde allí adquieren su constitutivo. Pero no solo eso. Si bien es cierto que el pensador de Hipona dialoga con el platonismo, también es cierto que los giros que experimenta el concepto en su síntesis del pensar se lo ofrece la Sagrada Escritura.

Ahora bien, ¿qué es crear? Para abordar este asunto, San Agustín debe responder a los desafíos maniqueos sobre el problema del mal en el mundo creado y, a la vez, debe hallar la unidad de la Escritura en los pasajes bíblicos que hablan de la creación y que proponen serias dificul-

29. San Agustín, "Retractación del Génesis a la letra", p. 575.
30. Blázquez, N. *Introducción a la filosofía de S. Agustín*, p. 306.

tades. Sobre lo primero, San Agustín imagina al mundo creado envuelto y atravesado por la presencia divina. Pero este modelo solo le trae más preguntas: ¿cómo es posible el mal en un mundo penetrado por la divinidad?[31] En cuanto a lo segundo, el obispo de Hipona deberá reunir los pasajes bíblicos que hablen sobre la creación y buscar una razón interna a ellos: "armonizar los relatos del Génesis [...] la afirmación de Eclesiástico 18, 1 de que Dios creó a la vez todas las cosas [...] Sabiduría 11, 18 donde... Agustín leía que la Sabiduría creó el mundo partiendo de una materia informe [...] con las palabras de Jesús en Jn 5, 17 de que su Padre sigue trabajando ahora"[32]. Tal como aparece el problema, no era tarea fácil.

En este contexto, entonces, San Agustín muestra su talante de genio buscando una razón interna: Dios es el supremo dador del ser de todo lo creado[33], así pues, crear es tanto una acción universal en Dios como una acción libre y continua, asociada al dar y mantener fielmente el ser[34]. De esta manera quedaban tejidos los distintos sentidos hallados en la Escritura y los problemas filosóficos del momento. Dios se distingue del ser pues es donante fiel del ser (esencia y existencia); la creación se distingue de Dios en cuanto que recibe una donación gratuita y libre, lo que conlleva a que la creación no realice por necesidad en Dios sino por una libertad asociada al amor; y, la acción de Dios no cesa, sino que permanece operando. Esto explica que San Agustín prefiera usar la palabra *condere* (fabricar, formar, instalar, unir), más que *creare*. En cambio, San Agustín encuentra que *condere* guarda más relación con la traducción

31. San Agustín, *Confesiones*, VII, 5, 7, Madrid: BAC, 1979; Willians, R. "Creación", en Allan D. Fitzgerald (Dir), *Diccionario de San Agustín. San Agustín a través del tiempo,* Burgos: Monte Carmelo, 2001, p. 348.
32. Teske, R. J. "Génesis y los relatos", en Allan D. Fitzgerald (Dir), *Diccionario de San Agustín. San Agustín a través del tiempo,* Burgos: Monte Carmelo, 2001, p. 594.
33. O'Toole, C. *The Philosophy of Creation in the Writings of St. Augustine,* Washington: The Catholic University of America Press, 1944, p. 1-2.
34. Ibid., pp. 2 y 95-96.

griega de la Biblia de los LXX que usa *epoíesen* (San Agustín usaría la versión de los LXX y no la versión hebrea. En la versión hebrea el verbo es *bârâ*)[35]. Eso explica su preferencia, ya que *condere* podía asociarse más a la acción continua y con la libertad (cosa que le viene bien al obispo para introducir el tema del *ex nihilo*, de la nada, como algo constitutivo de la creación). La creación quedó vinculada a Dios y, si bien se respeta la autonomía de la creación, esa autonomía adquiere su sentido y realización en la acción constante y libre de Dios. Una vez más hay autonomía en la diferencia y relación de unidad.

Así pues, lo anterior conlleva a hablar de un orden en la creación. Este orden no se debe entender como un determinismo, sino que es el orden creado en el horizonte de la total libertad del Creador. No hay que olvidar que la creación no sería una necesidad en Dios, lo que hace que la creación conserve su autonomía y se desamarre del determinismo. Esa autonomía es propia de la libertad y del amor en la donación fiel del ser. Aun así, San Agustín habla de un orden, este orden es más bien la gradación del ser. En ese caso, "la materia informe es el primer grado del ser en orden ascendente [...] es un auténtico ser real y actual [...] S. Agustín no parte de la filosofía griega, sino del Génesis"[36]. Para hablar de "materia informe" y de la "formación de la materia" no habría que acudir a Aristóteles por sí mismo, sino al Plotino acrisolado por la revelación bíblica. Para San Agustín, la materia es "primer término del *Fiat* creador"[37] (cabe decir, a modo de anticipación y de presentimiento que, con este modo de proceder, ya se vislumbra lo que podrían ser las bases de un pensar desde las categorías bíblica, la posibilidad de una hermenéutica bíblica general en donde el dispositivo detonador sea la metáfora bíblica y no tanto la filosófica. Pero, dada la dificultad que representa una tarea tal, este asunto no se podrá profundizar en el presente capítulo).

35. Ibid., p. 3.
36. Blázquez, B. *Introducción a la filosofía de S. Agustín*, p. 308.
37. O'Toole, C. *The Philosophy of Creation in the Writings of St. Augustine*, p. 17.

Así pues, hay que seguir con el discurso. Ese *sí* del Creador se da en el sí de la Sabiduría (Verbo de Dios), Sabiduría como principio: "En el principio creó Dios el cielo y la tierra" (Gn 1,1)[38]. Aquí aparece la estética de la creación: el giro interpretativo que San Agustín realiza frente al *arjé* de los presocráticos y frente a las causas aristotélicas. El principio de todo y que lo constituye todo es la Sabiduría con nombre propio, el Verbo de Dios. "El Verbo es la Sabiduría, el *Arte* del Padre"[39]. Tiene razón H. U. Von Balthasar cuando afirma que es ese principio el que debe darle sentido a la creación: "La creación es el arte del artífice supremo y hay que valorarla según su idea creadora"[40]. Aquí el discurso, por analogía de la fe (el *logos* de la fe), asocia el relato de la creación del Génesis con el Prólogo de Juan. Ese principio, que es Verbo encarnado, se llama Jesucristo. Y esta situación interpretativa modificará toda la comprensión que en adelante haga San Agustín frente al encuentro entre Sagrada Escritura y filosofía. Un ejemplo de ello es que, si el Prólogo de Juan habla del *Logos* como luz, para San Agustín, la luz dará significado al *numerus* (herencia pitagórica). El número quedará transvaluado: ya no será una cifra matemática sino una luminosidad o cualidad presente en toda la creación. "¿La clave de la inteligencia de toda la estética de Agustín no consistirá, si es que la hay, en la relación de luz y número? Porque, si no existe dicha clave, toda la estética religiosa de Agustín cae bajo la crítica común"[41].

El asunto de decir la luz (Gn 1, 3), deberá ser entendido como un decir fuera del tiempo y que, a la vez prepara la llegada del tiempo (el amanecer y el atardecer del primer día). La luz es *como* un hablar intelectual de la Sabiduría eterna, hablar que se imprime en la materia. Y toda esta condición original deberá ser comprendida dentro del principio creador, dentro del decir la luz, y dentro de la llegada del primer

38. San Agustín, *Confesiones*, 554, XIII, 2, 2.
39. O'Toole, C. *The Philosophy of Creation in the Writings of St. Augustine*, p. 277.
40. von Balthasar, H. U. *Gloria. Una estética teológica. 2. Estilos eclesiásticos: Ireneo, Agustín, Dionisio, Anselmo, Buenaventura*, p. 118.
41. Ibid., p. 131.

día[42]. En este punto es necesario aclarar que, algunas veces para San Agustín, la luz es sinónimo de "creatura intelectual" (como en el caso de *Las Confesiones*), y otras veces, se presupone cierta luminosidad en el decir intelectual del Verbo (*Génesis a la letra*). En todo caso, lo que le tiene preocupado a San Agustín es cómo lo eterno se comunica con lo temporal, como en el caso del decir la luz[43]. Sea como sea, la luz, el número, la materia, la vinculación de lo eterno con la creación, deberá entenderse en el marco del primer día. Cabe decir que, en esa comprensión del primer día reside la plástica del arte del Creador (Gn 1, 1-5).

Esto de la plástica del Creador es importante. Para aclararlo valga proponer el siguiente caso: comparar a un pensador moderno con San Agustín, a propósito del cielo y de la tierra. Así pues, para un autor de tradición ortodoxa rusa, lector de la Biblia y de Platón, admirador del icono, como lo fue Pavel Florenski, lo que une el cielo y la tierra, lo visible y lo invisible es el icono[44]. Claro, aquí dicho pensador le apuesta por completo a la luz y a esa forma de visión e inspiración dada en la contemplación. Incluso en el sueño, lugar que conduce a lo invisible, hay primacía de la visión icónica[45]. El arte para él es el descenso de un sueño: por vía mística el artista se eleva desde lo visible y, a medida que va ascendiendo se va despojando de la imagen sensual, erótica; en cambio, cuando ya ha llegado a la contemplación de lo invisible, puede descender y traer consigo las imágenes de las ideas divinas y trasmitirlas. Esa sería la dinámica del pintor de iconos[46]. Por su parte en San Agustín (sin negar el ascenso y el descenso, ni la vía mística purgativa), lo que

42. San Agustín, "Del Génesis a la letra", 591-592, I, 9, 15-17; San Agustín, *Confesiones*, 555-556, XIII, 3, 4.
43. San Agustín, *Confesiones*, 555, XIII, 3, 4; San Agustín, "Del Génesis a la letra", 579-581, I, 2, 4-6.
44. Florenski, P. *El iconostasio. Una teoría de la estética*, Salamanca: Sígueme, 2018, p. 27-29.
45. Ibid., 29.
46. Ibid., 42-43.

une el cielo y la tierra, además, lo que detona el aparecer de la materia espiritual y la materia corporal, es la creación de "materia informe" y la "formación de la materia" (asunto del siguiente apartado). Si para Florenski, la mediación es el icono, para San Agustín, es la materia creada fuera del tiempo. Pero, de momento hay que seguir con el discurso.

Como se venía diciendo anteriormente, los elementos de la plástica del Creador están anticipados en el tema del principio creador, de la materia, de la luz y del primer día. Dicha anticipación abrevia la creación entera; es el momento fundamental. El principio-Sabiduría, el crear, el cielo y la tierra, el abismo y el vacío, el Espíritu de Dios, las aguas, y el decir la luz, contienen ya de suyo lo que se desarrollará en el resto del relato. En esa anticipación están en obra las dos manos creadoras, el Verbo y el Espíritu (hay que decir que esto de las dos manos del Padre es más una figura usada por San Ireneo de Lyon que por San Agustín. Sin embargo, son un insumo reflexivo en la teología trinitaria de los Padres de la Iglesia. Llegan al presente escrito como parte de la deriva propuesta).

Por otra parte, es llamativo que en el libro XIII de *Las Confesiones,* San Agustín inicie por el tema del principio y luego vincule el de la luz; en cambio, en el *Génesis a la letra* inicie comentando el decir de la luz. A veces da la impresión de que San Agustín condensa el día en el hacer la luz, y otras veces pareciera ser que lo diferencia. También da la impresión de que en algunos casos asuma el versículo 1 como encabezado del relato (por eso le daría primacía a la luz, versículo 3), y otras veces, incorpore el versículo 1 a todo el relato (dando primacía al principio-Sabiduría). De todas maneras, llegará al punto en que todos estos inconvenientes tengan que solucionarse con la creación de la materia.

Es decir, la noción de "materia informe" (que no está en el relato del Gn 1, 1-5, pero que sí está en el libro de la Sabiduría 11, 17), se convierte en la clave mediadora entre lo eterno y lo temporal; pero también indica que San Agustín leyó el Génesis desde el libro de la Sabiduría. No en vano afirma que es esa Sabiduría personificada el principio en que todo fue creado. La materia deviene en un concepto universal y por ello mismo mediador, que abrevia y da posibilidad de ser a las demás metáforas empleadas en Gn 1, 1-5. Esto habrá que explicarlo. De momento se puede aventurar la afirmación de que el arte creador de Dios es la anticipación y la abreviación. Cosa que, dado el talante de la inteligencia creada, y específicamente en el caso humano, se puede declarar y conocer gracias al estatuto del lenguaje especulativo-conceptual-existencial. Un ejemplo de ello es la función del concepto de materia en el medio entre Dios y el tiempo. Se trata de un concepto que, si bien obedece a un lenguaje especulativo, no se desconecta del contexto de lo viviente.

Nótese en este punto, antes de dar cabida a la siguiente parte del capítulo, que decir "creatura intelectual" en San Agustín no implica una intelectualidad pura y abstracta, sino que esa categoría requiere ser asociada y explicada desde su carácter material, "creación de la materia". Con esto se tiene que se trata de una inteligencia erótica. Cosa que pudiera parecer disonante con relación a la moral en el mismo santo de Hipona; pero no con relación al *ethos* de su pensar. Ese eros está presente en el principio, en la luz y en el primer día, y hace parte del arte de Dios. No solo hay belleza en la mediación y graduación del ser que está presentido en el concepto de materia, sino, en la sensibilidad de la materia, en su eros. Pero ese eros es conducido, en una suerte de éxtasis contemplativo, a la vida misma de Dios. No se trata de un éxtasis de la visión, sino de la existencia como escucha; una escucha que es propia de todo ser creado, pues es propia de la materia creada. Es un éxtasis como comunión con las alteridades. Ese éxtasis se teje desde lo no humano (aunque luego camine libremente por los senderos de la condición humana).

Esto justificaría que el principio-Sabiduría no consiste en un hablar intelectual abstracto, sino una voz saturada de sensibilidad, de la vida íntima de Dios. Se entiende por qué tanto para el Prólogo de Juan como para San Agustín, el Verbo es vida y luz que se comunica a la luz creada en el primer día. Así pues, "la justificación de la belleza de todo ser se evidencia plenamente sólo a partir de la Trinidad, donde se explaya plenamente la vitalidad y dimensionalidad intrínsecas del ser como tal, confiriendo al ser la plenitud y la densidad que no pueden darle la mera construcción jerárquicamente graduada ni la simple dinámica del eros"[47].

4. CREACIÓN DE LA "MATERIA INFORME" Y "FORMACIÓN DE LA MATERIA"

El eros es una manera de expresar la vitalidad que se anticipa y recorre toda la creación; vitalidad que es comunicada por Dios (en Dios ese eros es sobrecogido por la plenitud del ágape). De esta manera, el dar el ser está impregnado de esa sensibilidad que es posible incluso fuera del tiempo (la materia en el principio), y en la eternidad de Dios: "Al poner San Agustín entre el Padre, que es identidad pura, y la materia informe, que es alteridad pura, al Verbo como Semejanza perfecta del Padre, puede explicar satisfactoriamente la participación de los seres en el Ser"[48]. El Verbo de Dios es viviente, amor, eros, sensibilidad, anticipación, realización y por quien se dona fielmente el ser. Es, como se decía antes, el arte del Creador.

Pues bien, el arte del Creador, el Verbo, crea la materia. Así lo condensa el comentario del *Génesis contra los maniqueos*: "Si todas las creaturas fueron sacadas con sus formas particulares de esta primera materia, esta misma materia fue creada de la nada absoluta"[49]. Esa "materia informe" recibe el nombre de "cielo y tierra, y así se dijo: *en el principio creó Dios el cielo y la tierra*; no porque ya lo fuera, sino porque podía llegar a serlo, puesto que el cielo, se escribe, fue hecho después"[50]. En estas citas se encuentran los elementos centrales del

47. von Balthasar, H. U. *Gloria. Una estética teológica. 2. Estilos eclesiásticos: Ireneo, Agustín, Dionisio, Anselmo, Buenaventura*, p. 134.
48. O'Toole, C. *The Philosophy of Creation in the Writings of St. Augustine*, p. 283.
49. San Agustín, "Del Génesis contra los maniqueos", 373, I, 6, 10. En *Obras Completas XV*, editado por Balbino Martín, Madrid: BAC, 1957.
50. San Agustín, "Del Génesis contra los maniqueos", 375, I, 7, 11.

concepto de "materia informe", a saber: es creada de la nada, toda otra creación viene de ella, se llama cielo y tierra en cuanto capacidad de serlo, y, habrá un segundo cielo (que sucede después en Gn 1, 6ss). En el mencionado comentario, ya se comienza a distinguir un primer cielo y un segundo cielo: "Se llamó cielo y tierra a aquella materia porque era seguro que de allí había de proceder el cielo y la tierra que vemos"[51]. Además, esa "materia informe" es "tierra invisible y sin forma", y también es sinónimo de agua: "llamó agua a la misma materia sobre la que era llevado el espíritu de Dios"[52].

El anterior comentario al Génesis, como ya se ha dicho antes, discute contra los maniqueos, y es una lectura bíblica alegórica. Además, se trata de un primer ejercicio de interpretación bíblica después de la conversión del santo. Por su parte, *Las Confesiones* y el *Génesis a la letra* son interpretaciones de un hombre más maduro en sus consideraciones. En *Las Confesiones,* San Agustín perfila el modelo de la materia que él imaginaba antes de comprender la materia bajo la luz nueva del cristianismo: "concebíala yo bajo mil variadas formas, por lo que en realidad no la concebía; feas y horribles formas en confuso desorden revolvía mi espíritu, pero formas al fin"[53]. Luego de reconocer esto, sintió necesidad de abandonar toda forma y lo hizo al contemplar la manera en que los cuerpos concretos mudaban. Opuso esa mutabilidad a la inmutabilidad de Dios y concibió un principio que hiciera posible esta situación: La Sabiduría de Dios, consustancial a Dios, hizo el cielo y la tierra de la nada, para que así, su creación no se confundiera con su Hijo[54].

Se entiende que el cielo y la tierra serán sinónimos de la "materia informe", en cuanto que dicha materia tiene la capacidad de ser cielo y tierra. Sin embargo, en este punto, San Agustín empieza a dar variacio-

51. Ibid., 375, I, 7, 11.
52. Ibid., 375, I, 7, 12.
53. San Agustín, *Confesiones*, 511, XII, 6, 6.
54. Ibid., 512-513, XII, 7, 7.

nes sobre su forma de concebir el cielo y la tierra. Por ejemplo, dirá que hay un "cielo del cielo" que está más cercano a Dios y que es la casa de Dios (también llamado "criatura intelectual"); y la tierra, más "cercana a la nada" y que no tiene "nada inferior a ella", como casa de los hombres[55]. Sin embargo, en otros pasajes dirá que el cielo y la tierra son por igual materia informe o primera criatura (sin distinción) que tiene la facultad de llegar a ser materia espiritual y materia corporal. Es decir, luego de polemizar con rivales imaginarios, San Agustín escribe: "entienda el que puede, que la materia de las cosas hecha primero y llamada *cielo y tierra*, no fue hecha primero en tiempo"[56]. Estas oscilaciones suelen ser una dificultad a la hora de tratar el asunto. Sin embargo, se puede afirmar, en síntesis, que para San Agustín el concepto de "materia informe" fluctúa y se reorganiza constantemente a partir de las constelaciones de categorías narrativas bíblicas.

Sea como sea, lo que sí es claro es que aquella "materia informe", adquiere su forma o unidad en un ejercicio de retorno o conversión a la Trinidad. Este giro se llama "formación de la materia". Cabe decir aquí que, quizás, este sea uno de los motivos por los cuales el concepto de materia es fluctuante según las categorías bíblicas: porque debe involucrar en su movimiento interno (fuera del tiempo), una concomitancia ontológica. O sea, debe jugar con dos asuntos de forma concomitante: la materia creada es informe, pero, sin que medie el tiempo, esa misma materia recibe su formación o unidad. Por eso, a veces la "materia informe" es sinónimo de *cielo y tierra*, y, otras veces, distingue el cielo de la tierra como creaturas ya formadas (cielo como "cielo del cielo" o como "criatura intelectual" o como "materia espiritual", y tierra como "materia corporal". Para lograr darle consistencia a este pensamiento, San Agustín acude a la metáfora del canto: "es primero la materia del sonar que la forma del cantar; no primero por la potencia eficiente [...] ni tampoco primero por razón del tiempo [...] sino es primero por el origen, porque

55. Ibid., 513, XII, 7, 7 y 515, XII, 9, 9.
56. Ibid., 546, XII, 29, 40.

no se forma el canto para que sea sonido, sino es el sonido el que es formado para que haya canto"[57].

Una vez más, esa concomitancia ontológica requiere la voluptuosidad (sonido y canto) para manifestarse. Cabe insistir en este punto que, la primacía de la informidad sobre la formación no es debida al tiempo, ni por importancia o prioridad, sino, con relación al origen (como co-creación, o en palabras más plásticas, como danza)[58]. No hay intervalos de tiempo. Dios crea tanto lo informe como la formación. Tampoco hay que entender en esto que San Agustín toma la noción de forma en sentido aristotélico (como sí lo hará Santo Tomás de Aquino). No, San Agustín se mantiene en un aura bíblica. Por ello, forma es lo mismo que adquirir la unidad mediante la conversión o contemplación. Evidentemente no es el hilemorfismo[59]. Tampoco la noción de materia es la materia prima aristotélica, ni el aspecto informe es equivalente al griego *Caos*[60].

Por otra parte, el comentario al *Génesis a la letra*, en donde ya se presenta al público un Agustín maduro en su pensar, retomará estos asuntos haciendo nuevas variaciones. En esa obra se trata con más profundidad la relación entre materia y su formación[61]. De momento, San Agustín parte de una noción de materia entendida como "sustrato universal creado *ex nihilo* que involucra en sí mismo un proceso formativo"[62]. La "materia informe", en su propio movimiento mediado por el tiempo, adquiere su formación. Pasa del ser al vivir, y del vivir al vivir en plenitud. Pero este pasar es una concomitancia, pero que puede ser distinguida, más no separada. Debido a la Palabra de Verbo, la materia regresa sobre sí misma y en ese giro

57. Ibid., 545-546, XII, 29, 40.
58. O'Toole, C. *The Philosophy of Creation in the Writings of St. Augustine,* p. 23.
59. Ibid., pp. 17 y 32.
60. Ibid., pp. 17-18.
61. Ibid., p. 21.
62. Ibid., p. 21.

puede contemplar la acción creadora y la eternidad del Creador. La conversión de la materia genera en la materia una participación con la eternidad del Creador en analogía como sucede entre el Padre y el Verbo[63]. Eso explica el que la creación primera no esté en el tiempo, pero tampoco sea eterna a la manera de Dios. También explica su carácter mediador. Esa impronta será impresa en todas las especies en el tiempo. Cada especificación temporal de la materia llevará en sí la mediación, la distinción y la unidad propia de la primera creación. Toda la creación, en suma, es expresión del llamado de la Palabra (*Vocatio*), y de la conversión a la Palabra (*Conversio*)[64].

También es importante acotar que, a diferencia de Santo Tomás de Aquino, San Agustín reserva cierta "vida informe" o forma en la "materia informe" (la presencia del Espíritu que se mueve o incuba las aguas, como un ave calienta a sus crías). En cambio, para Santo Tomás, esa materia es totalmente informe y requiere recibir la forma (forma que es primera antes que a materia)[65]. Por su parte, San Agustín ha insistido siempre en no dar la primacía a la forma sobre la materia, sino que propone una unidad concomitante en donde: *a*) en un orden ontológico la materia informe es primera y es susceptible de recibir la forma y de actuar su propio cambio; y, *b*) esa materia informe conlleva cierta forma (vida informe), sin la cual no podría estar en la dinámica de la creatura. Es decir, hay dos maneras de tratar el problema de la forma: lo inherente a la materia misma en su unidad, y el don de Dios como una vida o fuerza que se mueve interiormente en la materia y que la hace trascender desde su propia realidad creada[66].

63. Ibid., p. 22-23.
64. Ibid., p. 23.
65. Ibid., p. 27-28.
66. Ibid., p. 28 y 31.

Abreviando, según el *Génesis a la letra*: Dios crea por su principio que es su Hijo la Sabiduría[67]; se establece una nueva sinonimia entre la primera creación y la luz[68]; se sigue el orden de exposición de Gn 1, 1-5: el cielo y la tierra no es exactamente la luz, sino más propiamente, la materia, puesto que, para San Agustín, el texto bíblico debe dar testimonio de que la materia requiere cierta perfección o el llegar a la luz mediante la conversión[69]; la materia creada tiene la posibilidad de ser materia espiritual y materia corporal, y en ese llegar a la formación, sucede el paso del ser-vivir al vivir plenamente (no sería lo mismo vivir que vivir en plenitud)[70]; la Trinidad entera está involucrada en la creación, de tal modo que, incluso el Espíritu Santo está sobre el agua queriendo expresar que el Amor es la razón de toda la creación de la materia (agua aquí es sinónimo de materia)[71]; en ese Amor se dona el ser y la permanencia en el existir: Dios ama a su creación, su creación es buena, la bondad es equivalente al ser-existir[72]; San Agustín intenta distinguir entre la creación en el principio y el primer día (la luz). Además, declara que comprender esto es difícil[73]. El primer día, propiamente sería el llamado que recibe la luz (y con esa metáfora, toda la creación), a volver a la Palabra creadora, y así salir de su informidad (situación de la materia)[74]. Con estos últimos elementos del discurso, vuelve a parecer cierta ambigüedad o flujo en el lenguaje de San Agustín. Cosa que ya se había notado antes. Lo que viene en adelante, luego del primer día, será la creación en el tiempo (el segundo cielo y la segunda tierra, Gn, 1, 6 ss.), tiempo en el que la luz tendrá un papel central pues aparece como bisagra entre ese primer día saturado de concomitancia y los demás días sujetos a la temporalidad.

67. San Agustín, "Del Génesis a la letra", 580, I, 2, 4-6. En *Obras Completas XV*, editado por Balbino Martín, Madrid: BAC, 1957.
68. Ibid., 581, I, 2, 4-6.
69. Ibid., 583, I, 4, 9.
70. Ibid., 585, I, 5, 10.
71. Ibid., 589, I, 7, 13.
72. Ibid., 589-590, I, 8, 14.
73. Ibid., 591, I, 9, 15-17.
74. Ibid., 593, I, 9, 17.

5. HACER, DECIR Y AMAR LA MATERIA: VESTIGIOS EXISTENCIALES A DOS MANOS

El pliegue y despliegue de la creación adquiere su constitución en el hecho de que San Agustín, a diferencia de Plotino, unifica el Uno, la Inteligencia y el ser primero en Dios. De esta forma, el ser adquiere las connotaciones del Uno y de la Inteligencia[75]. Es llamativo este giro. San Agustín se pone frente a la tradición filosófica plotiniana que distingue, en una suerte de hipóstasis, el Uno, la inteligencia y el ser. Y, conduciendo estas categorías a una transfiguración estética-religiosa pone a Dios como quien ostenta el ser y le confiere al ser la unidad y la inteligencia. Esto es propiamente un modelo de participación por semejanza: "La formación primera de los seres espirituales se expresa en San Agustín según el esquema de la participación por semejanza"[76]. Sin embargo, esa semejanza se trasladará a toda especie en el tiempo, en una gradación (según la regla de la conversión o capacidad de contemplación). Por su parte, esa semejanza no debe entenderse como una especie de analogía lógica, sino que es semejanza en cuanto a la fidelidad del Creador y a la autenticidad de la creación que se vuelve al Creador.

Lo importante en esto es que no se puede desprender la creación de su talante material, ya sea creación espiritual o corporal. Y con esto se está afirmando que todas las características de la materia son dadas a la creación en el tiempo. Serán caracteres que serán experimentados en la mutabilidad propia del tiempo: "*La créature est déterminée temporellement par le fait d'être devenu. Avec sa mutabilité, c'est du même coup le temp qui est créé*"[77]. La luz no puede desasociarse de la materia, pues ella también es aquella formación que se da en la materia cuando escucha el llamado del Verbo. Sin eso, la luz quedaría despojada de la plenitud. Se

75. O'Toole, C. *The Philosophy of Creation in the Writings of St. Augustine*, p. 273.
76. Ibid., p. 276.
77. Arendt, H. *Le concept d'amour chez Augustin*, Condé-sur-Noireau: Deux-temps, 1991, p. 47.

puede poner una comparación: la roca, el "construir sobre la roca" (Mt 7, 24). Una piedra es un testimonio de los tiempos, del viento, de la lluvia, del polvo, del fuego y la energía. Tiene oxidaciones, rugosidades, presiones. Tiene aliento. Se puede decir que esa roca es plena, que se presenta jugando entre la informidad, la nada de la incertidumbre, del devenir y de la mutabilidad. Sus golpes no la hacen imperfecta. En su darse es plenitud, y en su darse hay un abrirse en ella misma a la diferencia, a la alteridad. Pues bien, esa plenitud de la materia creada dada al tiempo es plenitud que no se separa tampoco de la informidad ni de la formación en la materia:

> En el pensamiento del Hiponense, la creación comporta dos operaciones simultáneas por parte de Dios: creación de la materia informe y *formación* de la misma. Es a la vez *hacer* (propio del Padre) y *formar* (propio del Verbo). "En tanto que hace ("hizo Dios…"), Dios da el ser a una materia que tiende a la nada por su misma informidad; mientras que en tanto que dice ("dijo Dios…"), esto quiere decir que crea como verbo […]. Crear es producir indivisiblemente lo informe y llamarlo a sí para darle forma"[78].

La plenitud experimenta el hacer y el decir. Pero, dado que es una acción trinitaria, también el amar propio del Espíritu. Sobresale aquí la necesidad de afirmar que la plenitud se separa del proyecto de perfección (si se entiende perfección como lo acabado y cerrado). En la vida plena, el proyecto no está cerrado; más bien, la vida plena es apertura a la mutabilidad. Si la perfección se entiende, por otra parte, como lo que está en camino, en estado de realización, entonces sí puede tener cierta connivencia con la plenitud (perfección en sentido bíblico y no una metafísica basada en la identidad y el Uno). Pero, dado que la perfección es tomada más en sentido de aquella metafísica como lo acabado y cerrado en su misma solidez, entonces es preferible hablar de plenitud.

78. O'Toole, C. *The Philosophy of Creation*, p. 278.

La plenitud, aquella que la materia vive en el principio creador (la Sabiduría), y la propia del primer día (la luz), es la que se distiende en el tiempo y en la mutabilidad de la creación (segundo día). La creación en este caso es continua (conservada en su transformación). Esa plenitud (hacer, decir, amar en el ser-existir), puede ser vivida desde la carencia (*ex nihilo*). La nada transfigura la plenitud. Por esa razón los seres experimentan su finitud, y la pueden asumir como proyecto en el tiempo. El cese o *telos* de las criaturas no aparece como cerrazón, sino como oportunidad de ser (*teleion*), de permanecer con los brazos abiertos al encuentro de la Voz constitutiva de todo lo creado. Esa finitud en tanto plenitud implica, además, el carecer. La plenitud (*teleion*) es posible no solo en la carencia ontológica, sino, por ello mismo, en la carencia moral (en el caso humano). Sin esto último no habría lugar para la gracia, la experiencia del don.

Retomando, la "materia informe" y la "formación de la materia" se plasman en toda posibilidad de ser. Y más aún del ser-escucha, ser materia oyente, vibrante ante la Voz creadora. Hay plenitud en los contornos de la materia que, de forma sublime, se estremece ante las manos creadoras, y hay plenitud en los bordes y movimientos internos de la misma materia que tiemblan ante la nada, que se hacen de la nada en cierto talante informe. Sin esta erótica de la plenitud de la materia no sería posible lo que anuncia la palabra bíblica: la llegada de la carne, de lo viviente.

Es cierto que el mismo San Agustín dedicará mucha tinta al asunto de la concupiscencia y al mal, pero, sin desconocer su búsqueda (pues para San Agustín el mal no es creado ni tiene talante, sino que depende de la libertad. Por ello basta con darle cabida, de forma positiva, a la libertad), lo que prima es principio por el que todo fue creado y la situación propia del primer día: bondad como ser. Erótica de la vida, erótica que se abre desde el Verbo eterno y se despliega en la donación del ser. Ser erótico desde el erotismo de Dios, desde el arte de Dios:

Cuando el pensamiento platónico-agustiniano carece de la dinámica erótica, cae necesariamente en cartesianismo, idealismo, matematicismo. Si la imagen del mundo no se escinde en Agustín, se debe al entusiasmo bíblico-platónico del corazón, que media no de una manera aparente, sino real, lo que el esquematismo del pensamiento deja a plena conciencia sin mediación[79].

El arte de Dios implica un corazón en toda realidad. Es más, lo más real es el corazón. El corazón es mediador en la diferencia, crea unidad. Es por ello por lo que, la metáfora de cierta vida ("vida informe"), presente en la "materia informe", aunque no haya recibido la forma por la formación dada en la conversión-contemplación, es una forma de abrir el referente al corazón latente en la materia. Otro ejemplo es que las dos manos del Padre, el Verbo y el Espíritu, proceden por amor en completa libertad frente a la creación. Esas figuras ponen la libertad y el amor como el corazón de todo lo posible. No en vano el mismo Agustín, en la obra *Sobre la doctrina cristiana,* al hablar del signo y de la referencia, diría que el signo resucitado (liberado de la utilidad de la norma y del precepto), tiene por referencia la libertad[80]. Esta idea genial implica una transfiguración en la discusión sobre el sentido y la referencia del lenguaje: la referencia no es la cosa ni el mundo; para San Agustín es la libertad. Y no se trata propiamente de una libertad humana (antropocéntrica), sino de una libertad que es el ámbito o motivo de toda la creación (también de lo no humano).

Pero, hay que insistir, no es una libertad abstracta sino erótica y del ágape (amorosa), intrínseca a la materia. No solo la materia en sentido físico o químico, sino, también, esa materia fuera del tiempo, esa materia que es creada en el principio. Se trata, a toda voz, de una estética material, de una materia que es inteligencia y corporeidad (cielo y tierra); que se desenvuelve en la nada, que adquiere sentido en el límite; que es capaz de la plenitud sin caer en el problema de la perfección basada en

79. von Balthasar, H. U. *Gloria. Una estética teológica. 2. Estilos eclesiásticos: Ireneo, Agustín, Dionisio, Anselmo, Buenaventura,* p. 125.
80. San Agustín, "Sobre la doctrina cristiana", III, 9, 13.

el principio de la identidad metafísica. Esa estética material (que rebasa el materialismo y el idealismo), sucede en todo el orden del ser. La belleza de la materia acontece en todo el ser y sus posibilidades: "Sobre todo, la indicación de la estructura jerárquica propia de la experiencia más radical del ser, que saca a la luz un esquema forma-materia de los grados del ser, son otros tantos presupuestos para una doctrina de la belleza"[81].

La contemplación de la materia, esa posibilidad intrínseca a la materia misma no consiste en un ver. No se acentúa aquí la visión por encima de todos los demás sentidos. Es un escuchar, gustar, moverse desde el corazón, una implicación completa de la creatura intelectual (materia espiritual) y de la creatura corpórea (materia corporal).

Esa escucha, ese vibrar de la materia es un *ethos* (modo de ser) místico y estético: "Solo quien gusta la revelación de infinito en la forma finita es no sólo "místico", sino "esteta"[82]. Por su parte, la ida de la creatura hacia el ser es el retorno al Creador. En este flujo, la contemplación y la experiencia del ser parecer identificarse en tanto que están vinculadas en la existencia. Es un éxtasis que implica todo el existir. En la existencia hay una memoria del lazo con el origen. Hay una presentificación. En el tiempo, el pasado se presentifica gracias a la memoria. La memoria da razón del "antes" de la creatura[83].

En todo caso, hablar de materia, hablar de estética de la materia, es referirse a la libertad y al amor como donante de la libertad. La posibilidad de la libertad y del afecto radical en la estética, libertad y amor que se explican desde la creación y en la materia creada, libera del yugo de ley del mercado, del producto y del consumo. Es tan drástico este asunto que el mismo San Agustín, comentando la Sagrada Escritura (y con todo el peso que tiene la Escritura en la fe cristiana), propone que

81. von Balthasar, H. U. *Gloria. Una estética teológica. 2. Estilos eclesiásticos: Ireneo, Agustín, Dionisio, Anselmo, Buenaventura,* P. 116.
82. Ibid., p. 116.
83. Arendt, H. *Le concept d'amour chez Augustin*, p. 46.

si alguien ya vive en el amor no necesita de la Sagrada Escritura[84]. Tan drástico que todo lenguaje se realiza en la referencia de la libertad. Esa estética vivifica toda creatura, la materia misma: "Todo deviene inmediatamente diáfano en Agustín con la relación tiempo-eternidad, con el peregrinaje nocturno de la fe, de la esperanza y del amor"[85]. Hacer, decir y amar la materia se convierten en el proyecto existencial fundamental. No porque recaiga en un reduccionismo, sino porque ese amor a la materia implica en su movimiento interno una respuesta a la Voz creadora. Además, implica que, en el horizonte de la creación la Voz-carne de Dios ya está resonando en lo concreto de la existencia. La Voz-carne de Dios no es un segundo piso con relación a la materia creada, sino su corazón mismo.

Hacer, decir y amar la materia, desde la materia misma dada en la propia existencia, es darse a la plenitud. Implica: asumirse en el permanecer en la materia y junto a la materia; danzar en la presencia de todos los seres posibles que asisten a fuero de la libertad; sonar, cantar en pliegues y despliegues por donde se filtra el ser como una ofrenda que se da desde su propio constitutivo a las manos creadoras. Hacer, decir y amar la materia es caminar juntos hacia al abrazo de las dos manos del Padre que es ternura-Madre que es fuerza.

6. CONCLUSIÓN

Lo que el presente texto ha propuesto es un sendero, un camino. Se abre desde la posibilidad trascendental o de apertura propia del lenguaje. Sin esa apertura intrínseca al lenguaje no sería posible el hablar que le sigue. No sería posible puesto que, el hablar que le sigue implica desbordar los límites del lenguaje, del signo mismo, del discurso. Ex-

84. San Agustín, "Sobre la doctrina cristiana", I, 39, 43.
85. von Balthasar, H. U. *Gloria. Una estética teológica. 2. Estilos eclesiásticos: Ireneo, Agustín, Dionisio, Anselmo, Buenaventura,* p. 142.

ceder el texto. De esa capacidad de abrirse a lo diferente, a la alteridad (la presencia de lo no humano en el lenguaje), es paradigma la Sagrada Escritura. Ella se teje entre lo humano, lo no humano y lo inhumano. Sin ese tejido presentido en la apertura del lenguaje no sería posible el paso del lenguaje metafórico al del concepto existencial.

Una vez aclarado el paso o tránsito, la primera en recibir esa condición de diferencia es la creación. Crear es encuentro, ser-escucha, dejar ser a la materia. Una especie de diálogo entre los distintos modos y posibilidades de ser; un encuentro de los diferentes seres e interdimensiones preanunciados en la ruptura del discurso y en la anticipación de la libertad y de la erótica del amar. Por ello, la primera creación en el principio de la Sabiduría o del Verbo, es la materia. Ella es informe y de manera concomitante, llega a la unidad de su formación. No se trata del tema aristotélico tomista de la forma que antecede a la materia y luego se le imprime a la materia prima. No. Más bien, materia y formación en San Agustín son una espiral, una danza. Quizás se parezca a un tejido variopinto de polvo, barro, agua, fuego, óxidos, colores, olores y sabores, como los que manifiesta la tierra, las rocas.

La materia está transitada por la nada, por el vacío, por el abismo. Ella puede inclusive lanzarse a la nada, vaciarse de sí, arrojarse al abismo. Es tan crucial este asunto que es su constitutivo. Esa materia no se crea en el tiempo, sino en el principio (principio-Sabiduría al que realmente debe llegar todo artista que tenga por mediación entre el cielo y la tierra, lo visible y lo invisible, a la materia más que al icono). Ese principio también es la luz del Verbo dado a la luz creada, por lo que hablar de materia implica asumir que en ella hay luminosidades.

La luz del primer día es un atisbo del llamado. El primer día, un día, la tarde que se abre a la mañana, por su parte, se despliega por toda la temporalidad que sucede desde el segundo día. Esa materia también está habitada por la vida del Espíritu. Claro está que requiere que, de manera intrínseca a la autonomía misma de la materia, se vuelva sobre sí, sobre su especificidad y se abra a la Voz que la llama. Allí la vida del Espíritu aparece como impulso, como fuerza, como donación libre y amante. Esa misma materia es el obrar del Verbo. El Verbo la sella con su abrazo. La pone en movimiento, en proyecto. La materia ama las dos manos, el Verbo y el Espíritu, y es conducida al Padre. El Padre-ternura que también es Madre por el tesón de su acción creadora continua (nadie más fiel que una madre amorosa), es el horizonte de la materialidad. La plenitud de la que es capaz la materia no puede sacar este horizonte de su memoria.

Por último, aquí florece la estética de San Agustín: una estética material que se hace a dos manos. No es la estética del materialismo fisicalista, que reduce la materia a sus constitutivos visibles, medibles. No. La noción de materia en San Agustín es un sustrato universal, es decir, en su concepto reúne lo posible sobre la materia. Por ello mismo excede los límites y las fronteras del fisicalismo, del monismo y del idealismo. Por ello mismo, se sitúa como mediadora entre la eternidad de Dios y la temporalidad de las especies. En eso consiste el arte de la materia: en su lugar mediador. La materia une el cielo y la tierra; la materia permite la emergencia del cielo y de la tierra, de lo espiritual y de lo corpóreo. Es arte.

BIBLIOGRAFÍA

Arendt, Hannah. *Le concept d'amour chez Augustin*. Condé-sur-Noireau: Deuxtemps, 1991.

Blázquez, Niceto. *Introducción a la filosofía de S. Agustín*. Madrid: Ed. Escurialenses, 1984.

Capanaga, Victorino. "Parte primera: La agonía espiritual de San Agustín", en: *Agustín de Hipona, maestro de la conversión cristiana,* Madrid: BAC, 1974, pp. 5-126.

Cilleruelo, Lope. "Introducción general", en *Obras de San Agustín XV,* editado por Balbino Martín, Madrid: BAC, 1957, pp. 3-46

Falque, Emmanuel. "Metafísica y teología en tensión (Agustín)", en *Dios, la carne y el otro. De Ireneo a Duns Scoto: reflexiones fenomenológicas.* Bogotá: Siglo de hombres editores, 2012.

Florenski, Pavel. *El iconostasio. Una teoría de la estética.* Salamanca: Sígueme, 2018.

Lechner, Odilo. *Idee und Zeit in der Metaphysik Augustins.* München: Verlag Anton Pustet, 1964.

Martín Pérez, Balbino. "Introducción", en *Obras Completas XV*, editado por Balbino Martín, Madrid: BAC, 1957, pp. 495-496

O'Toole J., Christopher. *The Philosophy of Creation in the Writings of St. Augustine.* Washington: The Catholic University of America Press, 1944.

Pzywara, Erich. *Augustinisch: Ur-Haltung des Geistes.* Einsiedeln: Johannes Verlag, 1970.

Rincón González, Alfonso. "El diálogo en la obra de San Agustín", en: *Signo y lenguaje en San Agustín,* Universidad Nacional de Colombia: Bogotá, 1992, pp. 37-78.

San Agustín, "Del Génesis contra los maniqueos", en *Obras Completas XV*, editado por Balbino Martín, Madrid: BAC, 1957, pp. 360-491

___ *Confesiones.* Madrid: Bac, 1979.

___ "Del Génesis a la letra", en *Obras Completas XV*, editado por Balbino Martín, Madrid: BAC, 1957, pp. 576-1271

___ "Retractación del Génesis a la letra", en *Obras Completas XV*, editado por Balbino Martín, Madrid: BAC, 1957, p. 575

___ "Sobre la doctrina cristiana", en Obras Completas XV, editado por Balbino Martín, Madrid: BAC, 1957, pp. 53-349

Teske, Roland J. "Génesis y los relatos", en Allan D. Fitzgerald (Dir), *Diccionario de San Agustín. San Agustín a través del tiempo,* Burgos: Monte Carmelo, 2001, pp. 593-597

van Tongerloo, Alois y Johannes von Oort. The Manichaea *Noûs. Proceedings of the international symposium organized in Louvain from 31 july to 3 august 1991,* Oostmalle: ed. IAMS-BCMS-CHR, 1995, pp. 51-63.

___ *Gloria. Una estética teológica. 2. Estilos eclesiásticos: Ireneo, Agustín, Dionisio, Anselmo, Buenaventura.* Madrid: Encuentro, 1986.

Willians, Rowan. "Creación", en Allan D. Fitzgerald (Dir), *Diccionario de San Agustín. San Agustín a través del tiempo,* Burgos: Monte Carmelo, 2001, pp. 348-353.

El dispositivo teorético neoplatónico en el *De agone christiano* de San Agustín

Jacob Buganza
Universidad Veracruzana

1. INTRODUCCIÓN

Como pone de realce Catapano, ya desde los tiempos en que San Agustín redacta su *De moribus*, ha planteado sus diferencias en relación con el ascetismo maniqueo: "A la concepción maniquea del alma como terreno de enfrentamiento y objeto casi pasivo de batalla entre la naturaleza del Bien y la del Mal, contraponía la idea del combate espiritual como responsabilidad ética del alma misma, empeñada no a desvincularse del maléfico contacto con una potencia extraña, sino a establecer un correcto orden interior. En el tratado *De agone christiano*, compuesto a beneficio de los cofrades no instruidos en la lengua latina en el marco de tiempo del *Contra epistulam Manichaei*, el adversario del alma está indicado en el diablo, el cual, por ello, domina sobre ella solo mediante los deseos (*cupiditates*) del alma misma, o sea, mediante el amor desordenado por las realidades transeúntes, preferidas a Dios"[1]. No solo por el lenguaje, que Mújica de manera general tilda de "pedagógico"[2], y D'Alès califica atinadamente de "pastoral"[3], sino sobre todo porque, nos parece, una lectura ético-ascética del *De agone christiano* resulta de

1. Catapano, G. *Agostino*, Carocci, Roma, 2010, pp. 257-258.
2. Cf. Mújica, M. L. "La dimensión pedagógica del término disciplina en San Agustín", en: *Revista Española de Pedagogía*, 63/231, (2005), pp. 309-323.
3. D'Alès, A. "Le *De agone christiano*", en: *Gregorianum*, 11/1 (1930), pp. 131-145; Oroz, J. "El combate cristiano, según san Agustín", en: *Atti del congresso internazionale su S. Agostino nel XVI centenrario della conversione*, t. III, Institutum Patristicum Augustinianum, Roma, 1987, pp. 103-122.

provecho porque, como ha dicho Mauricio Beuchot en un libro reciente, San Agustín:

> desea orientar la existencia concreta; es no solamente un conocimiento de la realidad, sino, sobre todo, un saber de salvación [...]. Y es que la filosofía de hoy necesita un poco de esa fuerza existencial que puso nuestro santo en su pensamiento. Requerimos de algo del sentido que él supo encontrar para su vida. Estamos quizá en una de las peores crisis culturales, la del vacío, la de la banalidad y la náusea. Por eso es ahora cuando más nos hace falta volver la mirada a pensadores que supieron realizar esto, y beneficiarnos de sus reflexiones[4].

Sin pretender ser exhaustivos, en este trabajo pretendemos retomar algunas de las reflexiones del santo de Hipona en torno a la importancia del combate espiritual que cada uno, a lo largo de su existencia, enfrenta para alinearse al orden, en este caso al deber, que frecuentemente se expresa en el lenguaje agustiniano como *ordo amoris vel cordis*.

2. LUCHA Y CORONA DE LA JUSTICIA

Retomando una imagen que para los pensadores del periodo patrístico resulta del todo familiar, San Agustín de inicio resalta que "La corona de la victoria no se promete sino a los que participan en el certamen (*Corona victoriae non promittitur nisi certantibus*)"[5], esto es, a quienes luchan. Por supuesto que la vida humana es vislumbrada bajo el crisol de una batalla, en el cual el papel que cada uno desempeña no está preestablecido, sino que el individuo elije voluntariamente de acuerdo con

4. Beuchot, M. *La filosofía de san Agustín: verdad, orden y analogía*, San Pablo, México, 2017 (2a. ed.), pp. 7-8. Sobre el existencialismo agustiniano, cf. Thonnard, F.-J. "Caractères platoniciens de l'ontologie augustinienne", en: *Augustinus Magister*, t. I, Institut d'Études Augustiniennes, 1955, pp. 317-327, siempre y cuando se entienda, a nuestro juicio, como "experiencia existencial".
5. San Agustín, *De ag. chr.*, 1, 1.

lo que quiera convertirse y, eventualmente, si así lo determina, obtener la corona. No se trata de cualquier corona, sino la correspondiente a la justicia; por ella vale la pena afanarse por obtenerla, de acuerdo con San Pablo (2 Tim. 4:7-8). Lo que resulta de interés es que San Agustín subraye que se trata de un agón (del griego ἀγών) para poner de realce que hay algo que se interpone entre uno mismo y la corona. No se trata, entonces, de una simple carrera plana, sino de una con obstáculos: se trata, hay que reiterarlo, de un combate, de una batalla uno a uno, en la cual se puede obtener la mayor de las ayudas posible, a saber, la de Cristo. Por ende, tiene todo sentido que diga el santo: "Debemos, pues, conocer quién es el enemigo, al que si vencemos seremos coronados (*Debemus ergo cognoscere quis sit ipse adversarius, quem si vicerimus coronabimur*)"[6]. Este adversario ha sido derrotado ya por Cristo, quien se vuelve, en consecuencia, Modelo para imitar, pero no solo eso, sino que es preciso "permanecer en Él" (*in illo permanentes*) para lograr la corona:

> Cristo es realmente la Virtud y la Sabiduría de Dios, el Verbo por quien fueron creadas todas las cosas, el Hijo Unigénito de Dios, que permanece inmutable siempre sobre toda criatura. Y si bajo Él está la criatura, incluso la que no pecó, ¿cuánto más lo estará toda criatura pecadora? Si bajo Él están los santos ángeles, mucho más lo estarán los ángeles prevaricadores cuyo príncipe es el diablo. Pero como el diablo defraudó nuestra naturaleza, el Hijo único de Dios se dignó tomar esa misma naturaleza, para que, por ella misma, el diablo fuera vencido. Así, Él, que tuvo siempre sometido al diablo, le sometió también a nosotros[7].

6. Ibidem.
7. Ibidem: "*Et Dei quidem Virtus atque Sapientia, et Verbum per quod facta sunt omnia, qui Filius Dei unicus est, super omnem creaturam semper incommutabilis manet. Et quoniam sub illo est creatura etiam quae non peccavit, quanto magis sub illo est omnis creatura peccatrix? Ergo quoniam sub illo sunt omnes sancti Angeli, multo magis sub illo sunt omnes praevaricatores angeli, quorum diabolus princeps est. Sed quia naturam nostram deceperat, dignatus est unigenitus Dei Filius ipsam naturam nostram suscipere, ut de ipsa diabolus vinceretur, et quem semper ipse sub se habet, etiam sub nobis eum esse faceret*".

En suma, el sometimiento al que se refiere San Agustín es precisamente a la derrota del diablo a manos de Cristo, quien, como el mejor de los combatientes, ha vencido al diablo y, al imitarle, el hombre tiene la responsabilidad de salir asimismo airoso. Pero esta derrota no significa que el diablo esté fuera del mundo, sino que es preciso interpretar espiritualmente a la Escritura; el diablo todavía se hace presente en las almas, en las criaturas inteligentes que son susceptibles de sus ataques, a saber, los que se inclinan obcecadamente por las cosas del mundo sensible:

> [F]ue arrojado del alma de los que viven unidos al Verbo de Dios y no aman al mundo del que él es el príncipe porque domina a los que aman los bienes temporales que se poseen en este mundo visible. No quiero decir que él sea el dueño de este mundo, sino que es el príncipe de las concupiscencias con las que se codicia todo lo pasajero. Así, somete a los que aman los bienes caducos y mudables y se olvidan del Dios eterno[8].

En efecto, solo aquellos que se concentran en los bienes del mundo suprasensible, que inicia básicamente con la genuina búsqueda filosófica, es decir, a través de la razón, o bien unidos a Cristo mediante la fe, son los que logran derrotar al diablo. La inclinación al diablo se revela cuando el alma individual, en vez de buscar los bienes suprasensibles, se concentra exclusivamente en los *temporalia bona*, de donde brotan las *cupiditates*, pues la concupiscencia se inclina por lo temporal: quienes no tienen a Cristo presente en sus almas o no utilizan la razón para alcanzar las realidades suprasensibles, terminan por anclarse en los bienes caducos del mundo sensible. Para el Hiponense, es a través de la concupiscencia que el diablo gobierna al alma del hombre, que en su lenguaje traduce la expresión: "*cor eius tenet*". Si el corazón es la sede

8. Ibidem: "*sed foras ab animis eorum qui cohaerent verbo Dei, et non diligunt mundum, cuius ille princeps est; quia dominatur eis qui diligunt temporalia bona, quae hoc mundo visibili continentur: non quia ipse dominus est huius mundi, sed princeps cupiditatum earum quibus concupiscitur omne quod transit; ut ei subiaceant qui neglegunt aeternum Deum, et diligunt instabilia et mutabilia*".

de los afectos que son susceptibles de una evaluación moral, y en él se encuentra la preponderancia humana por los bienes sensibles, y los bienes sensibles se expresan mediante la concupiscencia, se sigue que el corazón humano es derrotado por la concupiscencia si se concentra de manera exclusiva en los bienes temporales. Ser concupiscible significa tener un corazón volcado a las realidades pasajeras, sensibles, caducas, etcétera, en vez de que sea poseído por el genuino Bien, o sea, por el Ser imperecedero e inmutable, que es Dios.

3. DISPOSITIVO TEORÉTICO NEOPLATÓNICO: LOS DOS MUNDOS Y EL SER DE DIOS

El argumento agustiniano es nítidamente neoplatónico. Es más, puede hablarse de neoplatonismo cristiano, y de manera más específica de un neoplatonismo agustiniano, que es diverso, sobre todo en asuntos de detalle, por ejemplo, del neoplatonismo dionisiano. Pero más allá de las posibles discrepancias entre ambos tipos de neoplatonismo, lo que resulta indudable es que el esquema neoplatónico opera, como un dispositivo teorético, a un nivel sistemático en la filosofía de San Agustín (así como en la de Pseudo-Dionisio Arcopagita) y se pone de manifiesto tanto en las obras mayores (ya sean las *Confessiones* o el *De civitate Dei*), como en los textos que pueden ser tildados de menores, como es el caso del *De agone christiano*. ¿Cuál es este dispositivo teorético que funciona a nivel sistemático en el pensamiento filosófico de San Agustín? El dispositivo teorético es el conjunto de elementos que posibilitan una cierta filosofía o postura ante la realidad en su totalidad. Como dice Samuele Tadini, el dispositivo no pude prescindir del pasado (de la historia) ni del presente (la actualidad), pues contiene los componentes estructuralmente "utilizables" por un filósofo[9], en este caso San Agustín. Para

9. Tadini, S. F. "Valore e significato dell'interpretazione crono-teoretica", en: *The Rosmini Society*, II/1-2, (2021), pp. 17-17.

poner de realce dos de estos elementos, es suficiente con concentrarse, primero, en la distinción de los dos mundos y, segundo, en el Ser de Dios. El primer elemento fundamental del dispositivo teorético neoplatónico resulta ser la distinción entre el mundo sensible y el mundo inteligible. Entre los varios pasajes que destacan la presencia de este elemento, baste el siguiente, en el que su autor propone no seguir las doctrinas de los académicos, sino las de Platón, quien postula la dialéctica para alcanzar la sabiduría[10]. Escribe el santo Doctor:

> Para mi propósito, bástenos saber que sintió Platón que había dos mundos: uno inteligible, donde habitaba la misma verdad, este otro sensible, que se nos descubre por los órganos de la vista y del tacto. Aquél es el verdadero, éste el semejante al verdadero y hecho a su imagen; allí reside el principio de la Verdad, con que se hermosea y purifica el alma que se conoce a sí misma; de éste no puede engendrarse en el ánimo de los insensatos la ciencia, sino la opinión. Con todo, lo que se hace en este mundo por las virtudes llamadas civiles, semejantes a las verdaderas virtudes, y sólo conocidas de un reducido número de sabios, no merece sino el nombre de verosímil. Estas y otras verdades de la misma clase fueron conservadas entre los discípulos de Platón, según era posible, y guardadas en forma de misterios[11].

10. Según la narración de san Agustín, Zenón, quien llegó a la Academia en tiempos de Polemón, fue considerado indigno de recibir las genuinas enseñanzas de Platón, por lo que él y su sucesor en la dirección, Arquesilao, de alguna manera las ocultaron. Zenón, quien afirma que sólo existe lo extenso, el mundo sensible y material, se aleja de las enseñanzas de Platón. Por ello Carnéades asume una posición escéptica, para resistir a las enseñanzas que van de Zenón a Crisipo.
11. San Agustín, *C. Acad.*, 3, 17, 37-38. "*Sat est enim ad id quod volo, Platonem sensisse duos esse mundos: unum intellegibilem, in quo ipsa veritas habitaret; istum autem sensibilem, quem manifestum est nos visu tactuque sentire. Itaque illum verum, hunc veri similem et ad illius imaginem factum. Et ideo de illo in ea, quae se cognosceret, anima velut expoliri et quasi serenari veritatem; de hoc autem in stultorum animis non scientiam, sed opinionem posse generari. Quidquid tamen ageretur in hoc mundo per eas virtutes, quas civiles vocabat, aliarum verarum virtutum similes, quae, nisi paucis sapientibus, ignotae essent, non posse nisi veri simile nominari. Haec et alia huiusmodi mihi videntur*

Ha sido gracias al neoplatonismo, concretamente con Plotino, con quien las doctrinas de Platón se han librado del polvo y la inmundicia que las circundaban. Se ha restituido, tanto por los platónicos medios como por los plotinianos, la filosofía que dirige su mirada hacia el mundo inteligible[12]. Para encontrar la verdad, hay que conducir la mirada, a través de la dialéctica, hacia lo suprasensible. La doctrina de Platón y los platónicos es la más conforme con la fe, con la Revelación, que es la filosofía que comunica la razón con la autoridad, fuentes últimas para aprehender la verdad[13]. Así pues, el *De agone christiano*, con su opción

inter successores eius, quantum poterant, esse servata, et pro mysteriis custodita". Después de Antíoco, del que San Agustín tiene una opinión ambivalente, el genuino restaurador de la doctrina platónica no es otro que Plotino, de quien se afirma incluso es que Platón redivivo. Sobre la importancia de Platón y su escuela, nos parecen válidas las líneas siguientes: "Hacia Platón nutre Agustín una admiración que, en las líneas de fondo, permanece constante: insiste en que ningún filósofo está más cerca de los cristianos, que los seguidores de Platón, si bien admite que un elogio excesivo dirigido a paganos podría dañar la religión cristiana. Con todo, el conocimiento de Platón aparece limitado a una parte del *Timeo* en la traducción de Cicerón o de Calcidio, mientras que algunas citas del *Fedón* aparecen indirectas, tomadas quizás de una traducción, hoy perdida, de Apuleyo", Alici, Luigi, "Introducción a la filosofía de San Agustín", en: Oroz, J. y Galindo, J. (eds.), *El pensamiento de San Agustín para el hombre de hoy*, t. I, Edicep, Valencia, España, 1998, p. 136.

12. Cf. San Agustín, *C. Acad.*, 3, 19.
13. Aun con todo, como bien documenta Bettetini, el santo de Hipona no sigue del todo a los platónicos. En un interesante resumen, esta importante estudiosa de la filosofía agustiniana hace un recuento de las tesis que San Agustín asume, rechaza y, por un lado, acepta, pero después reconsidera. Vale la pena citar el texto con sus palabras, pues no contiene desperdicio alguno: "Se vuelve útil, en este punto, conocer qué cosa Agustín acepta y qué, en cambio, refuta de las doctrinas "platónicas", con el auxilio de las obras ya citadas y con la carta 118, escrita precisamente en el 410 a Dióscoro, donde se describe la vida ideal del sabio que supera al materialismo epicúreo y se realiza en una doctrina al mismo tiempo platónica y cristiana. Por ende, son aceptadas las siguientes doctrinas "paganas": la filosofía entendida como

por buscar la salvación, sería ininteligible sin este elemento teorético: el mundo sensible no es la realidad en su sentido más pleno, sino que lo es el mundo suprasensible.

El segundo elemento del dispositivo teorético neoplatónico se refiere al Ser de Dios. El carácter esencial de Dios es su inmutabilidad, su ser siempre presente y asumido tal cual es, sin resquicio alguno de cambio.

amor a la sabiduría; la atención hacia Dios y el alma en la investigación filosófica; la concepción de Dios como causa de las cosas que son, luz del conocer, orden del bien. En cambio, se confutan: la práctica de los cultos paganos y la creencia en divinidades inferiores (los demonios entendidos como seres divinos independientes, y no como criaturas); la idea del mundo como necesaria emanación o procesión del principio, por tanto la necesidad de la creación, la eternidad de la creación y también la eternidad del alma singular; la posibilidad de la metempsicosis y la doctrina que considera al cuerpo como un castigo para el alma (sobre estos argumentos véanse en particular los libros centrales de la *Ciudad de Dios*, además de algunos pasajes del *De la verdadera religión*), mientras la preexistencia de las almas es una de las posibles hipótesis sobre su origen, nunca negada, pero tampoco sostenida abiertamente o demostrable a través de las Escrituras o la filosofía. Hay, además, algunas doctrinas primero aceptadas y después refutadas: los elogios a Platón del *Contra Academicos* (3,17,37) se redimensionan tanto en las *Retractaciones* como en la *Ciudad de Dios:* "No es que presentemos nosotros a Platón como un dios ni como un semidiós, ni tampoco lo comparamos con ningún santo ángel del Dios Altísimo, ni con un profeta de los verdaderos, ni con ningún apóstol o mártir de Cristo, ni con hombre cristiano alguno", *De civ. Dei* (2, 14, 2). También la opinión de que el mundo sea un ser viviente, acogida en la *Inmortalidad del alma* (15, 24), es considerada luego "temeraria" (*retr.* 1,3,2), porque no se puede demostrar que sea verdadera y no se encuentra alguna confirmación en las Escrituras. Otra corrección importante es la que revisa el lugar de la felicidad, platónicamente —pero también aristotélicamente, y en general helénicamente— indicado en la filosofía en *Contra Academicos* (1, 2, 5), y, en cambio, transformado en un vivir no sólo según la parte mejor de la naturaleza humana, o bien la razón, sino sobre todo en el "vivir según Dios" (*retr.* 1, 2)", Bettetini, M. *Introduzione a Agostino*, Laterza, Roma y Bari, 2008, pp. 58-59.

Solo Dios es inmutable y la inmutabilidad es su *esse*, su *essentia*, como explica el Doctor de Hipona en el *De Trinitate*:

> Dios es, sin duda, substancia, y si el nombre es más propio, esencia; en griego *ousía*. Sabiduría viene del verbo saber; ciencia, del verbo *scire*, y esencia, de ser. Y ¿quién con más propiedad es aquel que dijo a su siervo Moisés: *Yo soy el que soy; dirás a los hijos de Israel: El que es me envía a vosotros*? Todas las demás substancias o esencias son susceptibles de accidentes, y cualquier mutación, grande o pequeña, se realiza con su concurso; pero en Dios no cabe hablar de accidentes; y, por ende, sólo existe una substancia o esencia inconmutable, que es Dios, a quien con suma verdad conviene el ser, de donde se deriva la palabra esencia. Todo cuanto se muda no conserva el ser; y cuanto es susceptible de mutación, aunque no varíe, puede ser lo que antes no era; y, en consecuencia, sólo aquel que no cambia ni puede cambiar es, sin escrúpulo, verdaderamente el Ser[14].

14. San Agustín, *De Trin.*, 5, 2, 3. "*Est tamen sine dubitatione substantia, vel, si melius hoc appellatur, essentia, quam Graeci vocant. Sicut enim ab eo quod est sapere dicta est sapientia, et ab eo quod est scire dicta est scientia, ita ab eo quod est esse dicta est essentia. Et quis magis est, quam ille qui dixit famulo suo Moysi:* Ego sum qui sum, et: Dices filiis Israel: Qui est misit me ad vos? *Sed aliae quae dicuntur essentiae, sive substantiae capiunt accidentias quibus in eis fiat vel magna vel quantacumque mutatio; Deo autem aliquid eiusmodi accidere non potest. Et ideo sola est incommutabilis substantia vel essentia, quae Deus est, cui profecto ipsum esse, unde essentia nominata est, maxime ac verissime competit. Quod enim mutatur, non servat ipsum esse; et quod mutari potest, etiamsi non mutetur, potest quod fuerat non esse; ac per hoc illud solum quod non tantum non mutatur, verum etiam mutari omnino non potest, sine scrupulo occurrit quod verissime dicatur esse*". Nos parece que, por estas razones, Rosmini destaca que la Verdad que está por encima de nosotros, de acuerdo con la cual juzgamos las cosas (y que también nos juzga), "es precisamente aquella forma misma en la cual, según San Agustín, nosotros *conocemos* todas las cosas, la cual hemos encontrado con el análisis de los conocimientos humanos y que es la *idea del ser* en universal: *su ambos vemos que es verdad lo que tú dices*", Rosmini, A. *Nuovo saggio sull'origine delle idee*, n. 1110. Sobre el tema de la inmutabilidad, el Hiponense insiste contra los maniqueos así: "Es una verdadera locura, según la doctrina católica, creer que Dios está contenido en un lugar, aunque sea infinito, y un crimen

Efectivamente, como bien recalca Mondin, San Agustín considera que la *incommutabilitas* de Dios es el atributo que más lo caracteriza:

> Todas las cosas que vienen después de Dios están corroídas por el signo de la caducidad y están circundadas por el abismo de la nada: todas son fragilísimas, provisorias, inestables, mutables, transitorias (del *nunc transiens*: movimientos que pasan), fútiles, en sí mismas insignificantes; más muertas que vivas y moribundas ya desde el momento en que comienzan a existir. Por el contrario, Dios, y sólo Él, se encuentra por encima de este inmenso océano de cosas fugaces, soberanamente inmóvil, estable (*stans*), eterno, semejante a una imponente pirámide en torno a la cual se amontonan y desvanecen las dunas de arena del desierto[15].

Corrobora esta interpretación con sus resonancias platónicas Étienne Gilson: "mientras santo Tomás busca sobre todo probar la existencia de un *Esse* supremo o acto subsistente de existir, San Agustín ha querido sobre todo poner en evidencia la necesidad que se impone al pensamiento de explicar el *ser* bruto que se ofrece a nosotros en la experiencia con un supremo *Vere Esse*, o sea, con un ser plenamente digno del título

creer que Él mismo o una de sus partes se mueve y va de un lugar a otro. Califica también de impío y necio el imaginarse solamente que pueda sufrir alteración o cambio en su naturaleza o substancia. Verdad es que hay entre nosotros espíritus infantiles que se representan a Dios como una forma humana y creen, además, que así es su ser o realidad, y no por eso deja de ser una opinión menos abyecta y despreciable; pero también es verdad que hay otros muchos espíritus, muy adelantados en el conocimiento de la sabiduría, que ven con la inteligencia su inviolable e inmutable grandeza, trascendiendo no sólo los cuerpos, sino la inteligencia misma", *De mor.*, 1, 10, 17. Es de destacar también que en este pasaje nuestro autor indica que la realidad de Dios está por encima de la inteligencia misma (*ipsa mens*), seguramente por influencia del neoplatonismo.

15. Mondin, B. *Storia della metafisica*, t. II, ESD, Boloña, 1998, p. 171. También Porfirio ha subrayado el hecho de que Dios posee el ser como algo inseparable a sí, cf. Porfirio, *Commentario al Parmenide di Platone*, IV, 7-9.

de ser. Tanto para él como para Platón, el ὄντος ὄν es esencialmente lo idéntico a sí mismo y, en consecuencia, lo inmutable"[16].

Así pues, Dios es lo firme, el Ser en plenitud, el Bien completo, el *summum Bonum*. Dios es el Primero de los seres, y todos son merced a Él, incluyendo a los espirituales y a los celestes. En el mundo inteligible que solo el alma purificada está en grado de concebir, se encuentra la Verdad, que es la que "hermosea y purifica al alma", como dice San Agustín mismo en el pasaje del *Contra Academicos* donde refiere los dos mundos de Platón[17]. Siendo así, y puesto que todas las cosas son buenas en alguna medida, se trata de obras de Dios, independientemente de si son *magna sive parva*, de si son cuerpos o espíritus mutables: "toda naturaleza, pues, en cuanto naturaleza es buena, toda naturaleza no puede ser sino por el sumo y verdadero Dios (*omnis autem natura in quantum natura est bonum est, omnis natura non potest esse nisi a summo et vero Deo*)"[18]. Todo aquello que tiene el ser, toda *natura*, es buena por poseer el ser, y este lo tiene por ser criatura. No importa qué tan grande o pequeño sea el ente en cuestión, en qué grado o medida tenga el bien, el ser, sino que es: "porque todos los bienes, también los no supremos, pero cercanos al Bien supremo, y también los bienes más pequeños, que son lejanos al Bien sumo, no pueden ser sino por el mismo Bien supremo (*quia omnia etiam non summa bona sed propinqua summo bono, et rursus omnia etiam novissima bona, quae*

16. Gilson, É. *Introduzione allo studio di sant'Agostino* (traducción de Vincenzo Venanzi), Marietti, Boloña, 2020, pp. 35-36.
17. Cf. San Agustín, *C. Acad.*, 1, 3, 9. La filosofía tiene carácter liberador, afirma el santo al inicio de esta obra: "*ipsa me penitus ab illa superstitione, in quam te mecum praecipirem dederam, liberavit. Ipsa enim docet, et veré docet nihil omnino colendum esse, totumque contemni oportere quidquid mortalibus oculis cernitur, quidquid ullus sensus attingit. Ipsa verissimum et secretissimum Deum perspicue se demonstraturam promittit, et iam iamque quasi per lucidas nubes ostentare dignatur*", 1, 1, 3. Así pues, la filosofía lo que permite es liberarse de la afirmación de que sólo lo que cae bajo los sentidos es verdad; hay algo todavía más verdadero, que es lo inteligible.
18. San Agustín, *De nat. b.*, 1, 1.

longe sunt a summo bono, non possunt esse nisi ab ipso summo bono)"[19]. Esto permite entender que lo contrario a Dios no es lo que se llama mal, a menos que se entienda como la nada, es decir, lo que no es y ni rastro de posibilidad asoma para ser algo[20]. Lo contrario al Bien supremo es el no-ser en absoluto y no algo que de alguna manera es. Este Bien supremo, que en el *De immortalitate animae* es llamado *Veritas*, no tiene contrario, insiste el áureo autor: "Si ninguna existencia, en cuanto existencia, tiene un contrario, mucho menos admitirá contrario aquella existencia primera que se llama Verdad en cuanto es existencia. El antecedente es verdadero: en efecto, una existencia es existencia porque existe; en este sentido, nada hay contrario al ser sino el no ser; luego, nada existe contrario a la existencia"[21].

19. Ibidem. Como resalta el santo de Hipona, todos los entes, grandes y pequeños, implican una cierta medida, cf. *De nat. b.*, 1, 21. Ya el neoplatonismo ha subrayado con insistencia la identificación entre el Bien, entendido como Causa, y la Causa agente, que es la Causa primera. Proclo lo dice así (recordando, por cierto, al aristotelismo): "si ha de existir una causa de los seres y las causas son distintas de los efectos, y si no se puede avanzar hasta el infinito, existe una Causa primera de los seres desde la cual, como desde una raíz, proceden todas las cosas, estando unas cerca de ella, otras más distantes. Se ha demostrado, en efecto, que el Principio primero debe ser uno solo, puesto que la existencia de toda multiplicidad viene después de lo Uno", Proclo, *Elementos de teología*, n. 11. Poco más abajo recalca: "Si el bien tiene la propiedad de salvaguardar todo aquello que existe [...] y aquello que salvaguarda y comprende en sí el ser de cada cosa es lo Uno [...], el Bien unifica las cosas en las que pueda estar presente y las comprende en sí en virtud de la unificación", n. 13.

20. "Por ello, a Él que es en grado sumo no puede haber contrario sino es lo que no es (*Ei ergo qui summe est, non potest esse contrarium nisi quod non est*)", San Agustín, *De nat. b.*, 1, 19.

21. San Agustín, *De imm. an.*, 12, 19. "*Nam si nulla essentia in quantum essentia est, aliquid habet contrarium, multo minus habet contrarium prima illa essentia, quae dicitur veritas, in quantum essentia est. Primum autem verum est. Omnis enim essentia non ob aliud essentia est, nisi quia est. Esse autem non habet contrarium, nisi non esse: unde nihil est essentiae contrarium*".

Este segundo elemento del dispositivo teorético de San Agustín, que comparte la tesis de la inconmutabilidad de Dios con la del Uno de Plotino, es de enorme importancia para combatir a la secta, como la llama el propio Hiponense, de los maniqueos. En efecto, como explica en el *De agone christiano*, para los seguidores de Mani, Dios libra un combate con el Principio del Mal, el cual, aunque a la postre es vencido, no deja de estar presente de alguna manera en el Principio del Bien:

> No entienden que su secta es tan sacrílega que presenta al Dios omnipotente luchando con las tinieblas, no por medio de las criaturas que Él creó, sino con su propia substancia, lo que es realmente sacrílego. Y no solo esto, sino que añaden que los vencidos se hicieron así mejores, pues quedó mitigado su furor, aunque la substancia divina, que venció, se envileció[22].

Dios, como el Uno, es trascendente a toda lucha; es impensable para San Agustín que se dedique a combatir contra alguien de igual rango, como sería el Principio del Mal, porque no existe tal. Por el contrario, la lucha está en otro terreno, a saber, en el de las almas inteligentes: ahí sí, en efecto, el agón tiene su sitio, y no en el Dios inconmutable que no puede padecer de ninguna manera el mal.

4. EL NEOPLATONISMO DEL *DE AGONE CHRISTIANO*

Ahora bien, si algo caracteriza al *De agone christiano* es que individualiza el campo de batalla en donde el alma individual debe llevar a cabo su lucha, el cual presupone, como se ha dicho, al menos los dos elementos del dispositivo teorético neoplatónico señalados. En efecto, la objeción que se mueve a San Agustín es del todo sintomática: "¿Cómo

22. San Agustín, *De ag. chr.*, 4, 4: "*Et non intellegunt tam sacrilegam esse suam sectam, ut credant omnipotentem Deum non per creaturam quam fecerit, sed per ipsam naturam suam bellasse cum tenebris: quod nefas est credere. Neque hoc solum, sed etiam illos qui victi sunt, factos esse meliores, quia furor eorum compressus est: Dei autem naturam quae vicit, factam esse miserrimam*".

podemos vencer al diablo si no le vemos? Tenemos ya un Maestro que se ha dignado mostrarnos cómo se vencen los enemigos invisibles"[23]. La batalla se libra en el propio interior; la agonía, en cuanto tal, es una lucha entre seguir al Bien y a los bienes caducos, en decantarse por uno o por los otros, por la Unidad o la pluralidad, para decirlo en términos más bien platónicos, por lo cual, en realidad, poco cuentan los bienes pasajeros por los cuales se decante el alma en su concupiscencia; lo que importa es el pliegue de la voluntad hacia el Bien que es realmente, que tiene genuina valencia o peso ontológico. Así puede interpretarse que diga el Hiponense: "Vencemos las potestades hostiles invisibles cuando vencemos las apetencias invisibles. Y por eso, cuando vencemos en nosotros la codicia de los bienes temporales, necesariamente vencemos en nosotros al que reina en el hombre por esa codicia"[24]. En efecto, es a través de las *cupiditates* que las cosas sensibles nos combaten, y las concupiscencias son interiores; en efecto, en cuanto tales, las concupiscencias suceden en el interior del hombre, por lo cual no se trata de enemigos sensibles: es cierto que, en sentido estricto, las concupiscencias pertenecen al mundo de la sensibilidad, pero desde el punto de vista de la interioridad se trata de energías que pretenden atraer a la voluntad para que pierda de vista al Bien al cual debe tender. La victoria no es, pues, hacia las cosas sensibles, que tienen su modo de ser, pasajero, mutable y caduco, sino que se refiere a las concupiscencias interiores: "Pues a los que nos combaten desde fuera, los vencemos desde dentro cuando vencemos las concupiscencias por las que ellos nos dominan"[25]. La vo-

23. Ibid., 2, 2: "*Quomodo possumus vincere diabolum quem non videmus? Sed habemus magistrum, qui nobis demonstrare dignatus est quomodo invisibiles hostes vincantur*".

24. Ibidem: "*Ibi ergo vincuntur inimicae nobis invisibiles potestates, ubi vincuntur invisibiles cupiditates: et ideo quia in nobis ipsis vincimus temporalium rerum cupiditates, necesse est ut in nobis ipsis vincamus et illum qui per ipsas cupiditates regnat in homine*".

25. Ibidem: "*Eos enim qui foris nos oppugnant, intus vincimus, vincendo concupiscentias per quas nobis dominantur*".

luntad que se deja seducir o someter por las concupiscencias termina por volverse, si no en cuanto tal, semejante a los bienes pasajeros, con lo cual se asemeja al diablo, a la pluralidad, a la diversidad de bienes en vez de concentrarse en el Bien, como le corresponde, para alcanzar su más plena maduración, o sea, su perfección.

¿Cómo se logra salir triunfante de semejante agón? Precisamente imitando a Cristo, y si el Apóstol lo ha logrado, entonces es importante aprender de san Pablo observando de qué manera ha encontrado la victoria. De acuerdo con la Escritura, san Pablo somete a su cuerpo y lo reduce a servidumbre (cf. 1Co 9:26-27). Siguiendo esta huella, persuade San Agustín: "Imitémosle, pues, nosotros, como él nos exhorta, y castiguemos nuestro cuerpo y reduzcámoslo a servidumbre si queremos vencer al mundo. Pues el mundo puede dominarnos con sus placeres ilícitos, con sus pompas y curiosidad malsana. Puesto que los placeres perniciosos de este mundo esclavizan a los amantes de las cosas temporales, y les obligan a servir al diablo y a sus ángeles. Pero si hemos renunciado a todas esas cosas, reduzcamos a servidumbre a nuestro propio cuerpo"[26]. ¿Cómo logra subyacer el cuerpo en relación al alma, esto es, a la voluntad? Para nuestro autor, dirigiendo esta potencia a donde corresponde, a saber, al Bien, pues buenos son los que dirigen su voluntad a Dios, mientras que los malos son los que obran por necesidad: la ley estriba precisamente en esto, en que la voluntad se pliegue a ella[27].

Tal vez no es el *De agone christiano* donde con mayor amplitud San Agustín trata este tema. A nuestro juicio, a la ley que se refiere el santo

26. Ibid., 6, 6: "*Imitemur ergo et nos illum, sicut hortatur, et castigemus corpus nostrum, et in servitutem redigamus, si mundum volumus vincere. Quia per illicitas delectationes suas et pompas et perniciosam curiositatem nobis dominari potest hic mundus, id est, ea quae in hoc mundo perniciosa delectatione colligant amatores rerum temporalium, et diabolo atque angelis eius servire cogunt: quibus omnibus si renuntiavimus, redigamus in servitutem corpus nostrum*".

27. Cf. Ibid., 7, 7.

implícitamente es a la *lex aeterna*. En el *De libero arbitrio*, se tematiza la tesis de que la ley eterna consiste en someter lo inferior a lo superior, lo temporal a lo eterno en términos metafísicos, que se traduce, en el caso del problema del mal, desde una perspectiva antropológica, como la sujeción de las pasiones o concupiscencias a la razón, pues si ellas escapan a la medida de la templanza, dice San Agustín, se apoderan del hombre y deja de dominarse a sí mismo[28]. El origen del mal no es metafísico, sino que tiene su sede originaria en la *voluntas*. Está en cada voluntad, que es individual, el seguir y obrar esta sujeción que indica la *lex aeterna*. Si esta ley indica que lo temporal se debe sujetar a lo eterno, el mal no es otra cosa que despreciar los bienes eternos, "*quam neglectis rebus aeternis*"[29]. Cuando la voluntad sobrepone los bienes temporales a los eternos, cuando somete lo superior a lo inferior, entonces es la que causa el mal; y puesto que la voluntad es individual, resulta que es el individuo el origen del mal[30]. El mal no es otra cosa que un amor distribuido inconvenientemente, pues, aunque la voluntad lo que hace propiamente es amar[31], muchas veces ama sin dar prioridad a lo que así lo requiere. Debido a que los malos no se sujetan a esta ley, es que producen, ya sea para sí mismos, ya para otros, mayores tormentos, pues, aunque momentáneamente dan la impresión de gozar lo que realizan, a saber, el no sujetarse a la ley eterna, asemejan al pez que se regocija cuando se lanza, sin ver al anzuelo, y apresa la carnaza, "pero cuando el pescador comienza a tirar de él, primero siente el tormento en sus entrañas, y, luego, pasa del regocijo a la muerte con el mismo cebo que le entusiasmó"[32]. De ahí que concluya el Hiponense:

28. Cf. San Agustín, *C. Faust.*, 22, 29.
29. San Agustín, *De lib. arb.*, 1, 16, 34.
30. Cf. Evans, G. R. *Augustine on Evil*, Cambridge University Press, 1982.
31. Cf. Arendt, H. *El concepto de amor en san Agustín*, Encuentro, Madrid, 2009, 152 pp. Sobre la crítica de Arendt, cf. Kurbacher, F. A. "Zur Kritik der Liebe. Hannah Arendt und Augustinus", en: *Augustinia*, 71/2, (2021), pp. 215-229.
32. San Agustín, *De ag. chr.*, 7, 8: "*Sed cum piscator eum adducere coeperit, víscera eius torquentur primo; deinde ab omni laetitia sua per ipsam escam de qua*

> Así, todos los que se sienten felices con los bienes temporales, se han tragado el anzuelo y con él viven la zozobra, pero vendrá un tiempo en que sentirán los graves tormentos que, con tanta avidez, han devorado. Y, por eso, en nada se daña a los buenos cuando les quitan lo que no aman, ya que aquello que aman y por lo que son felices, nadie se lo puede quitar. Pues los dolores corporales afligen míseramente a las almas malas, mientras purifican con reciedumbre a las buenas[33].

Dado que los buenos dirigen su voluntad hacia el Bien, y el Bien no puede ser quitado por nadie, se sigue que solo quienes tienen una buena voluntad pueden alcanzar la felicidad. Con múltiples argumentos retomados de las obras de Platón (sobre todo la *República* y el *Banquete*), Rist ha puesto de relieve el vínculo entre la sabiduría del filósofo y la *flagrante caritate* (sobre todo en el *De vita beata*, pero el argumento vale asimismo para el *De agone christiano*)[34]. Es a partir de la introspección que, primero, hay que dar cuenta de en qué consiste este Bien último, para lo cual la fe resulta ser una enorme ayuda, y, después, ver cuál es la manera en que se accede a él, pues la vía moral, análogamente a cuanto sostiene el neoplatonismo, es una vuelta del hombre hacia Dios, en quien se identifica el Bien sumo, como hemos destacado al hablar del segundo elcmento del dispositivo teorético que utiliza San Agustín[35].

laetatus est, ad consumptionem trahitur".

33. Ibidem: "*Sic sunt omnes qui de bonis temporalibus beatos se putant: hamum enim acceperunt, et cum illo sibi vagantur; veniet tempus ut sentiant quanta tormenta cum aviditate devoraverint. Et ideo bonis nihil nocent; quia hoc eis auferunt quod non diligunt: nam quod diligunt, et unde beati sunt, auferre illis nemo potest. Cruciatus vero corporis malas animas miserabiliter affligit, bonas autem fortiter purgat*".

34. Cf. Rist, J. M., *Augustine. Ancient thought baptized*, Cambridge University Press, 1994, pp. 148-159.

35. Beuchot, Mauricio, *Op. cit.*, p. 84. El ser feliz se basa en la posesión del verdadero Bien, y el Uno en sí es el verdadero Bien o Bien en sí; quien lo posee, es feliz, cf. Beierwaltes, W. *Agostino e il neoplatonismo cristiano* (traducción de G. Girgenti y A. Trotta), Vita e Pensiero, Milán, 1995, p. 61. Cabe apuntar, por otra parte, en relación a la posición estoica de acuerdo con la cual el acto

Con esto, la ascética agustiniana, que no deja de contraponerse a la maniquea, como hemos visto acentúa Catapano, explicita sus presupuestos teóricos a las claras y, aunque siga las hormas del neoplatonismo plotiniano, el neoplatonismo agustiniano agrega la centralidad de la Escritura y, en consecuencia, de la fe, para alcanzar la meta humana. Efectivamente, que el alma someta al cuerpo es equivalente, primero, a recibir y seguir la fe, y segundo, a vivir de acuerdo con los "preceptos del vivir" (*praecepta vivendi*). Con mucha agudeza, se vuelve claro que hay una sinergia entre el conocimiento y la acción, entre la teoría y la práctica, por lo que es preciso evitar el error tanto en una como en la otra, que equivalen a evitar el error en el conocimiento y en la conducta. Así, siguiendo la vía neoplatónica, se entiende a las claras que afirme nuestro autor: "Pues yerra quien piensa que puede conocer la verdad cuando vive inicuamente. Porque iniquidad es amar este mundo y estimar en mucho lo que nace y pasa, así como desearlo y trabajar para conseguirlo, regocijarse cuando abunda, temer que perezca y entristecerse cuando perece. Una vida tal no puede contemplar aquella verdad pura, auténtica e inalterable, ni adherirse a ella ni permanecer con ella para siempre"[36].

externo no es suficiente para ser valorado como bueno o malo moralmente, que es posible encontrar una posición análoga en San Agustín, de acuerdo con la interpretación que de la ética agustiniana brinda Lina Cecchini. Como ejemplo, véase el siguiente pasaje: "El concepto de valor interior de la acción moral es uno de los motivos más importantes de Agustín. Para él, la virtud no consiste en la manifestación externa, sino que reside en lo más profundo del alma; corrompida el alma, en el pensamiento, en el deseo, en el sentimiento, en la voluntad ya no hay virtud, sino pecado, incluso si falta el cumplimiento material del mal", *Il problema morale in S. Agostino*, Frate Francesco, Reggio Emilia, 1934, p. 59.

36. San Agustín, *De ag. chr.*, 13, 14: "*Errat autem quisquis putat veritatem se posse cognoscere, cum adhuc nequiter vivat. Nequitia est autem mundum istum diligere, et ea quae nascuntur et transeunt, pro magno habere; et ea concupiscere, et pro his laborare, ut acquirantur; et laetari, cum abundaverint; et timere, ne pereant; et contristari, cum pereunt. Talis vita non potest puram illam et sinceram et incommutabilem videre veritatem, et inhaerere illi, et in aeternum iam non moveri*".

Con estas luces se entiende que, para San Agustín, la batalla que se libra en el interior de uno mismo se da entre sumisión del cuerpo al alma o entre la entrega, de parte de la voluntad, hacia el Bien inmutable y eterno o hacia los bienes temporales y caducos del mundo sensible. Para ello, la fe, por un lado, y las buenas obras, por otro, en una amalgama admirable, son las herramientas mediante las cuales el hombre triunfa o es vencido en el agón de la existencia. Una voluntad fortalecida por la fe y por el cumplimiento de la *lex aeterna* resulta a la postre victoriosa, pues cumple la genuina caridad, entendiendo por ella, como explícitamente subraya el Hiponense al final del *De agone christiano*, el excesivo amor y temor por el mundo sensible, en términos teoréticos, y la codicia por adquirir los bienes temporales y el temor a perderlos, en términos prácticos. De manera que no hay oscuridad alguna en que se diga: "Por esas dos puertas entra y reina el enemigo, que debe ser arrojado primero con el temor de Dios y después por la caridad. Pues tanto más debemos apetecer el conocimiento manifiesto y sincero de la verdad cuanto más vemos que progresamos en la caridad y cuanto más purificado tengamos el corazón con su simplicidad, porque con esa mirada interior se hace visible la verdad"[37].

5. CONCLUSIÓN

Aunque se trate de un texto en cierta mesura menor, comparado sobre todo con las obras monumentales del santo de Hipona, el *De agone christiano* contiene los elementos fundamentales del ascetismo agustiniano, en los que el dispositivo teorético del neoplatonismo está suficientemente presente, pero con el agregado de la centralidad de la Escritura, esto es, de la fe,

37. Ibid., 33, 35: "*Per quas duas ianuas intrat et regnat inimicus, qui primo Dei timore, deinde caritate pellendus est. Debemus itaque tanto avidius appetere apertissimam et evidentissimam cognitionem veritatis, quanto nos videmus in caritate proficere, et eius simplicitate cor habere mundatum, quia ipso interiore oculo videtur veritas*".

que permite hablar de un neoplatonismo agustiniano, que se enmarca en el neoplatonismo cristiano de la tardo-antigüedad, pues, sin duda, las versiones o variantes de Mario Victorino o Pseudo Dionisio Areopagita podrían contrastarse sin mayores dificultades a las del Hiponense[38]. Sin embargo, en todos ellos la centralidad de la Escritura es patente, solo que varía el uso que hacen del neoplatonismo de su tiempo, que es la filosofía más difundida y, en cierto modo, la *koiné* de aquel momento, así como, en cierta medida, hoy lo es la hermenéutica filosófica. Es importante mantener, por último, que la responsabilidad ética del alma es resaltada a las claras en el *De agone christiano*, y que esta responsabilidad se dirige en último análisis a la salvación. Para salir victoriosos del combate de la vida, el alma ha de plegarse al Bien y, al lado de Cristo, que viene en auxilio del alma, someter el cuerpo, en el sentido de que el combate se libra moderando las *cupiditates* y, así, a las cosas sensibles, que, aunque no dejan de ser bienes, bordean la nada en comparación con el Bien sumo y trascendente.

BIBLIOGRAFÍA

Aurelius Augustinus, *Opera* (edición de P. Migne), Patrologia Latina, París, 1860.

San Agostino, *Opere di sant'Agostino*, Città Nuova, Roma, 1965.

San Agustín, *Obras* (edición bilingüe), BAC, Madrid, 1945.

38. Sobre San Agustín y Mario Victorino, cf. Hadot, P. *Marius Victorinus: recherches sur sa vie et ses oeuvres, Études augustiniennes*, París, 1971, 422 pp; Clark, M. T. "The neoplatonism of Marius Victorinus", en: Blumenthal, H-J., y Markus, R.A. (eds.), *Neoplatonism and early Christian thought*, Variorum Publications, Londres, 1981, pp. 153-159; Cipriani, N. y Anoz, J. "La presencia de Mario Victorino en la reflexión trinitaria de san Agustín", en: *Avgvstinvs*, 56/222-223, (2011), pp. 411-459. Sobre Pseudo-Dionisio y San Agustín, el clásico estudio de: Koch, Ronald J., "Augustinischer und Dionysischer Neuplatonismus und das Mittelalter", en: Beierwaltes, W. (ed.), *Platonismus in der Philosophie des Mittelalters*, Wissenschaftliche Buchges, 1969, pp. 317-342.

Abreviaturas de las obras de San Agustín citadas en este trabajo:

C. Acad.	Contra Academicos
C. Faust.	Contra Faustum Manichaeum
De ag. chr.	De agone christiano
De b. vita	De beata vita
De imm. an.	De immortalitate animae
De lib. arb.	De libero arbitrio
De mor.	De moribus Ecclesiae catholicae et de moribus Manichaeorum
De nat. b.	De natura boni
De Trin.	De Trinitate

Alici, Luigi, "Introducción a la filosofía de san Agustín", en: Oroz, José y Galindo, José (eds.), *El pensamiento de san Agustín para el hombre de hoy*, t. I, Edicep, Valencia, España, 1998, pp. 105-196.

Arendt, Hannah, *El concepto de amor en san Agustín*, Encuentro, Madrid, 2009.

Beierwaltes, Werner, *Agostino e il neoplatonismo cristiano* (traducción de G. Girgenti y A. Trotta), Vita e Pensiero, Milán, 1995.

Bettetini, Maria, *Introduzione a Agostino*, Laterza, Roma y Bari, 2008.

Beuchot, Mauricio, *La filosofía de san Agustín: verdad, orden y analogía*, San Pablo, México, 2017 (2a. ed.).

Catapano, Giovanni, *Agostino*, Carocci, Roma, 2010.

Cecchini, Lina, *Il problema morale in S. Agostino*, Frate Francesco, Reggio Emilia, 1934.

Cipriani, Nello y Anoz, José, "La presencia de Mario Victorino en la reflexión trinitaria de san Agustín", en: *Avgvstinvs*, 56/222-223, (2011), pp. 411-459.

Clark, Mary T., "The neoplatonism of Marius Victorinus", en: Blumenthal, H-J., y Markus, R.A. (eds.), *Neoplatonism and early Christian thought*, Variorum Publications, Londres, 1981, pp. 153-159.

D'Alès, Adhémar, "Le *De agone christiano*", en: *Gregorianum*, 11/1 (1930), pp. 131-145.

Evans, Gillian R., *Augustine on Evil*, Cambridge University Press, 1982.

Gilson, Étienne, *Introduzione allo studio di sant'Agostino* (traducción de Vincenzo Venanzi), Marietti, Boloña, 2020.

Hadot, Pierre, *Marius Victorinus: recherches sur sa vie et ses oeuvres, Études augustiniennes*, París, 1971.

Koch, Ronald J., "Augustinischer und Dionysischer Neuplatonismus und das Mittelalter", en: Beierwaltes, Werner (ed.), *Platonismus in der Philosophie des Mittelalters*, Wissenschaftliche Buchges, 1969, pp. 317-342.

Kurbacher, Frauke A., "Zur Kritik der Liebe. Hannah Arendt und Augustinus", en: *Augustinia*, 71/2, (2021), pp. 215-229.

Mondin, Battista, *Storia della metafisica*, t. II, ESD, Boloña, 1998.

Mújica, María Lilián, "La dimensión pedagógica del término disciplina en San Agustín", en: *Revista Española de Pedagogía*, 63/231, (2005), pp. 309-323.

Oroz, José, "El combate cristiano, según san Agustín", en: *Atti del congresso internazionale su S. Agostino nel XVI centenrario della conversione*, t. III, Institutum Patristicum Augustinianum, Roma, 1987, pp. 103-122.

Porfirio, *Commentario al Parmenide di Platone* (al cuidado de P. Hadot, traducción de G. Girgenti), Vita e Pensiero, Milán, 1993, 161pp.

Proclo, *Elementos de teología* (edición de José García), Trotta, Madrid, 2017.

Rist, John, M., *Augustine. Ancient thought baptized*, Cambridge University Press, 1994.

Rosmini, Antonio, *Nuovo saggio sull'origine delle idee* (al cuidado de Gaetano Messina), t. III, Città Nuova, Roma, 2005.

Tadini, Samuele F., "Valore e significato dell'interpretazione crono-teoretica", en: *The Rosmini Society*, II/1-2, (2021), pp. 9-17.

Thonnard, François-Joseph, "Caractères platoniciens de l'ontologie augustinienne", en: *Augustinus Magister*, t. I, Institut d'Études Augustiniennes, 1955, pp. 317-327.

"En el principio era el Verbo". Rosmini y las fuentes agustinianas sobre el tema del *incipit* en el *Prólogo* a San Juan

Samuele F. Tadini
Universidad de Lugano

1. INTRODUCCIÓN

¿De qué modo influyeron los textos de San Agustín en el Rosmini, intérprete del *incipit* del célebre *Prólogo* de San Juan?

Tanto Agustín como Rosmini habían conocido las herejías de sus propios siglos y ambos estaban animados por un deseo sincero e inalienable de conocer y vivir la Verdad de Cristo; tanto así que querían comunicarla, explicarla, difundirla y defenderla de los ataques de cualquier intención maliciosa. Ambos reconocen el valor de la filosofía platónica, pero no dudan en corregir los puntos que consideran inexactos o, en todo caso, engañosos respecto al mensaje joánico. Esta exigencia es ciertamente pastoral, exegética y teológica, pero también teorética. No podría ser de otra manera: las mentes, cuando están orientadas hacia la verdad y movidas por un auténtico espíritu de caridad, se ven impulsadas a indagar sin cesar buscando siempre la razón más sólida; ese *logos* que se expresa en el *Logos* viviente, que *permanece* —para utilizar un verbo típicamente joánico— entre quienes saben acogerlo.

En este contexto, me concentro exclusivamente en el texto del *incipit* del célebre Prólogo joánico, es decir, en la expresión "Ἐν ἀρχῇ ἦν ὁ λόγος", tal como la entendió e interpretó Rosmini.

Cabe señalar que las fuentes a las que se refiere Rosmini son muchas[1], pero los textos agustinianos citados explícitamente en el comentario al famoso pasaje inicial del Prólogo son esencialmente *In Iohannis evangelium tractatus*, citado en tres ocasiones, especialmente en referencia al primer tratado: el *De Trinitate*, en referencia a algunos capítulos centrales de los libros VI, IX y XV, la cuestión denominada *De principi*: el libro X del *De civitate Dei*; y el libro VII de las *Confessiones*.

Si tomamos en consideración el primer tratado de *In Iohannis evangelium tractatus*, es fácil comprender cómo Agustín pretende preparar adecuadamente a la audiencia para su homilía, sabiendo muy bien que "*Postremo aderit misericordia Dei, fortasse ut omnibus satis fiat, et capiat quisque quod potest; quia et qui loquitur, dicit quod potest*"[2]. Agustín se centra en la figura de Juan, apóstol comparable a un "*mons excelsus*" que, aunque inspirado, no pudo revelar plenamente el misterio de la Revelación. Es un hombre, dice Agustín, con todas sus limitaciones, pero, a diferencia de quien puede compararse a una colina, en virtud de un alma infantil, Juan se yergue como una montaña, ya que está dotado de un alma elevada. En efecto, quien posee un alma elevada lo es en virtud de la iluminación que proviene de la Sabiduría y su tarea es transmitir a las almas infantiles lo que pueden recibir para prepararlas a una elevación superior. Pero Juan, observa Agustín, logró con su corazón alcanzar la Sabiduría, haciéndose como un ángel, "*quia omnes sancti, angeli, quia*

1. Cf. La edición de referencia a mi cuidado: Rosmini, A. *L'introduzione del Vangelo secondo Giovanni commentata*, Città Nuova, Roma 2009 (en adelante *IVG*), pp. 347-352.
2. San Agustín, *In Iohannis Evangelium Tractatus*, introd., e índices de A. Vita, trad., y notas de E. Gandolfo, rev. de V. Tarulli, en *Opere di Sant'Agostino*, Parte III: Discorsi, vol. XXIV, edición latino-italiana, Città Nuova, Roma 1968, *Tractatus 1*, p. 2, 1 ["contamos con la ayuda amorosa de Dios. Quizá así quedemos todos satisfechos, entendiendo cada uno hasta donde lleguen sus posibilidades"] (he retomado la traducción de M. Fuentes y J. Anoz, de la BAC, *n. del t.*).

annuntiatores Dei"[3]. Es la humildad la que vuelve al hombre que escucha la palabra de Dios a través de sus mensajeros lo que lo vuelve mejor; por eso necesitamos levantar la mirada, elevar el corazón y escuchar las palabras de Juan.

Agustín advierte que existe una diferencia fundamental entre la palabra del hombre y la Palabra de Dios, por lo que argumenta de este modo: "*Noli ergo tibi quasi vile aliquid formare, cum audis Verbum, et conicere verba quae audis quotidie*"[4]. Cuando Juan afirma: *En el principio era el Verbo*, quiere decir el *Verbo de Dios*, en el sentido de que *el Verbo era Dios*. Hay que atender que Agustín pretende impedir que sus oyentes acepten la opción del arrianismo[5], por lo que argumenta teóricamente de esta manera:

3. Ibid., p. 4, 4 ["porque todos los santos son ángeles. Lo son porque anuncian a Dios"].
4. Ibid., p. 12, 10 ["No te imagines algo vulgar cuando oyes el nombre "palabra", ni pienses en las palabras que oyes a diario"].
5. El arrianismo es una corriente surgida en el contexto del cristianismo antiguo que toma su nombre del presbítero alejandrino Arrio (Libia 256-Constantinopla 336), el cual, sin negar la Trinidad, subordina al Hijo al Padre, acabando así por negar su consustancialidad. Precisamente el tema de la consustancialidad se vuelve central en la formulación establecida en el Concilio de Nicea en el año 325, que, de hecho, desautoriza la posición arriana. Arrio, que extrae elementos significativos del neoplatonismo egipcio (Camplani, A. A. en A. Di Berardino, G. Fedalto e M. Simonetti (al cuidado de), Letteratura patristica, Cinisello Balsamo, San Paolo, 2007, pp. 173-181), está convencido de que Dios, entendido como principio único, indivisible, eterno e ingénito, no puede compartir su propia esencia divina con los demás, de modo que el Hijo, en cuanto generado, no sólo no puede ser eterno como el Padre, sino que tampoco puede participar de la misma substancia como el Padre. La consecuencia a nivel teológico es disruptiva: el Hijo no puede ser considerado Dios, ya que este título pertenece única y exclusivamente al Padre. El Hijo acaba definiéndose del mismo modo como una criatura superior, ciertamente divina, pero también finita, porque es substancialmente diferente del Padre. En efecto, si el Padre es ingénito, infinito y principio, el Hijo posee atributos opuestos: es engendrado, es finito y no es principio. La diferencia subsistente entre Padre e

Exeat nunc nescio quis infidelis Arianus, et dicat quia Verbum Dei factum est. Quomodo potest fieri ut Verbum Dei factum sit, quando Deus per Verbum fecit omnia? Si et Verbum Dei ipsum factum est, per quod aliud Verbum factum est? Si hoc dicis, quia est Verbum Verbi, per quod factum est illud, ipsum dico ergo Filium Dei. Si autem non dicis Verbum Verbi, concede non factum per quid facta sunt omnia. Non enim per seipsum fieri potuit, per quod facta sunt omnia[6].

Agustín recalca con fuerza el valor que posee una idea correcta. Efectivamente, si el hombre se hace una idea errónea del Verbo, se sigue una concepción igualmente errónea: equivocada desde el punto de vista filosófico, herética desde el punto de vista teológico y exegético. ¿Qué debe hacer el que no puede entender correctamente el significado de esta expresión: *En el principio era la Palabra*? Simplemente, para no caer en el error diciendo cosas equivocadas, el hombre debe esperar a crecer. Agustín afirma: "Ille cibus est, accipe lac ut nutriaris, ut sis validus ad capiendum cibum"[7]. Esta

Hijo, tal como la entiende Arrio, es suficiente para una conclusión que en un nivel lógico parecería inatacable, pero que desde un punto de vista teológico tiene consecuencias inevitables. Si el Padre y el Hijo son diferentes, y el Hijo se llama Cristo, significa que Cristo puede ser llamado el "Hijo de Dios" sólo en relación con su naturaleza creada. Por tanto, se piensa que la Trinidad consta de tres Personas, cada una de las cuales tiene su propia substancia, Cf. Simonetti, M. La crisi ariana nel IV secolo, Institutum patristicum Augustinianum, Roma 1975; Hanson, R.P.C. Search for the Christian Doctrine of God: The Arian Controversy, 318-381, T&T Clark Ltd, Edinburgo 1988; Williams, R. Arius: Heresy and Tradition, Eerdmans, Grand Rapids (MI) 2001.

6. San Agustín, *In Iohannis Evangelium Tractatus, Tractatus 1*, pp. 12-14, 11 ["Preséntese ahora no sé qué infiel arriano y diga que la Palabra de Dios ha sido hecha. ¿Cómo puede ser que la Palabra de Dios haya sido hecha, cuando es Dios quien hace todo mediante la Palabra? Si también la Palabra de Dios ha sido hecha, ¿mediante qué otra palabra lo ha sido? Y si afirmas que es así por ser la palabra de la Palabra mediante la que ésa se hizo, a ésta la llamo yo el Hijo único de Dios. Pero, si no la llamas palabra de la Palabra, admite que no ha sido hecha aquella por medio de la cual se hizo todo. En efecto, no es posible que se haga mediante sí misma aquella mediante la que se hizo todo"].
7. Ibid., p. 14, 12 ["Él es alimento [sólido]. Toma leche para nutrirte hasta que seas capaz de recibir el alimento"].

preocupación pastoral es decisiva. Pero vayamos a Rosmini y veamos cómo aborda el texto joánico y cómo se recibe la lección agustiniana.

2. *"EN EL PRINCIPIO ERA EL VERBO"*

Rosmini, siguiendo las normas de los Padres de la Iglesia y San Agustín[8], aclara enseguida que las palabras "en el principio era el Verbo" significan "que el Verbo era *antes* que el Mundo fuera"[9], como se desprende de varios pasajes de la Sagrada Escritura[10], en donde expresiones tales como: *en un principio era, era antes de la formación del mundo, era ab eterno,* se plantean "como sinónimos o como explicando una a la otra"[11]. El aspecto de la temporalidad se vuelve central para la comprensión de la afirmación joánica, tanto:

8. Cf. San Agustín, *De Trinitate,* en *D. Aurelii Augustini Hipponensis Episcopi; Operum, Complectens Epistolas,* Parisiis 1586, Tomus II, Lib. VI, cap. II, p. 123 D-124 D. *De Trinitate,* introd. A. Trapè y M. F. Sciacca, trad. it. G. Beschin, en *Opere di Sant'Agostino,* Parte I: Libri-Opere filosofiche-dommatiche, vol. VI, edición latino-italiana, Città Nuova, Roma 1973, L. VI, 2. 3, pp. 268, 270. Cf. CC 50, 230, 231 y PL 42, 3 924-926. Referencia en *IVG,* Lez. III, pp. 64-65, nota 1. Cf. *In Evangelium Ioannis, Expositio,* en *D. Aurelii Augustini Hipponensis Episcopi, Operum, Continens Illius Tractatus: Hoc Est, Expositiones ad Populum factas in novum Testamentum, cum alijs varij generis opusculis,* Parisiis 1586, Tomus IX, Tract. I, pp. 3 C-6 D. *In Iohannis Evangelium Tractatus,* introd. e índices al cuidado de A. Vita, trad. y notas de E. Gandolfo, rev. de V. Tarulli, en *Opere di Sant'Agostino,* Parte III: Discorsi, vol. XXIV, edición latino-italiana, Città Nuova, Roma 1968, *Tractatus 1,* 2.1-22.19, pp. 2-22 Cf. CC 36, 1-11 y PL 35, 1 1379-19 1388. Referencia en *IVG,* Lez. III, p. 67, nota 3. Cf. *Quaestionum ex utroq. Testamento mixtim, De principio,* en *D. Aurelii Augustini Hipponensis Episcopi, Operum Complectens Reliquia* ΤΩΝ ΔΙΔΑΚΤΙΚΩΝ, Parisiis 1586, Tomus IIII, Quaest. CXXII, p. 471 A-472 C. Cf. CSEL 50 e PL 35, 2365-2369. Referencia en *IVG,* Lez. III, p. 67, nota 3.
9. Cf. *IVG,* Lez. III, p. 67.
10. Cf. *Gv* 17,24; *Pr* 8,22-23; *Gen* 1,1.
11. Cf. *IVG,* Lez. III, pp. 68-69.

> Que *antes*, en el lenguaje común, expresa una relación de tiempo, es decir, un punto en el tiempo al que corresponde otro que se expresa con el adverbio *después*. Y la palabra *antes* realmente tiene este valor cuando su correlativo *después* significa un punto, una parte del tiempo. Pero en nuestro caso al decir *antes del tiempo*, o más bien *antes del principio del tiempo*, la palabra *antes* no tiene como relativo una parte o momento tomado en la serie del tiempo, sino que tiene como relativo la totalidad del tiempo; entonces, ella no puede significar un punto de tiempo, ya que cada punto de tiempo está en el tiempo; quiere decir, más bien, *fuera completamente del tiempo*, significa un estado en el que no tiene que ver el tiempo, ni siquiera un punto; y este estado es la eternidad[12].

Desde un punto de vista que podríamos definir como exegético-filosófico, Rosmini advierte que existe una plena relación entre las Escrituras antiguas y las nuevas, a partir precisamente del versículo del *Génesis* en el que leemos que Dios creó los cielos y la tierra, y el *Prólogo* de Juan que, siguiendo el orden de las ideas, abre con el versículo "en el principio era el Verbo". La relación perfecta se expresa considerando que "Dios creador (su conocimiento, su culto) es el principio de la Ley antigua: el Verbo Encarnado (su conocimiento, su imitación y su culto) es el principio de la Ley nueva"[13]. La conexión específica que une la ley antigua con la ley nueva nos enfrenta a varias cuestiones relativas a: *a*) la relación entre temporalidad y eternidad; *y b*) la relación temporalidad-creación-conservación. Rosmini muestra muy claramente que "la eternidad es algo completamente inmune al tiempo, que no es más que el objeto de la obra eterna de Dios. Por tanto, no se debe creer en absoluto que el acto eterno, con el que Dios creó todas las cosas, comenzó en un cierto tiempo infinitamente remoto del punto en que las cosas, efecto de ese acto, comenzaron a existir; porque así volveríamos a caer en el absurdo, que antes del tiempo hubo otra serie o tiempo infinitamente largo"[14]. La relación temporalidad-creación-pre-

12. Ibid., pp. 69-70.
13. Ibid., Lez. IV, p. 70.
14. Ibid.

servación se explica a partir de que: "El acto que crea es idéntico al que conserva, pero los efectos son dos que se distinguen precisamente en las criaturas por la sucesión del tiempo; porque el efecto está envuelto, como decíamos, por el tiempo"[15]. Dios, que es Creador y Conservador, es *creante* si se considera en relación con el mundo en el primer instante de su existencia, ya que el mundo es efecto de la creación, mientras que es *conservante* si se le considera en relación con el mundo en los instantes sucesivos.

La cuestión fundamental pasa, entonces, a la relación con el Verbo. Si el acto de crear es eterno y las cosas creadas se unen a ese acto sin ninguna separación de tiempo, ¿cómo podría explicarse que Juan afirme claramente que el Verbo ya era antes de que las cosas comenzaran? Rosmini responde que "en esto habría dificultad, si de las palabras de Juan se infiriera que el Verbo fue anterior al acto de la creación, pero esas palabras no dicen otra cosa, sino que el Verbo fue anterior al principio del mundo, "En el principio de las cosas ya era el Verbo", lo que significa, como hemos visto, que el Verbo está fuera del tiempo, en la eternidad"[16]. La dificultad identificada se resuelve si se tiene en cuenta que, así como el acto divino que hace ser a las cosas está íntimamente unido a ellas en cada uno de sus instantes, así el acto divino que hace ser al Verbo está íntimamente unido a Él en la eternidad. Por esta razón:

> [...] si el acto que hace que el Verbo sea es eterno; y el Verbo además no sale de la eternidad; por tanto, él, el Verbo, permanece en ese acto, de modo que entre el acto que lo produce (generación) y él, producto, no puede haber diferencia real; empero, hay que decir que el Verbo es ese mismo acto, es un acto del Padre; entonces, considerado por nosotros en dos aspectos, uno como productor, llamándolo a este respecto *generación*, y el otro como producto, llamándolo *generado* o Verbo en este otro aspecto, y esto debido a la imperfección de nuestra manera de concebir[17].

15. Ibid., Lez. IV, p. 71.
16. Ibid.
17. Ibid., Lez. IV, p. 72.

Se abre, pues, una reflexión posterior que se refiere a la relación Verbo-mundo (lo Generado-lo creado) en relación con el acto eterno de Dios Padre, en estos términos: "Si Dios generó al Verbo, y creó el mundo con un mismo acto eterno y si, sin embargo, el Verbo y el Mundo se distinguen porque el Verbo es el mismo acto divino ultimado que no procede de la esencia divina, donde el Mundo es un término de ese acto, que se distingue de la esencia divina; sin embargo, el mundo mantiene una relación de analogía con el Verbo, encontrando su Ejemplar en el Verbo"[18].

Por ello, hay que tener presente que el Verbo no se reduce a ser solo el Modelo del Mundo, sino que debe entenderse, como nos recuerda san Pablo[19], como esplendor de la gloria y la figura de la substancia de Dios. ¿Cómo se expresa la relación subsistente entre la mente humana y el Verbo? La mente humana puede considerar al Verbo de dos maneras: *a*) como Ser manifestado a sí mismo; *b*) como Ejemplar del mundo. El Verbo, concebido por la mente del hombre según el primer modo, se entiende fuera del tiempo (en la eternidad), mientras que el mundo, como creación, se entiende situado en el tiempo. Si se entiende de la segunda manera, es decir, como Ejemplar del mundo, solo se expresa la relación entre el Ejemplar y su copia. Sin embargo, téngase presente que: "el Ejemplar tiene anterioridad lógica respecto a la copia, como la causa tiene precedencia lógica respecto al efecto, y el Padre respecto del Hijo; aunque sean términos relativos de tal manera que no puede haber ni la Causa ni el Padre si no está la contraparte del efecto y el hijo, la existencia de los cuales está íntimamente ligada con la causalidad, y la generación, y éstas con lo causado y lo generado"[20].

Rosmini pasa a identificar la razón por la cual san Juan eligió usar las palabras "En el principio era el Verbo" en lugar de "En el principio

18. Ibid., Lez. V, p. 72.
19. *Eb* 1,3.
20. Cf. *IVG*, Lez. V, p. 73.

era el Verbo *de Dios*", y señala que decir *el Verbo* sin ninguna adición es hablar en absoluto, una manera decididamente eficaz para mostrar que el Verbo era ente completo en cuanto tal.

El filósofo roveretano se concentra en el término *Verbum*, tomando en consideración precisamente las enseñanzas de San Agustín, quien, para hacer comprender claramente la expresión Palabra de Dios (*Verbum Dei*), distingue con precisión, en el hombre, entre su palabra exterior y su palabra interior (que es significada por la primera), para mostrar cómo la palabra interior precede a las acciones del hombre[21]. Aquí Rosmini señala que en el pasaje en el que Agustín argumenta sobre la manera en que debe entenderse el Verbo:

> [...] se nota claramente un ligero matiz de platonismo, que él mismo depuró en otros lugares, y especialmente en la gran obra que escribió sobre la Trinidad. Y verdaderamente para los platónicos el Verbo de Dios era la idea del mundo, o sea el mundo inteligible, como a veces lo llamaban. Este concepto del verbo que se habían formado los platónicos no es el de San Juan, quien de hecho escribe su Evangelio para refutar esos errores, que habían deducido en gran parte del platonismo Cerinto [...] Ebión [...], y poco después los gnósticos, que, aunque este nombre parece haber aparecido bajo el imperio de Adriano, después de que Juan ya había muerto; sin embargo, existían antes con sus errores, como lo revela san Ireneo [...] sin embargo, hubo algunos platónicos que no acabaron de comprender hasta qué punto la doctrina de Juan se elevaba por encima de ellos; oyendo muy razonadamente el Verbo de Dios, expresión de la que también ellos se sirvieron, elogiaron mucho el comienzo del Evangelio de san Juan. Alguno decía que ese principio merecía estar escrito con letras de oro en el frontón de todas las Iglesias[22] [...].

21. Cf. San Agustín, *In Evangelium Ioannis, Expositio*, en *D. Aurelii Augustini Hipponensis Episcopi, Operum, Continens Illius Tractatus: Hoc est, Expositiones ad Populum factas in novum Testamentum, cum alijs varij generis opusculis*, Parisiis 1586, Tomus IX, Tract. I, p. 5 B-C. *In Iohannis Evangelium Tractatus*, cit., *Tractatus 1*, 9, p. 13. Cf. CC 36, 6 y PL 35, 1384.
22. Cf. San Agustín, *De Civitate Dei*, en *D. Aurelii Augustini Hipponensis Episcopi, De Civitate Dei, Libri XXII, Operum, Continens Illius Tractatus: Hoc Est, Expositiones ad Populum factas in novum Testamentum, cum alijs varij generis*

Asimismo, muchos otros platónicos, incluido Amelio, que viviera en el siglo III, nunca dejaron de admirar y alabar el comienzo del Evangelio de Juan[23].

Resulta fundamental, por tanto, distinguir al interior de la mente humana la *idea* del Verbo; de hecho, a través de la idea, el hombre conoce la esencia de una cosa, pero no su subsistencia. Rosmini da este ejemplo: "cuando tenemos la idea del animal sabemos lo que es un animal, pero aún no sabemos con esto solo si existe un animal. No sabemos que un animal subsiste si no hemos *afirmado* en nosotros que subsiste: el acto de afirmar es un pronunciamiento, un juicio, un verbo de la mente"[24], pero hay más, porque si tratamos de comparar la idea al verbo de la mente humana, se puede revelar que la idea no es en absoluto un producto de la mente, sino que la recibe, mientras que el verbo de la mente, es decir, la afirmación, es un acto de la mente misma. La mente humana no podría pronunciar el verbo si no conociera de algún modo su esencia, es decir, una definición más o menos adecuada. El filósofo roveretano se pregunta: "¿Cómo se puede afirmar algo que no se sabe en lo más mínimo?"[25]. Para Rosmini, "la *idea* es la *razón* de la cosa que se afirma, y en cierto modo también la *semejanza*, y que el verbo supone ante sí esta razón y semejanza en la mente para que pueda ser pronunciado"[26]. Se presenta, entonces, el problema de establecer la razón por la cual en la mente humana se dividen la idea y el *verbo* (sabemos que mediante el acto de *intuición* se contempla la *idea*, mientras que con el acto de *afirmación* se produce el *verbo*). Rosmini explica que esto ocurre porque las entidades creadas como objetos de la inteligencia humana, siendo

opusculis, Parisiis 1586, Tomus V, Liber X, cap. XXIX, 119 B. *De Civitate Dei*, introd. A. Trapè, R. Russell, S. Cotta, trad. it. D. Gentili, en *Opere di Sant'Agostino*, Parte I: Libri-Opere filosofico-dommatiche, vol. V/1, edición latino-italiana, Città Nuova, Roma 1978, L. X, 29, 2, p. 754. Cf. PL 41, 309.

23. Cf. *IVG*, Lez. VII, pp. 78-79.
24. Cf. *IVG*, Lez. VIII, p. 81.
25. Cf. *IVG*, Lez. VIII, p. 82.
26. Ibid.

finitas (contingentes), ciertamente tienen esencia, pero en virtud de su contingencia no poseen subsistencia, la cual deriva de un libre acto de Dios que las hace subsistir. Por esta razón, "Siendo la *esencia* y *subsistencia* de las cosas contingentes dos cosas completamente distintas y separadas, se sigue que hay dos actos distintos por los cuales la mente humana las aprehende, uno de los cuales es la intuición que tiene por término la esencia, el otro la *afirmación* (precedida por el sentimiento) tiene como término la subsistencia de los contingentes. Y se sigue igualmente que este segundo acto supone el primero, porque no se conoce la existencia de una cosa, si no se sabe primero (por prioridad lógica) qué es esa cosa, que es tener una idea de ella, un conocimiento de su esencia incluida en la idea"[27]. El hombre, pues, conoce la subsistencia de los contingentes por medio de la esencia, porque la subsistencia de los contingentes no se conoce por sí misma.

El tema de la relación cognoscitiva entre esencia y subsistencia abre la posibilidad de demostrar la existencia de Dios. En efecto:

> Si hubiera una subsistencia que fuera conocida por sí, es decir, que fuera a la vez subsistencia y esencia, sería en este caso un objeto único, que podría y debería ser aprehendido con un solo acto del espíritu. Ahora bien, este objeto no podría ser contingente por la razón mencionada, sino que tendría que ser necesario; porque si la esencia es siempre necesaria, necesaria debe ser también aquella subsistencia que tiene en sí misma su propia esencia, y forma, con ella, un solo ser. Pero el ser necesario, tanto para la esencia como para la subsistencia, se llama Dios, por lo que Dios es el único ser cuya subsistencia es la esencia[28].

Dios subsiste, pues, por su propia esencia, por eso es un Ser Absoluto que no puede confundirse con el ser común, que es una esencia sin subsistencia. Dios es el Ser por esencia, pero aquello que por su misma esencia no puede dejar de ser inteligible, por la sencilla razón de que la esencia es la parte inteligible de las cosas. Rosmini se pregunta: "si ese

27. Cf. *IVG*, Lez. VIII, p. 82.
28. Ibid., Lez. VIII, p. 83.

ser es inteligible por sí en su propia subsistencia, si ese ser debe aprehenderse del espíritu con un solo acto, porque en él la subsistencia es al mismo tiempo esencia; ¿cuál será ese acto del espíritu con el que se deberá aprehender?"[29] El acto por el cual la mente del hombre aprehende el Ser absoluto no puede ser ni una intuición ni una afirmación, sino que será un *sentimiento intelectual*. Esta expresión es adecuada desde el punto de vista del modo humano de aprehender el Ser absoluto, pero es inadecuada para expresar el modo en que Dios se comprende a sí mismo; en efecto "la esencia divina reside totalmente en un ser subsistente, porque la subsistencia de ese ser es la esencia de ese ser. Luego esta subsistencia por su propia esencia es comprendida y conocida por sí misma"[30]. En cuanto a la subsistencia, cabe señalar que se entiende por sí en virtud del acto intelectivo necesario. Si la subsistencia divina se entiende por sí, ella es "sujeto o persona, en tanto es el Verbo"[31], como acertadamente había señalado San Agustín[32]. Sin embargo, el Verbo no debe ser entendido como el acto intelectual de Dios, sino el término de ese acto, es decir, la subsistencia divina entendida en sí misma, para que la sabiduría resultante del acto intelectual divino sea común a toda la Trinidad. Para Rosmini "el Verbo divino es la subsistencia divina en cuanto es entendida, aquella misma subsistencia que es al mismo tiempo inteligente por sí misma y siendo por sí misma"[33]. En virtud de esta subsistencia el Verbo tiene: *a*) la idea de las cosas contingentes; *b*) la virtud para crearlos, ya que *es* subsistencia. Así, se entiende que la creación

29. Ibid.
30. Ibid., Lez. VIII, p. 84.
31. Ibid.
32. Cf. San Agustín, *De Trinitate*, en *D. Aurelii Augustini Hipponensis Episcopi; Operum, Complectens Epistolas*, Parisiis 1586, Tomus II, Lib. XV, cap. XIIII, p. 180 C-A. *De Trinitate*, introd. A. Trapè y M. F. Sciacca, trad. it. G. Beschin, en *Opere di Sant'Agostino*, Parte I: Libri-Opere filosofiche-dommatiche, vol. VI, Edición latino-italiana, Città Nuova, Roma 1973, L. XV, 14. 23-14. 24, pp. 664-666. Cf. CC 50, 496-497 e PL 42, 23 1076-24 1077.
33. Cf. *IVG*, Lez. IX, p. 86.

"es propia de la subsistencia divina que crea según las ideas que tiene en sí misma en cuanto se entiende por sí misma, es decir, en cuanto es el Verbo, y por ello la Creación es una operación que pertenece a toda la Trinidad que tiene la misma subsistencia"[34].

Íntimamente relacionado con el tema de la creación, se ve el relativo a la modalidad con que el ejemplar de las cosas contingentes está en el Verbo. Rosmini advierte enseguida que el Verbo y el ejemplar del mundo no son dos Verbos, sino siempre y uno solo entendido como subsistencia divina que se conoce y se comprende a sí mismo, y añade que "en cuanto se entiende como el ser limitable, es decir, que tiene en sí la posibilidad de ente limitado, en tanto tiene oficio de ejemplar de la realidad o subsistencia limitada"[35]. Es en este punto que se inserta una discusión precisa de cómo debe entenderse el poder creador divino y la problemática conexa de la relación entre poder creador y poder cognoscitivo; así como la diferencia fundamental entre la potencia humana, que pasa al acto, y la divina, que no sufre de este pasaje, ya que Dios es un acto puro[36].

Rosmini pasa a otra cuestión especialmente relevante relativa a la modalidad de la presencia de las ideas en el Verbo. Señala que "las ideas específicas y verdaderamente distintas de las diversas entidades finitas no se contienen propiamente en el Verbo divino como tal, sino que sólo está contenida la *posibilidad* del ente finito, que es lo mismo que decir la idea del ser en universal, que respecto a la subsistencia divina como ser absoluto e ilimitado es subsistencia manifiesta por sí; respecto luego al ente finito no todavía subsistente es puramente *idea*"[37]. Si tomamos en consideración al hombre, por su misma naturaleza, notamos que ciertamente se le comunica la idea de ser en univer-

34. Ibid., Lez. X, p. 88.
35. Ibid., Lez. XI, p. 89.
36. Cf. *IVG*, Lez. XI, pp. 89-90.
37. Ibid., Lez. XII, p. 91.

sal, pero no lo que se define como la subsistencia divina manifestada en sí misma. Por tanto, no se comunica al hombre el Verbo, sino la luz que procede del Verbo.

Dos interrogantes surgen en este punto: *1*) "El poder divino propio de la subsistencia divina y, por tanto, de toda la Trinidad, fue la que determinó qué limitaciones especiales debía tener el ente finito que se quería crear. ¿Esta determinación se hizo en pleno arbitrio sin ninguna razón?"[38]; *2*) "¿El poder divino decidió crear el Mundo sin razón con ciego arbitrio?"[39]. A la primera pregunta Rosmini responde así: "la creación sólo puede ser una, aunque resulte de muchas partes, de muchas entidades; uno es el universo y, por ende, uno es el concepto del universo en la mente divina: tal concepto es la sabiduría creada *ab eterno* con el acto de la creación del mundo. Por tanto, todas las cosas contingentes no son conocidas por Dios por muchas ideas separadas, sino por una sola idea que surge del acto de la creación, que se identifica con ese acto mismo"[40]. A la segunda pregunta responde que "el ser es amable para Dios, amándose Dios mismo por esencia, ama al ser en todos los modos: por tanto, no sólo ama el ser finito, sino que ama también que ese ser finito subsista, que imita en cuanto puede lo primero. Por tanto, si ama que subsista, tiene en sí mismo una razón para hacerlo subsistir, es decir, para crear"[41]; en efecto, el acto de creación se identifica con el acto generativo del Verbo, porque "Este acto es la subsistencia divina, en cuanto entendiéndose a sí mismo, se manifiesta que es el Verbo. Pero, al manifestarse, manifiesta al mismo tiempo la entidad finita que imita, lo mejor que puede, la subsistencia divina. Ahora bien, el hacer que se manifieste por sí mismo el ente finito determinado es crearlo"[42].

38. Ibid., Lez. XIII, p. 91.
39. Ibid., Lez. XIII, p. 91.
40. Cf. *IVG*, Lez. XIII, p. 93.
41. Ibid., Lez. XIV, p. 93.
42. Ibid., Lez. XV, p. 95.

Pero, ¿cuál es la diferencia entre el acto generativo como tal y el acto creativo? Podríamos responder mediante el siguiente esquema explicativo:

ACTO

- Generativo: es *necesario* en cuando la subsistencia divina es necesariamente por sí manifiesta.
- Creativo: es *voluntario* porque procede del amor que Dios tiene por sí y, por ello, para todo lo que lo imita.

Rosmini prosigue su razonamiento considerando los diferentes significados que ha tomado el término λόγος en relación con el Verbo, palabra que expresa mejor que ninguna otra la segunda persona de la Trinidad, tanto considerada con respecto al Padre[43], como con respecto a las criaturas[44]. San Agustín, en plena consonancia con otros Padres de la Iglesia, afirma que "el Hijo se llama Verbo porque es la noticia del Padre"[45], sobre todo en *Evangelium Ioannis, Expositio*[46] y en dos pasajes del *De Trinitate*[47].

43. Ibid., Lez. XVI, pp. 96-100.
44. Ibid., Lez. XVIII, pp. 104-107.
45. Ibid., Lez. XVI, p. 96, nota 20.
46. *In Evangelium Ioannis, Expositio*, en *D. Aurelii Augustini Hipponensis Episcopi, Operum, Continens Illius Tractatus: Hoc Est, Expositiones ad Populum factas in novum Testamentum, cum alijs varij generis opusculis*, Parisiis 1586, Tomus IX, Tract. I, pp. 3 C-6 D; Tract XIIII, pp. 51 B-54 D. *In Iohannis Evangelium Tractatus*, cit., *Tractatus 1*, 2. 1-22. 19, pp. 2-22. Cf. CC 36, 1-11 y PL 35, 1 1379-19 1388. *Tractatus XIV*, 1-13, pp. 324-344. Cf. CC 36, 141-150, PL 35, 1 1502-13 1510.
47. *De Trinitate*, en *D. Aurelii Augustini Hipponensis Episcopi; Operum Tomus II, Complectens Epistolas*, Parisiis 1586, Tomus II, Lib. XV, cap. X-XII, p. 177 B-179 C; cap. XXVII, pp. 186 D-187 D. *De Trinitate*, cit., L. XV, 10. 17-12. 22, pp. 646-660 y L. XV, 27. 48-27. 50, pp. 710-716. Cf. CC 50A, 483-494 e PL 42, 17 1069-22 1075; CC 50A 529-533 e PL 42, 48 1095-50 1097.

Sin embargo, téngase presente que existen diferencias fundamentales entre el Verbo humano y el Verbo divino, por lo que,

> pronunciando el espíritu humano muchos verbos, la analogía que se da entre el Verbo divino y el humano, como observa san Agustín[48] se encuentra más con respecto a ese verbo humano, con el que el hombre se afirma y se pronuncia, que no con respecto a los otros verbos con los que el hombre se pronuncia y afirma otras cosas distintas de sí mismo: porque el Verbo divino es semejanza o imagen del Padre que lo pronuncia y lo genera, y así el verbo con que el hombre se pronuncia a sí es el que vuelve al hombre cognoscible para sí mismo[49].

Consideremos las siguientes diferencias:

48. *De Trinitate*, en *D. Aurelii Augustini Hipponensis Episcopi; Operum, Complectens Epistolas*, Parisiis 1586, Tomus II, Lib. IX, cap. V, p. 139 A-B. *De Trinitate*, cit., L. IX, 5. 8, p. 374. Cf. CC 50, 300-301 y PL 42, 8 965.
49. *IVG*, Lez. XVII, p. 101.

VERBO

DIVINO	HUMANO
1) No pasando nunca de la potencia al acto, es siempre en acto, siempre generado *ab eterno*;	1) se produce por medio de un paso de la potencia al acto;
2) es esencial a la naturaleza divina, tanto que no existiría sin el Verbo. Dios, que es el Ser Absoluto, tiene, por su propia esencia, que existir en tres personas, de las cuales la segunda es el Verbo;	2) es un accidente del alma, tanto que el alma humana podría existir incluso sin el verbo;
3) no es una simple afirmación, sino *sentimiento intelectual*;	3) es simplemente una afirmación interna;
4) la subsistencia divina es también esencia por sí misma; no se produce una síntesis entre la subsistencia y la esencia de Dios para constituirlo como objeto, puesto que la subsistencia es ya objeto por sí. La subsistencia es ya Verbo sin necesidad de nada;	4) se obtiene uniendo la subsistencia de las cosas contingentes con su esencia;
5) cuando Dios Padre pronuncia el Verbo, se pronuncia a sí mismo por medio de sí. La subsistencia divina resulta continuamente pronunciada, continuamente vuelta manifiesta a sí misma, porque es luz para sí misma por esencia;	5) cuando el hombre pronuncia su verbo, la esencia que él une a la subsistencia está frente a su mente, pero no es su mente; en efecto, la mente del hombre necesita ser iluminada;
6) es uno solo quien pronuncia el ser ilimitado y absoluto, o sea, la subsistencia divina;	6) es múltiple, porque el hombre pronuncia diversos verbos;
7) es constituyente de la divina subsistencia y productivo de las criaturas;	7) con el verbo el hombre afirma las subsistencias finitas, pero tal verbo dota al hombre solo de la noticia de la subsistencia de las cosas que caen en su sentimiento, no produciéndolas en sí mismas;
8) Dios obra por medio de su Verbo;	8) es *persuasivo*, pero no operativo;
9) no recibe nada, sino del Padre que le es igual, en cuanto es la subsistencia divina por sí entendida.	9) recibe del Verbo divino todos los elementos de los que está constituido; en efecto, recibe: *a*) las esencias de las cosas, o sea, "la posibilidad del ente finito que se vuelve la luz de su razón"[50]; *b*) "las subsistencias finitas que él afirma con su verbo persuasivo, y las acciones que él afirma buenas para sí, sujeto con su verbo práctico, porque todo lo que recibe la subsistencia la recibe del acto del Verbo divino"[51]; *c*) "el acto mismo subjetivo de la afirmación y del juicio es puesto en el ser por el Verbo, en el cual y por el cual son hechas todas las cosas"[52].

50. Ibid., Lez. XVII, p. 104.
51. Ibid.
52. Ibid.

Si hay una relación entre el ser y el Verbo, y el hombre intuye el ser, ¿cómo puede conocer la naturaleza del Verbo divino? Rosmini responde de manera verdaderamente eficaz así:

> [...] pero la esencia que intuimos del ser, aunque es una pertenencia del ser, no es, sin embargo, el Verbo, porque no es ser actuado, sino el ser en potencia, no es la subsistencia, sino la esencia pura. El mundo conocido ni siquiera es el Verbo, sino que tiene sólo una analogía con el Verbo divino. El hombre, pues, no conoce el Verbo por naturaleza, no lo percibe por su naturaleza, y por eso las especulaciones de la razón natural sólo llegan a tener tal concepto negativo y analógico de Él[53].

Un conocimiento y una percepción del Verbo por el hombre solo es posible si la comunicación se realiza por obra del Verbo mismo, pero este tipo de comunicación puede definirse como *sobrenatural*, ya que proviene directamente del Ser infinito y subsistente, que es superior a la propia naturaleza finita. Rosmini define la comunicación del Verbo al hombre como "un *hecho*"[54] que no puede ser fruto del razonamiento humano. En este sentido se explica la diferencia entre el *orden sobrenatural*, al que corresponde la comunicación que el Verbo divino hace al hombre de sí mismo, y el *orden natural*, al que corresponden las distintas doctrinas que los filósofos elaboran racional, pero imperfectamente, sobre el Verbo. Estas ciencias poseen principios específicos; en efecto, así como el principio de la ciencia natural es la *idea*, es decir, el *ser ideal*, así el principio de la ciencia sobrenatural es el *Verbo*, precisamente definido como el *Ser real por sí manifiesto*.

Rosmini advierte que es posible "trazar la línea fronteriza entre el orden natural y el sobrenatural, entre la doctrina de los filósofos y la comunicación real que el Verbo divino hace de sí mismo a los hombres,

53. Ibid., Lez. XVIII, p. 106.
54. Ibid.

y la hizo completa en la encarnación, en la medida en que la gracia del Verbo encarnado se comunica a sus hermanos”[55].

Es el mismo Rosmini quien cita un significativo pasaje de San Agustín en su traducción al italiano. Fue precisamente este último, en efecto, quien expresó en un hermoso pasaje de las *Confesiones*[56], en el que se dirige a Dios, para afirmar:

> Me obtuviste a través de un tifus tan hinchado, algunos libros de los platónicos griegos vertidos al latín, y los leí, no diciendo realmente con las mismas palabras, pero por ello este mismo persuadía al lector con muchos y variados argumentos, a saber, que en el principio era el Verbo, y el Verbo se entendía como Dios, y Dios era el Verbo: este fue en el principio con Dios: todas las cosas fueron hechas para él y sin él nada fue hecho. Lo que se hizo fue vida en él. Y la vida era la luz de los hombres, y la luz brilla en las tinieblas, y las tinieblas no la entendieron. Y que el alma del hombre, aunque da testimonio de la luz, no es, sin embargo, la luz, sino el Verbo de Dios, Dios mismo es la luz verdadera que ilumina a todo hombre que viene a este mundo; y que estaba en este mundo, y el mundo fue hecho por él, y el mundo no lo conoció. Pero QUE LUEGO HAYA VENIDO EN SUS PROPIAS COSAS, Y QUE LOS SUYOS NO LE HAYAN RECIBIDO; QUE DE TODOS LOS QUE LE HAN RECIBIDO LES HAN DADO PODER DE SER HIJOS DE DIOS A LOS QUE CREEN EN SU NOMBRE: esto no lo leí. Así mismo leí en ellos que Dios, el Verbo, no nació de la carne, ni de la sangre, ni de voluntad de varón, ni de voluntad del hombre, sino de Dios. Pero QUE EL VERBO SE ha HECHO CARNE Y HABITÓ ENTRE NOSOTROS no lo leí. Mas hallé, buscando en aquellas cartas, que de diversas y de muchas maneras se lee que el Hijo es en la forma del Padre, no considerándose equivocado el ser igual a Dios, porque es naturalmente el mismo Dios. Pero QUE ÉL SE HAYA SOBAJADO TOMANDO LA FORMA DE

55. Ibid., Lez. XIX, p. 107.
56. Cf. San Agustín, *Confessionum*, en *D. Aurelii Augustini Hipponensis Episcopi, Operum*, Parisiis 1586, Tomus I, Lib. VII, cap. IX, pp. 55 D-56 C (ahí se encuentra p. 36 como error de página). *Confessiones*, testo lat. dell’ed. de M. Skutella revisada por M. Pellegrino, introd., trad., notas e índices al cuidado de C. Carena, en *Opere di Sant’Agostino*, Parte I: Libri-Opere autobiografiche, vol. I, Edición latino-italiana, Città Nuova, Roma 1969, L. VII, 9. 13-9. 15, pp. 194-198. Cf. PL 32, 13 740-15 741.

UN SIERVO HECHO A SEMEJANZA DE LOS HOMBRES, Y, POR EL HÁBITO HALLADO HOMBRE, SE HAYA HUMILLADO A SÍ MISMO HACIÉNDOSE OBEDIENTE HASTA LA MUERTE Y MUERTE DE CRUZ: EL POR QUÉ DIOS LE HA EXALTADO DE ENTRE LOS MUERTOS, Y LE DIO UN NOMBRE QUE ESTÁ SOBRE TODO NOMBRE, PARA QUE EN EL NOMBRE DE JESÚS TODO LO CELESTIAL, TERRESTRE E INFERNAL SE GENUFLEJE Y TODA LENGUA CONFIESE QUE EL SEÑOR JESUCRISTO ESTÁ EN LA GLORIA DE DIOS PADRE, estas cosas no contienen esos libros. Por tanto, que su Hijo unigénito permanezca antes de todos los tiempos y sobre todos los tiempos inmutablemente, y que las almas reciban de él su plenitud para ser benditas, y con la participación de la sabiduría que mora en él mismo se renueven para ser sabios, esto se encuentre allí. Pero QUE SEGÚN EL TIEMPO HAYA MUERTO POR LOS IMPÍOS, Y QUE TÚ NO HAS PERDONADO A TU ÚNICO HIJO Y LO HAYAS DADO POR TODOS NOSOTROS, eso no está ahí. Porque tú escondiste estas cosas de los sabios y las revelaste a los párvulos, para que vengan a él cansados y afligidos, y él los restaurase; porque es manso y humilde de corazón, y a los mansos dirige en el juicio, y enseña sus caminos a los mansos, conociendo nuestra bajeza y nuestro trabajo, y perdonando todos nuestros pecados. Quienes vanidosos de un botín casi de más sublime doctrina no escuchan al que dice: Aprended de mí que soy manso y humilde de corazón y hallaréis descanso para vuestras almas: y si conocen a Dios, no le glorifican como Dios, ni dándole gracias, sino que se enferman en sus pensamientos, y se observa su necio corazón, diciendo que son sabios, se vuelven necios. Y por eso también allí leo inmutable la gloria de tu incorrupción en ídolos y vanos simulacros a semejanza de la corruptible imagen del hombre, y de las aves, y de los cuadrúpedos y de las serpientes, alimento de los egipcios, por los cuales Esaú perdió su primogenitura, porque, en lugar de ti, el pueblo primogénito adoró la cabeza de un cuadrúpedo, con el corazón vuelto a Egipto, e inclinó su alma, tu imagen, ante la imagen de un becerro que comía heno: allí también hallé estas cosas y no las comí[57].

Aquí es posible saborear algunos elementos que —en mi opinión— se combinan para mostrar cómo la reflexión agustiniana es la expresión de una "metafísica vocativa" muy original, en la que el yo indagador —que es siempre un sujeto concreto— se vuelve hacia Dios llaman-

57. *IVG*, Lez. XIX, pp. 107-108.

do "Tú": es en esta admirable síntesis de concreción relacional entre el hombre y Dios donde se manifiesta la necesidad misma de esa "tercera navegación"[58] que solo puede realizarse después de la "segunda navegación" platónica y de la revelación cristiana. Esta "tercera navegación", en efecto, se realiza por medio del *lignum crucis*, reconociendo con toda humildad, como relata el mismo Rosmini[59] —citando al mismo Agustín— que "Tú" (Dios): "*Abscondisti enim haec a sapientibus et prudentibus et revelasti ea parvulis. Et aliud est de sylvestri cacumine videre patriam pacis, et iter ad eam non invenire, et frustra conari per send, circumsidentibus et insidiantibus fugitivis Deserteribus cum prince his lion and dragon: et aliud tener viam illuc ducentem cura coelestis imperatoris munitam, ubi non latrocinantur qui coelestem militiam deseruerunt. Vitant enim eam sicut supplicium*"[60].

Se pueden distinguir dos fases en el contexto de la comunicación del Verbo a los hombres: *a*) una primera en la que, en la antigua revelación, se revelaron verdades relativas al Verbo, que, sin embargo, aunque son dones de Cristo, no son, empero, el Cristo manifestado a los hombres; *b*) una segunda en la que "tomó carne humana y enseñó él mismo a los hombres, y sus palabras exteriores fueron respondidas por la gracia interior que dio a los hombres la percepción de la Palabra que habla y

58. Cf. San Agustín, *Amore assoluto e "terza navigazione"*, al cuidado de G. Reale, Rusconi, Milán 1994.
59. *IVG*, Lez. XIX, pp. 112-113.
60. San Agustín, *Confessionum*, en *D. Aurelii Augustini Hipponensis Episcopi, Operum*, Parisiis 1586, Tomus I, Lib. VII, cap. XXI, pp. 58 A. *Confessiones*, cit., L. VII, 21. 27, p. 212. Cf. PL 32, 27 748 ["Porque tú escondiste estas cosas a los sabios y prudentes y las revelaste a los pequeñuelos. Pero una cosa es ver desde una cima agreste la patria de la paz, y no hallar el camino que conduce a ella, y fatigarse en balde por lugares sin caminos, cercados por todas partes y rodeados de las asechanzas de los fugitivos desertores con su jefe o príncipe el león y el dragón, y otra poseer la senda que conduce allí, defendida por los cuidados del celestial Emperador, en donde no latrocinan los desertores de la celestial milicia, antes la evitan como un suplicio"].

opera, que, por tanto, puede llamarse *Verbiforme*; entonces los hombres aprendieron la misma persona del Verbo revestida de humanidad que comunicaba sus influjos”[61].

Las pertenencias del Verbo pueden ser de dos tipos, en relación a la diferencia que existe entre la *luz natural* y la *luz sobrenatural*, la cual conviene explicar adecuadamente.

LUZ	
NATURAL	SOBRENATURAL
1) es simplemente *ideal*;	1) es también *real*;
2) el acto efectuado por el alma humana para recibir la luz natural se llama *intuición*;	2) el acto efectuado por el alma humana para recibir la luz sobrenatural se llama *percepción*;
3) es el *ser ideal* por sí objeto, entonces definible *pertenencia ideal* del Verbo divino.	3) es el *Ser real*, o sea, la divina subsistencia, por ende, definible *pertenencia real* del mismo Verbo.

Rosmini se pregunta en este punto cómo es posible que las verdades especiales reveladas sean muchas, desde el momento en que la palabra de Dios, que es el Verbo, es una. La respuesta es notablemente clara; de hecho, observa que “así como todas las verdades naturales, todas las ideas se reducen a una, es decir, a la idea de ser, del mismo modo todas las verdades sobrenaturales se reducen a una, es decir, a la verdad subsistente, al ser real sujeto por su objeto, que es el Verbo”[62]. Junto a esta pregunta surge el problema de establecer cómo la idea, que es una, puede transmutarse en muchas otras que se definen como conceptos. Rosmini aporta las siguientes tres razones:

> 1ª. Por la multiplicidad de substancias creadas, una de las cuales, por su limitación, está exclusivamente en sí misma, fuera de todas las demás. De ahí

61. *IVG*, Lez. XXI, p. 117.
62. Ibid.

que, cuando aplicamos el ser ideal a conocer a una de ellas, con esto no conocemos de ningún modo a la otra, sino que tenemos una noticia exclusiva, completamente separada de la noticia de todas las demás cosas. 2° De esta multiplicidad de substancias finitas surge una multiplicidad de relaciones también exclusivas y cada una de ellas limitada a sí misma, de la que nuevamente procede una multiplicidad de noticias a través de diversas aplicaciones del ser a varias substancias que se comparan para revelar sus diversas relaciones. 3° La tercera razón deriva de la multiplicidad que se encuentra en cada substancia creada, ninguna de las cuales es perfectamente simple, notándose en ella accidentes, pasiones y acciones, cambios de modos, divisiones de espacio, sucesiones de tiempo, etcétera. A cada una de estas cosas, que tiene un carácter exclusivo y propio, aplicando todavía el ser ideal, tenemos otras tantas novedades y conceptos[63].

La relación existente entre la multiplicidad en el orden natural y en el sobrenatural no está desordenada en absoluto, ya que los elementos de los que se constituyen estas multiplicidades son unificables y unificados por un fundamento común. Escribe Rosmini:

> [...] debemos ver cómo todas las verdades especiales se reducen a la unidad, es decir, a un solo objeto, cómo éste es una pertenencia del Verbo, y cómo, si este objeto se nos revela como sujeto o persona, entonces es él el Verbo que se nos comunica. Lo mismo debemos ver en las gracias que se nos comunican, cómo se refundan y se reducen a una sola gracia, perteneciente al Espíritu Santo, que es el mismo Espíritu Santo cuando en aquella gracia se nos revela como persona[64].

Pero, ¿qué se entiende por verdades especiales recibidas por revelación divina? El roveretano explica que se reducen a aquellas verdades que declaran *a*) la naturaleza divina; *b*) lo que Dios ha hecho; *c*) los deberes que el hombre tiene para con Dios. Debe tenerse en cuenta que "las verdades que regulan las operaciones se reducen a las verdades impuestas para creerlas, porque la operación moral no es otra cosa que un reconocimiento de la verdad aprendida por el reconocimiento del

63. Ibid., Lez. XXI, p. 118.
64. Ibid., Lez. XXII, p. 119.

intelecto, reconocimiento que produce los afectos y las acciones bien ordenadas que mejoran y perfeccionan moralmente al hombre"[65]. Junto a estas verdades emergen aquellas definidas como teóricas sobre la naturaleza y las acciones externas de Dios, que se remontan a la naturaleza divina. En efecto, Dios actúa por el acto mismo por el cual existe. Estas verdades "se reducen al conocimiento del Verbo divino, porque, como hemos visto antes, la creación y otras operaciones externas son hechas por el Verbo, y en Dios no son distintas de aquel acto que constituye al Verbo divino"[66].

Todas las verdades reveladas están contenidas en el Verbo y pueden ser consideradas como aplicaciones a las cosas creadas por el primer conocimiento sobrenatural, a saber, el del Verbo. En este punto surge una pregunta: ¿cómo es posible saber qué verdades tan especiales están contenidas en el solo conocimiento del Verbo divino? Rosmini propone las siguientes dos soluciones, en modo alguno antitéticas, que expresan, al mismo tiempo, dos grados de conocimiento perfectamente identificables: "1º. Porque o esto se sabe sólo porque de hecho estas verdades nos sirven para saber algo sobre la naturaleza divina y sus acciones en el mundo, sin percibir por ello personalmente al Verbo que manifiesta estas verdades"[67]. Con base en esto, se entiende que este grado ofrece una duplicidad de cognición que puede definirse como *directa* o *indirecta*.

Cognición	*Directa*: es aquella que Rosmini ve que es común a los fieles de la Iglesia de Dios.
	Indirecta: es aquella definible científica, o sea, de quienes aplican el razonamiento a las verdades reveladas.

65. Ibid.
66. Ibid.
67. Ibid., p. 120.

Si estos dos tipos de conocimientos ya estaban al alcance de los judíos, entonces, propio de los cristianos es el modo de percibir el Verbo en el acto de manifestar verdades especiales, verdades entendidas sobre todo con el corazón. Rosmini escribe: "2°. O bien se conoce que todas las verdades especiales de las que estamos hablando están contenidas en el Verbo, y al mismo tiempo percibimos al Verbo personalmente en el acto de manifestarlas a nosotros, no sólo a nuestros oídos carnales que no bastaría, sino a los oídos de nuestro corazón, y esto es propio sólo de los cristianos, y con razón se dice *ver las verdades sobrenaturales en el Verbo*"[68]. Aquí también entra en juego la duplicidad de la cognición.

Cognición	*Directa*: tiene su fundamento en la percepción del Verbo que a los cristianos es dada por medio del bautismo.	
	Refleja: es la *teológica* a través de la cual la reflexión conducida sobre la cognición directa permite la formulación de una CIENCIA:	si se ocupa solo del Verbo como objeto, se llama TEOLOGÍA.
		si se ocupa del Verbo que actúa en las almas como sujeto y persona por sí objeto se llama TEOLOGÍA MÍSTICA.

Rosmini pasa a identificar, en cinco puntos, la modalidad del conocimiento sobrenatural dado a los hombres antes de la Encarnación del Verbo:

> 1°. Las verdades especiales reveladas; 2°. Lo que cada verdad da a conocer de la naturaleza divina en que recibieron la unidad siendo todas reducidas a diferentes grados y aspectos del conocimiento de una misma cosa; 3°. En

68. Ibid.

espera de la gracia se divide según verdades especiales; esta naturaleza divina comenzaba a percibirse como manifiesta en sí misma, un objeto real manifestado en sí mismo, era el Verbo, pero sólo objetivamente aprehendido, no el Verbo como sujeto y persona y, por tanto, propiamente hablando, era la subsistencia divina en sí misma manifiesta, pero no operativa [...]; 4°. Tenía también la promesa de la venida al mundo del Verbo como sujeto y persona, lo cual no implica una comunicación interna de esta personalidad, bastando la fe en esa misteriosa promesa. [...] el conocimiento del Verbo como persona dado a los antiguos no fue positivo ni perceptivo; más bien fue negativo, racional, simbólico, misterioso, mucho más un objeto de fe de lo que es actualmente para los cristianos que tienen una percepción inicial de él, y su fe se refiere sólo a la percepción completa y sin velo, que constituye la bienaventuranza celestial. 5°. Finalmente hubo reflexión y meditación filosófica que, volviendo a estos datos revelados externa e internamente, redujo las creencias a teoría científica, de donde nació la teología judía, de la cual creo que dedujo no poco el platonismo, especialmente la Escuela de Alejandría[69].

Después de detenerse en la cuestión de la tradición, según la cual algunos Padres de la Iglesia tradujeron el término hebreo *memar* (verbo) por *sermo*[70], Rosmini muestra cómo el término *Verbum* es más coherente con lo definido anteriormente. Consideremos el siguiente esquema.

69. Ibid., Lez. XXII, pp. 120-121.

70. Interesante la referencia a dos pasajes del comentario agustiniano sobre este tema: cf. San Agustín, *In Evangelium Ioannis, Expositio*, en *D. Aurelii Augustini Hipponensis Episcopi, Operum, Continens Illius Tractatus: Hoc Est, Expositiones ad Populum factas in novum Testamentum, cum alijs varij generis opusculis*, Parisiis 1586, Tomus IX, Tract. LIIII, pp. 158 D-160 A. *In Iohannis Evangelium Tractatus*, cit., *Tractatus 54*, 1-8, pp. 1058-1068. Cf. CC 36, 458-463; PL 35, 1 1780-8 1784; *Ibid.*, Tract CVIII, pp. 211 B-212 D. *In Iohannis Evangelium Tractatus*, cit., *Tractatus 108*, 1-5, pp. 1454-1458. Cf. CC 36, 616-618; PL 35, 1 1915-5 1917.

Sermo	*Verbum*
a) el término puede ser válido para expresar el verbo interno del Padre;	a) el término es ideal para expresar la unidad del Verbo de Dios;
b) el término no resulta apto para expresar la personal manifestación del Verbo a los hombres;	b) el término expresa perfectamente el hecho de que el Verbo es contemporáneamente la doctrina (el *sermo*) y el detentor de la doctrina.
c) el término expresa una pluralidad de conceptos.	

Obtenidos estos resultados, es posible ir más allá y hacer ese delicado paso del orden intelectual al orden moral, para comprender que es posible aplicarle las mismas doctrinas. Si es verdad que el orden moral tiene a la ley, por un lado, y a la adhesión del hombre a la ley, por el otro, es igualmente cierto que la referencia de todas las leyes, y la adhesión humana conexa a ellas, se encuentra en aquella fórmula que Rosmini expresa así: "Reconoce al ser"[71]. De hecho, escribe de manera verdaderamente paradigmática que, así como "el ser es uno, la idea de ser es una, también lo es la necesidad que manifiesta el ser de ser amado como aquello que en sí mismo es amable al ser inteligente. Y si hay un objeto amable, el ser, y una necesidad moral de amarlo, entonces el deber moral es único, el valor moral de la entidad intelectual es único, que consiste en su amor ilimitado por el ser"[72].

En el ámbito del *orden moral*, para concluir, se determina la acción del hombre que persigue un fin, suponiendo que conozca a Dios; de modo que la unidad moral con el fin surge en el momento en que toda virtud humana, todas las acciones del hombre, se conforman al amor de Dios. Dios puede ser conocido naturalmente, es decir, negativamente, y entonces la virtud obrante del hombre se confina a la naturaleza y sus límites, pero cuando:

71. *IVG*, Lez. XXIII, p. 126.
72. Ibid., Lez. XXIII, pp. 126-127.

[...] se alcanza el conocimiento sobrenatural de Dios, o sea, la infusión de la gracia, que es una cierta percepción de la realidad divina, entonces todo el orden moral es sublime y se vuelve sobrenatural, porque el amor moral adquiere por objeto el ser absoluto positivamente conocido, sentido, perseguido. Esta comunicación inmediata de Dios al alma suele tener lugar con alguna manifestación externa de Dios, con alguna revelación, signo, o sea, sacramento. Cuando después el Verbo toma la carne, entonces se manifestó exteriormente con la naturalidad humana revestida de ella, y esta comunicación exterior correspondió a la percepción interior y graciosa de la persona divina del Verbo, la cual es principio y fundamento de la virtud cristiana, la perfección cristiana de la virtud sobrenatural[73].

BIBLIOGRAFÍA

Camplani, A. en A. Di Berardino, G. Fedalto y M. Simonetti (al cuidado de), Letteratura patristica, Cinisello Balsamo, San Paolo, 2007, pp. 173-181.

Hanson, R.P.C. Search for the Christian Doctrine of God: The Arian Controversy, 318-381, T&T Clark Ltd, Edinburgo 1988.

Rosmini, A. *L'introduzione del Vangelo secondo Giovanni commentata*, al cuidad de S. F. Tadini, (41), Città Nuova, Roma 2009.

San Agustín, *Amore assoluto e "terza navigazione"*, al cuidado de G. Reale, Rusconi, Milán 1994.

___ *Confessionum*, en *D. Aurelii Augustini Hipponensis Episcopi, Operum*, Parisiis 1586, Tomus I; *Confessiones*, testo lat. de la ed. de M. Skutella revisado por M. Pellegrino, introd., trad., notas e índices al cuidado de C. Carena, en *Opere di Sant'Agostino*, Parte I: Libri-Opere autobiografiche, vol. I, Edición latino-italiana, Città Nuova Editrice, Roma 1969; PL 32.

___ *De Civitate Dei*, en *D. Aurelii Augustini Hipponensis Episcopi, De Civitate Dei, Libri XXII, Operum, Continens Illius Tractatus: Hoc Est, Expositiones ad Populum factas in novum Testamentum, cum alijs varij generis opusculis*, Parisiis 1586, Tomus V; *De Civitate Dei*, introd. A. Trapè, R. Russell, S. Cotta, trad. it. D. Gentili, en *Opere di Sant'Agostino*, Parte I: Libri-Ope-

73. Ibid., p. 127.

re filosofico-dommatiche, vol. V/1, Edición latino-italiana, Città Nuova Editrice, Roma 1978; PL 41.

___ *De Trinitate*, en *D. Aurelii Augustini Hipponensis Episcopi; Operum, Complectens Epistolas*, Parisiis 1586, Tomus II; *De Trinitate*, introd. A. Trapè y M. F. Sciacca, trad. it. G. Beschin, en *Opere di Sant'Agostino*, Parte I: Libri-Opere filosofiche-dommatiche, vol. VI, Edición latino-italiana, Città Nuova Editrice, Roma 1973; CC 50; PL 42.

___ *In Evangelium Ioannis, Expositio*, en *D. Aurelii Augustini Hipponensis Episcopi, Operum, Continens Illius Tractatus: Hoc Est, Expositiones ad Populum factas in novum Testamentum, cum alijs varij generis opusculis*, Parisiis 1586, Tomus IX; *In Iohannis Evangelium Tractatus*, introd. e índices al cuidado de A. Vita, trad. y notas de E. Gandolfo, rev. de V. Tarulli, en *Opere di Sant'Agostino*, Parte III: Discorsi, vol. XXIV, Edición latino-italiana, Città Nuova Editrice, Roma 1968; CC 36; PL 35.

___ *Quaestionum ex utroq. Testamento mixtim, De principio*, en *D. Aurelii Augustini Hipponensis Episcopi, Operum Complectens Reliquia ΤΩΝ ΔΙΔΑΚΤΙΚΩΝ*, Parisiis 1586, Tomus IIII, Quaest. CXXII, p. 471 A-472 C; CSEL 50; PL 35, 2365-2369.

Simonetti, M. La crisi ariana nel IV secolo, Institutum patristicum Augustinianum, Roma 1975.

Williams, R. A. Heresy and Tradition, Eerdmans, Grand Rapids (MI) 2001.

San Agustín, el silencio y el deber de la filosofía

Diego I. Rosales
Hápax. Instituto de Ciencias de la Acción

Porque el hombre descubre en sus silencios
que su hermoso lenguaje se le agosta
José Gorostiza

1. INTRODUCCIÓN: LOS DOS MOVIMIENTOS INICIALES

San Agustín comienza sus *Soliloquios* con la pregunta por el sentido, la orientación y el deber que acontecen en la acción: "andando yo largo tiempo ocupado en muchos y diversos problemas, y tratando con empeño durante muchos días de conocerme a mí mismo, lo que debo hacer y qué he de evitar..."[1]. La pregunta que plantea el sentido de la acción humana es irrenunciable para toda persona que quiera vivir en serio de cara a la verdad, y en el texto de Agustín aparece acompañada de la pregunta por el conocimiento de uno mismo.

¿Para qué y por qué actuamos? ¿Para qué y por qué vivir de una manera o de otra? Es tarea de la filosofía el hacerse cargo de esta cuestión con total urgencia de un modo radical, e incluso podría decirse que precisamente en eso consiste su ejercicio: en la tarea inaplazable de la razón por buscar el sentido de la acción y el curso que toma la vida tarde o temprano[2].

1. *sol.* I, 1, 1. Utilizo las abreviaturas estandarizadas para citar a San Agustín contenidas en el *Augustinus Lexikon* editado desde 1968 por Cornelius Mayer: *Augustinus Lexikon*, Basel/Stuttgart: Schwabe & Co. AG. Ellas aparecen consignadas en la lista de referencias bibliográficas al final de este trabajo.
2. Sobre la filosofía como un deber de la vida de la razón, como un modo de ser que trasciende el saber meramente objetivo y cuyas afirmaciones, pruebas

Todo ser humano se ve interpelado por la verdad que subyace a sus acciones, y esa interpelación ocurre en medio de una aventura existencial que tiene, al menos preliminarmente, la forma de un drama en dos movimientos de salida. El primero de ellos va de lo interior a lo exterior: la vida íntima del alma está constituida por movimientos que se resuelven en sentimientos, sueños, recuerdos, voliciones, expectativas, y otros *motus animae* o vivencias, y lucha constantemente por manifestarse verbalmente sin lograrlo nunca del todo. El ser humano quiere y necesita expresar lo que siente, decir lo que piensa, poner en palabras la materia misma de la vida anímica. Esa manifestación no solo persigue comunicar a los otros lo que ocurre dentro de sí, sino que también tiene como intención lograr al menos alguna claridad del alma para sí misma.

La comunicación y la claridad son necesidades que no siempre pueden alcanzarse, pero que tampoco siempre se buscan o han de buscarse, pues a veces lo que acontece en lo secreto está revestido de un carácter de misterio para el que la exteriorización representaría una cierta violencia o una fetichización en lo exterior de lo que es vida y dinamismo

e hipótesis son "partes vivas del hombre", cf. García-Baró, M. *Filosofía socrática*, Salamanca: Ediciones Sígueme, 2005, p. 9-11: "La filosofía, en cambio, es ni más ni menos necesaria que la vida misma. Es, desde luego, un modo de vivir; pero, a la larga, se descubre que, en definitiva, es el único modo en que la vida es realmente vivible para el hombre. Y, en consecuencia, el contenido de la filosofía no puede ser, para esta comprensión de ella, realmente separable del hombre que así vive. No está constituido por proposiciones, más que en la medida en que las mismas afirmaciones, las pruebas y las hipótesis se dejan entender como partes vivas del hombre". En realidad, toda la obra de García-Baró está atravesada de esta idea y motivada por ella. A modo de ejemplo, pueden verse: *Introducción a la teoría de la verdad,* Madrid, Editorial Síntesis, 1999, pp. 11-23; *Del dolor, la verdad y el bien,* Salamanca: Ediciones Sígueme, 2006, pp. 9-27; *De estética y mística,* Salamanca: Ediciones Sígueme, 2007, pp. 253-271. Para un tratamiento agustiniano de la cuestión, cfr. Courcelle, P. *Connais-toi toi-même: de Socrate a Saint-Bernard.* Paris: Études augustiniennes, 1974.

íntimo. El primer movimiento, es, pues, el drama de la expresión, la dificultad de la revelación y la precariedad de la manifestación.

El segundo movimiento de salida no va de lo exterior a lo interior, sino del presente al futuro. No es expresivo sino proyectivo, aunque puede tener también una dimensión reveladora de interioridad[3]. El movimiento del presente al futuro es el movimiento del deseo y de la voluntad, es la acción que persigue hacer la vida y gozar del bien[4]. Dicha acción no solo persigue desplegar en el mundo una cierta vida interior, sino que en ese movimiento se hace el alma a sí misma, se realiza en el tiempo del mundo, "hace la verdad"[5] desplegando en la acción sus intenciones y sufriendo y gozando así la vida que le es dada. En la fuente de este movimiento vive un amor primordial que no es ya del todo aquello que está llamado a ser y que por lo tanto se experimenta a sí mismo como inquieto.

Ambos movimientos, sin embargo, sufren una asimetría permanente. La exterioridad no se corresponde nunca del todo con la intensidad y con el contenido de la vivencia interior. La palabra sonora expresa lo vivido, pero también ofrece una cierta pérdida respecto de la originariedad y la materia interna. La acción, el movimiento del cuerpo y la ejecución de los deseos y las voluntades, han de vérselas a su vez con un mundo que opone resistencia, tanto física como socialmente. La expresión y la acción deben contar, pues, con que el mundo en el que se realizan altera la *intentio* primaria de la que brotaron, y que el desfase o la asimetría entre lo vivido y lo expresado, y lo deseado y lo conseguido, forma parte del devenir dramático de la existencia humana.

3. Uno de los trabajos más completos sobre las nociones de "interioridad" y de "intimidad" en San Agustín es el de Lagouanère, J. *Intériorité et réflexivité dans la pensée de Saint Augustin. Formes et genèse d'une conceptualisation.* Paris: Institut d'Études Augustiniennes, 2012.

4. Cf. *Io. eu. tr.* CI, 5.

5. *conf.* X, 1, 1.

En este breve análisis de dos movimientos básicos de la existencia se revela una indigencia de la libertad por la que esta no es omnipotente ni absoluta, sino que está constantemente constreñida por limitaciones que provienen tanto de la estructura constitutiva de su propio ser como de un mundo que se resiste a ser completamente dominado. Pero esta libertad situada, que vive en una topología y que en ella debe responder a la vida, no solamente está constreñida por ese mundo y sus estructuras, sino que también está por él posibilitada. Efectivamente: el cuerpo y la vida del alma están constituidos tanto por la mundanidad de su localización como por la vida íntima que otorga sentido a sus movimientos y que ella misma es y que recibe desde dentro.

En la dramática de esos movimientos, será crucial la apertura que logre el alma respecto de su propia vida y de las mociones que la constituyen para que pueda asumir mejor y más libremente lo que ella es y el modo como quiere situarse ante la realidad y ante su propia condición existencial. Agustín de Hipona fue un agudo observador de estos movimientos. Presentaré en este trabajo algunas nociones agustinianas sobre el silencio, el lenguaje y el deseo como vehículo de mejor conocimiento y ahondamiento en lo que constituye el fondo de la existencia personal.

2. CONOCER Y ESCUCHAR LA PALABRA

Uno de los elementos centrales de la antropología agustiniana es el maestro interior. Es él quien ilumina al alma cuando conoce. En tanto *verbum interior*[6], su esencia principal consiste en ser palabra, una palabra distinta a la que profiera la voz, anterior, íntima, que no se oye con el oído y que no es propiamente un fenómeno del mundo. El ser humano debe aprender a callar para poder hacer un hueco en su interior y escucharlo en su intimidad. Ahí donde hay una vida de interioridad,

6. Cf. Doucet, D. *Augustin. L'expérience du Verbe*. Paris: Librairie Philosophique J. Vrin, 2004.

el silencio cobra un lugar importantísimo. "Si ser maestro implica peligro —dice Agustín—, ser discípulo conlleva seguridad. Por eso dice el salmo: *Darás a mi oído el gozo y la alegría*. Más seguro está quien oye la palabra que quien la pronuncia"[7]. La palabra sonora pronunciada por los labios precisa de una vida interna que la nutra y la dote de sentido, de un momento del que emerjan sus sentidos más profundos, no mundanos, sino íntimos que, provenientes de una alteridad interior, doten a la *vox* sonora de un significado que ella misma no puede darse.

Como en la música, que se construye en su ritmo y melodía de sonidos y silencios, la palabra vocal también necesita un espacio para que pueda ser comprendida. Si no hay vivencia íntima que la preñe, se corre el peligroso riesgo de que la palabra se torne palabrería. Cuando en la música no hay silencios, no hay música sino ruido[8]. Lo mismo en el teatro; cuando el actor habla, desahoga y expresa la energía que se ha ido acumulando por el acontecer de la trama. Pero para que ese hablar tenga sentido es necesario que haya habido una gestación del significado en el contexto de un silencio previo o posterior. A veces, incluso, es preciso callar para poder sentir, pues solamente se siente a fondo cuando la palabra permanece dentro. Callar es, pues, un acto de dar forma y de imponer límites a la palabra, y de quitar los intermediarios entre el alma y aquello con lo que se relaciona, entre el alma y el fondo mismo de la vida que la vivifica.

La filosofía tiene el deber de traer a dato esa vida íntima que dota al deseo de su sentido más profundo. Debe el filósofo, para ello, recogerse en el silencio, aunque no sea en el silencio en donde deba quedarse. El silencio de la filosofía no es el que la cotidianidad impone ocasionalmente y que suele apagarse con ruidos y compañías fútiles; pero tampoco es el mutismo en el que simplemente está la mente callada o sumergida en pensamientos banales o más o menos importantes, pero

7. *s.* 23, 1.
8. Cf. *mus.* III, 8, 17.

distraída de la vida de su vida. El silencio que da forma a la palabra y al deseo es más bien un espacio límite en el que se va gestando la palabra propiamente dicha y el deseo puede tomarse así su tiempo para crecer. El movimiento que la filosofía ejerce sobre quien quiere vivir en ella exige el acto de parar la cotidianidad para ir a examinar a fondo las razones que motivan esa vida cotidiana[9]. Se trata de un silencio que busca advertir el impulso primario que en la intimidad mueve al deseo, al conocimiento y a todas las formas primarias de la vida del ser humano, de hacer patente la dimensión de intimidad en la que el alma que es presente a sí misma de manera inobjetiva y que subyace a todo otro acto de conocimiento futuro[10].

El silencio que da sentido al lenguaje y a todo discurso humano no es cualquier momento del día en el que la boca está cerrada, sino el vivirse de la palabra interior que quiere hacerse exterioridad y que, soportando su tendencia a exteriorizarse, se guarda. Hay palabra, pero está recogida mientras se nutre y se alimenta.

9. Sobre el silencio como gesto y como movimiento del alma vinculado con la filosofía, pueden citarse dos silencios de Sócrates que hacen las veces de *introito* al diálogo filosófico que les sucede. El primero de ellos está en *Hipias menor*, cuando al terminar Hipias su discurso, Sócrates no aplaude, sino que se mantiene silencioso. El segundo es cuando, encaminado con Apolodoro hacia la casa de Aristófanes en el *Banquete,* él decide hacer un alto y se queda un tiempo de pie, en silencio, remarcando la necesidad de ejecutar una cierta separación del discurso ordinario para preparar el diálogo al que se entregará más tarde. Ambos silencios podrían tener intenciones radicalmente contrarias, pues en el caso del *Hipias* menor, Sócrates calla para manifestar su nula intención de conversar con aquél sofista, mientras que, en el caso del *Banquete*, su silencio es prácticamente una propedéutica para participar en un encuentro perfectamente deseado. Cfr. Platón, *Hipias menor,* 363a; *Banquete,* 174d.

10. "Pero cuando se le dice al alma: "Conócete a ti misma", al momento de oír "a ti misma", si lo entiende, ya se conoce, no por otra razón, sino porque está presente a sí misma" *trin,* X, 9, 12. Cfr. también *trin.* X, 4, 6 y X, 10, 16.

El acto de hablar en serio, de pronunciar palabras cargadas de sentido y capaces de soportar en ellas el peso de la realidad se distingue del uso ordinario del lenguaje por una previa *contemplatio*[11]. Proferirá el ser humano palabras huecas y vanas si no contempla constantemente lo suficiente, si no permite al ojo interior abrirse con serenidad a que la verdad le muestre su carácter y su forma. Toda palabra necesita de una gesta, de una crianza que la dote de los zumos del sentido. La palabra que quiera llevar consigo su vocación reveladora deberá aprender a contener el aliento y a no echar fuera las posibilidades a las que apunta a la primera de cambio, sino guardarlos dentro para que ahí, en la cava del deseo, pueda gestarse una palabra madura y plena. El caso de los amantes, por ejemplo, adquiere una nueva luz cuando se mira desde esta perspectiva: es preciso callar para que el cuerpo pueda dar de sí todos los sentidos a los que está llamado en el amor. El silencio permite que el cuerpo hable. Por eso no es lo mismo callar, entrar a posta en la hondura del silencio, que la mera ausencia de la palabra sonora.

Los escolásticos distinguían dos modos de ausencia o de carencia: como *negatio* o como *privatio*. La *negatio* es la falta de una perfección cuando al ente en cuestión no le pertenece de suyo esa característica, así como el ver no le pertenece a una roca. Pero la *privatio* ocurre cuando un ser carece de algo que debía tener, como la vista respecto de un hombre ciego. Por eso el silencio que crea atmósfera, el silencio humano, no el silencio del sordo cosmos abismático, sino el acto de callar y de guardar silencio, no tiene con la palabra una relación de contradicción, sino más bien de contrariedad: su oposición consiste en que son contrarios, aunque no contradictorios, de modo que bajo cierto aspecto ambas realidades puedan darse simultáneamente. Si bien cabe que el que calle esté en silencio por ser mudo, o por ser todavía un *infans* que no habla, el silencio que es condición del sentido de la palabra es el de aquel que, pudiendo hablar, decide no emitir palabra. Ese acto voluntario de pene-

11. *an. quant.* 35, 76-79.

trar en el silencio permite que suenen otras voces, algunas de las cuales quizá no llevan consigo la cualidad de lo propiamente sonoro.

Este silencio que crea atmósferas, el callar de la lengua humana, no se contrapone propiamente a la palabra entendida como *verbum*, sino más bien al sonido como tal, a la *vox* sensible en su aspecto más exterior y mundano, el de los ruidos que emitimos, que son materia. Si la palabra es *verbum* y el *verbum* es lo que da sentido al mundo, entonces hay que decir que una cierta forma del silencio es condición de posibilidad de la epifanía de la palabra y, una vez mostrada ella, es su acompañante, su pareja de baile y complemento necesario. Debemos callar para que la palabra se manifieste. Por eso cabe hablar de un silencio que podemos llamar trascendental, un silencio condición del sentido del mundo, que impone límites a las palabras y, así, en esos límites, permite que ellas obtengan del *verbum* que nace de lo hondo el sentido para el que son convocadas. Si un terreno adquiere forma por el cerco que delinea sus límites, la palabra adquiere forma por los límites que el silencio le impone. Así el silencio contribuye a que el ruido, esa materia informe que podría ser caracterizada como mera *hyle*, abandone su exceso y se torne en proporción, en *ratio*, en *verbum* en sentido pleno, en palabra articulada.

El alma reconoce así su sentido en este silencio trascendental: solamente en él puede el *verbum* interior surgir con fuerza y mostrarle su verdad más íntima. Si la palabra sonora adquiere sentido por lo que aprende en los silencios, el deseo aprende su objeto por lo que vive tanto en las ausencias de su satisfacción como en la gesta silenciosa de su constitución misma como deseo. Por eso el silencio al que ahora invocamos no es aquel del que nace un ejercicio como el que San Agustín puso en práctica en los *Soliloquia*, que consiste en una dialéctica inmanente en la propia interioridad y no tanto en una exposición del alma a que le acontezca el *verbum* como una novedad, como una exterioridad que acontece en el interior del corazón. En los *Soliloquia*, Agustín habla y dialoga con su razón, por lo que sigue habiendo ahí una palabra humana que ensombrece el silencio profundo y que ocupa el espacio de otro modo se abriría para la palabra de la verdad. Los *Soliloquia* representan un ejercicio hondo de dialéctica individual, del yo consigo mismo, que no se abre todavía a un tercer elemento distinto del yo, una apertura que solamente el silencio trascendental puede hacer posible.

Dicho silencio habilita al alma para que comience la actitud de la escucha. Es el telón que debe abrir el alma del ser humano para ser impregnada de las verdades que importan. Es el silencio que abre las *Confesiones,* suelo sobre el cual está construida esa inmensa obra de San Agustín: a partir de un diálogo silencioso con una palabra que lo interpela y lo conduce a reconocer que el mundo no puede determinar toda su realidad.

Si es el *verbum* el que muestra la verdad, no es solamente la visión la que debe abrirse, sino también la escucha, para contemplar la voz que habla en el silencio mismo. Dicha escucha, como lo señala Jean-Louis Chrétien, permite que el advenimiento de los acontecimientos pueda ser reconocido. Aunque estos ocurran independientemente de cualquier tipo de control que el sujeto quiera sobre ellos ejercer, solo la escucha le permitirá aprender de ellos lo que deba ser aprendido: "porque la escucha hace *acontecimiento*: ella no es la simple percepción de algo sensible, ni la recepción de cierta información, sino una transformación por la palabra que escuchamos. Este verbo adviene hacia nosotros, nos acontece, solamente así puede ser escuchado"[12]. Contemplación y escucha son atmósferas imprescindibles para la formación adecuada del deseo, es decir, para que el ser humano en su libertad pueda dar forma a la inquietud profunda que anima su vida entera. La escucha y la contemplación son posibles bajo las condiciones que el silencio impone. Este permite que surjan en el alma los movimientos y las presencias que alimentan su vida, que el presente acontezca sin reservas, que el *verbum* hiera el alma y que por esta herida el deseo salga y entre la verdad en su lugar[13].

12. Chrétien, J.-L. *Saint Augustin et les actes de parole*, p. 29.
13. Es conocida una de las (falsas) etimologías que Agustín da al vocablo *verbum* en el disputado tratado *De dialectica*: "He aquí, en efecto, que alguien

Así debe comprenderse la bella expresión agustiniana *aures cordi*[14]: escuchar es oír con los oídos del corazón, que pronunció en uno de sus sermones más dramáticos. En él, Agustín explica el sentido del pasaje evangélico de la pesca milagrosa: "ustedes que me escuchan fielmente; ustedes que no echan en saco roto lo que les digo; ustedes para quienes las palabras no entran por un oído y salen por el otro, sino que descienden al corazón..."[15]. Agustín los insta para que dejen que la palabra les hiera hondo, y esta solo hiere cuando desciende hasta el corazón íntimo del hombre, y no cuando la escucha se queda en la epidermis del oído. La palabra brota de lo hondo y va hacia lo hondo, pero para que cale en esa hondura ha de tener el oyente un hueco abierto, ha de abrir con el silencio la cavidad que constituye la casa y el hogar de la palabra.

La filosofía, en este sentido, al ser la confrontación de la existencia con el Bien perfecto, deberá adquirir también, metodológicamente y en al menos uno de sus momentos centrales, la forma del silencio, deberá hacerse en la trama que se teje en la ausencia del ruido. La filosofía acontece cuando el intercambio dialogante nace de una profunda temporada de gesta silenciosa y va, así, en la figura del péndulo, del habla al silencio, de la escucha a la palabra, de la comunidad a la intimidad. Callar permite pensar. El deseo y la voluntad, en este sentido, no han de ser solamente agitación y búsqueda o salida de sí. Si bien su esencia primordial es el movimiento y la salida hacia la trascendencia, deben guardarse también en la gesta para poder madurar y vivir en su propia carne la verdad que les constituye. El deseo primordial de la vida dejado a sí mismo no puede sino fracasar, pues es salvaje. Y, aunque aún en esos fracasos pueda encontrar una gracia que lo ilumine, es la cava del

considera que a las palabras se las llama de esa manera por el hecho de que —digámoslo así— golpean el oído; mejor —dice otro—, porque golpean el aire. Pero ¿qué nos importa eso? La cuestión carece de todo interés, porque uno y otro derivan el origen de esta palabra de *verberare*." *dial.* 6.

14. Cf. *s.* 159, 4, 4.

15. *s.* 249, 2.

silencio en donde podrá encontrar el matiz y la hondura que el corazón humano y su *inquietudo* necesitan. Por eso dice Agustín en los sermones sobre la epifanía del Señor que el *verbum*, que es la palabra misma, se hizo *infans*, carente de habla. La Palabra se hizo un bebé incapaz de hablar, cuyas únicas expresiones posibles fueron un tiempo el gemido, el llanto y la pequeñez de los movimientos de su cuerpo: "entre tanto nuestro Rey, la Palabra que aún no habla, o bien yacía acostado o bien tomaba el pecho mientras los magos le adoraban y otros niños morían por él; ya antes de hablar encontraba creyentes, y antes de padecer hacía mártires"[16], y más tarde: "vinieron a adorar a un niño aún sin habla, Palabra de Dios. ¿Por qué vinieron? Porque vieron una estrella inusitada"[17]. Agustín pone en la máxima tensión un contraste ontológico, hace explícito el más grande oxímoron concebible: el Bien perfecto se ha vuelto un infante incapaz de prácticamente todo. Bien vale la pena ahondar en esta idea.

3. EL MOVIMIENTO DEL FILÓSOFO

Si el filósofo es quien ama y persigue la verdad por encima de toda apariencia, es también, como ya lo hemos dicho, el que busca confrontar su vida con el Bien perfecto, como una exigencia de la razón, que no puede excusarse de la pregunta sobre cómo vivir, pero sobre todo y también, de la pregunta sobre qué se ha de amar[18]. Para ello debe comenzar por reconocer que él mismo no es ese Bien perfecto ni la verdad que persigue, a pesar de que pueda vislumbrarla en el *verbum* que habita en dentro de sí[19]. El primer instrumento que tiene para ello es la pala-

16. *s*. 373, 3.
17. *s*. 374, 1.
18. Recordemos la cita de *Soliloquios* con la que abrimos este trabajo: "conocerme a mí mismo, lo que debo hacer y qué he de evitar" *sol*. I, 1, 1.
19. Un bello ensayo sobre la humildad y su relación con el conocimiento de la verdad es el de Ignacio Verdú, "La humildad y el acceso a la verdad en el pen-

bra, pero esta solamente adquiere sentido cuando es nutrida por lo que acontece en el silencio, que es condición de posibilidad de la filosofía misma y, por lo tanto, también es condición de ella la infancia, la figura de lo humano que el Cristo naciente mostró al mundo en su humildad. La infancia no es la vida en la ingenuidad y en el eterno juego, sino la inocencia que vive la verdad íntimamente y reconoce que ella le es dada desde una alteridad. El filósofo debe concebirse a sí mismo como un infante respecto de la verdad misma, que es quien habla en sentido estricto.

El deseo, el conocimiento y la acción, desde este punto de vista, deberán dejarse formar y constituir por el Bien al que se sienten llamados y nunca viceversa. Cuando el deseo intenta ajustar el Bien a su propio impulso se deforma y decae en diversísimas perversiones, como la nostalgia o la desesperación. Han de estar siempre atentos a su presente, como el niño que en el juego no hace otra cosa que entregarse al *hic et nunc* del que está hecha la trama de la historia del hombre.

Naturalmente que el silencio del niño, su entrega y su humildad, están aún por ser probados. El infante que se sabe necesitado ejerce un movimiento que, si bien puede estar lleno de sabiduría, depende de cierta naturaleza que ha de ser todavía asumida por una libertad más madura y honda. Sin embargo, la filosofía que ha comenzado a hacer mella en una libertad y en una razón que escuchen el deber de vivirse responsablemente, sabrán ver en el movimiento del niño el germen de aquello a lo que la libertad adulta está llamada.

Si el filósofo quiere ser justo con el imperativo de la razón, ha de dejarse esculpir por la escucha que el silencio permite y en la que pueden comparecer el Bien perfecto y la verdad. Solamente así es comprensible que el destino de la filosofía no sea el engrandecimiento del filósofo sino precisamente su pequeñez, su simplicidad; la consumación de la filosofía no es así otra cosa que la *pietas*, reverencia al Bien, que en su calma

samiento de Agustín de Hipona" en *Cauriensia,* vol. VII, 2012, pp. 385-395.

y humildad permite que la verdad, más grande que cualquiera de los hombres, sea la que dé forma a la vida humana[20].

Si el Bien perfecto ha de regular la vida, si él es el destino irrecusable del deseo y de la inquietud profundas del ser humano, entonces cada individuo deberá en primer lugar escuchar y contemplar qué y quién sea él, antes de esgrimir lo que sea que pueda pensar por sí mismo sobre la *beata vita*. El filósofo, en ese movimiento de humildad, es un sirviente de la palabra, y cuando él mismo la ejerce habrá de sujetar su hablar a lo que el *verbum* interior le enseña. Si hay que habitar mejor el mundo, hacer de él una casa nuestra, y para ello es útil aprender a nombrarlo y bautizarlo como Adán, deberá el filósofo aprender a sumirse en el silencio para luego nombrar adecuadamente las cosas. Ello ni supone una renuncia de la filosofía a la palabra sino la apertura de un espacio en el que esta pueda surgir con claridad y nutrida del sentido que da orden al mundo en su caótico devenir. Si el filósofo, en este sentido. igual que el poeta, se destaca precisamente por dar nueva forma al mundo, renunciar a la palabra no implica dejar de bautizarlo sino rebautizarlo desde la palabra realmente originaria.

La filosofía ha de buscar domesticar la palabra humana desde el hueco que solamente el silencio es capaz de abrir, y en esa domesticación comparece como una tarea para la cual quien la practica deberá reconocer que él mismo no es la verdad, y que su vida es una vida en camino, incluso quebrada, en la medianía del fracaso y la salvación del Bien. Para eso ha de esgrimir una palabra articulada que, en la medida de lo posible, colabore en la restitución del sentido a aquello que lo ha perdido.

¿Por qué es importante la tarea de articular el mundo? Porque hay en la existencia dolores insufribles e insoportables que dejan mudos y helados a los pobres corazones que han sido por él visitados. La primera tentación es para el ser humano pensar que tiene la obligación de ofrecer una palabra que colabore en la nueva articulación significativa

20. Cf. *trin.* XIV, 1, 1 y *ench.* 2, 1.

del mundo. Sin embargo, ante el escenario planteado y al mirar ya las posibilidades limitadas que la palabra de los seres humanos tiene, hay que afirmar que la labor del filósofo no comienza en la realización de tal tarea, es decir, en la elaboración por sí mismo de un discurso que repare el mundo. Precisamente porque la palabra humana proferida con la voz puede torcer el sentido de lo que busca decir, y aún más, estar motivada por una enorme desesperación e increencia ante el acontecimiento que verdaderamente puede dar sentido, la filosofía es prevención contra la palabra proferida antes de tiempo. Cuando el filósofo reconoce que su palabra es limitada y contingente, y que su labor consiste, más bien, en hacer surgir una palabra, venida de otra parte, quizá de la intimidad honda que Agustín llama *verbum*, entonces aparece también como un imperativo la tarea positiva: la obligación de acompañar, en presencia silenciosa, desde una nueva palabra que no sea dicha con los labios, a quien vive los dramas inexplicables que acaecen algunas veces en la historia.

Efectivamente, hay injusticias y dolores que son tan irreversibles y grandes ante los cuales puede resultar más violento proferir una voz sonora que intente darles un sentido. Del mismo modo, el Bien perfecto es tan misterioso que, en su acaecer histórico y en su presencia inobjetiva, no puede directamente ser nombrado, sino que solamente cabe aceptar la posibilidad de un advenimiento gratuito que pueda ser recibido con el gozo compartido de la vida misma[21]. No siempre es posible decir una

21. Así Platón, en el *Fedro* (249c-d), propone un modo litúrgico de decir el Bien, que renuncie a hacer de él un objeto y de tratarlo desde un discurso objetivante y categorial. Así lo señala Catherine Pickstock: "el filósofo que, a través de un proceso dialéctico, ha recobrado conocimiento del bien, no busca mirarlo en el orden mundano, y se entrega a la reverencia de toda fisicalidad de acuerdo con su participación en el sol espiritual. Concomitantemente, Sócrates es reticente a hablar directamente no sólo del bien, sino de todas las cosas, pues *nada* está fuera del contagio del bien. En todo su discurso acerca de cualquier realidad, prefiere comunicarse por la vía de la apertura de las figuras, la reserva de la ironía, o a través de la forma doxológica del en-

palabra sobre lo que ocurre y ante lo cual es más verdadera la paciencia de la espera. Si el filósofo no puede decir nada sobre algunas realidades que acontecen, entonces debe abrir, en el silencio, las puertas al misterio. Callarse es, en estos casos, el acto más filosófico de todos, pues con ese silencio declara humildemente tanto su incapacidad individual de dar sentido al mundo como su esperanza de que en algún momento este pueda en verdad advenir sin usurpar el sitio que es solamente propio del Bien perfecto, pues el nombre de Dios no debe nunca pronunciarse ni tomarse en vano[22].

La responsabilidad del filósofo puede ser descrita como la de rebautizar al mundo, en cuanto a que está ahí para ejercer con la palabra un nombramiento que dé orden a lo caótico. Pero ese movimiento de reparación no ha de hacerse según su propia palabra sino según el *verbum* que él mismo no ha puesto ni creado. Y si esto es así, ¿por qué se atrevería a restituir al mundo por sí mismo lo que él mismo no le ha dado? Cualquier intento de nombrar el pérfido dolor y sufrimiento de algunos acontecimientos será posiblemente un acto de injusticia o de temeridad ante la inmensidad de la santidad que se ha negado; y cualquier intento de nombrar y abarcar el Bien perfecto, y de controlar y dominar algunas gracias y dichas inmensas e inmerecidas será probablemente no filosofía sino mero manipulador discurso o vana idolatría de sí mismo.

Solo el *verbum*, bisagra entre la eternidad y el tiempo, puede dar al mundo el sentido que le ha sido sustraído en el acontecer del mal, por-

comio. Su reticencia a verificar por vía de los hechos la verdad de un mito, a aislar el origen de una leyenda, o a hablar directamente del alma, mantiene abierta la llegada de la trascendencia a la inmanencia. Y el exceso del bien afecta al filósofo mismo quien ha sido, por medio de su comunión a través de la memoria, iniciado perpetuamente en el orden divino". *After Writing. The Liturgical Consummation of Philosophy*, p. 12

22. Sobre la dignidad del silencio, recomiendo el libro de Iván Illich, *En el espejo del pasado*, obra en la que escribe y argumenta sobre el derecho de guardar silencio y el poder de elocuencia que conlleva esa decisión.

que es una palabra que es pura semántica, sobreabundancia de sentido, Bien perfecto.

La filosofía debe ser constante actitud piadosa ante ese Bien que ilumina a los individuos y al mundo. Si el ser humano es un problema para sí mismo[23] y tierra de dificultad[24], la filosofía le recuerda que ha de dejar que el Bien sea quien le guíe a través de la palabra que pronuncia en su interioridad propia. Es filósofo no tanto quien pronuncia discursos verdaderos sino quien se deja pronunciar por la verdad, quien recibe la palabra y la trasluce en su vida y en su acción. Por eso, para Agustín, el centurión del Evangelio es uno de los más grandes filósofos en la más pura tradición socrática: "soy indigno de que entres en mi casa, pero una palabra tuya bastará para sanarme"[25]. En esta *confessio* de indignidad, de pequeñez, de humildad y de reconocimiento de la contingencia, se abre el hueco que abre también el silencio, hueco en el que puede luego penetrar el Bien con sus eventuales gracias y ahí ser escuchado el *verbum* interior, maestro de maestros. Por eso la filosofía es, también, plegaria, petición, piedad, ejercicio espiritual, lo que Agustín llamaba: *laudatio*.

4. LA FILOSOFÍA COMO ALABANZA

¿En qué sentido es la filosofía el levantamiento de una plegaria? En cuanto que ella modifica a quien la profiere y lo dispone a conocer lo que el Bien perfecto pueda ofrecerle. La plegaria o la alabanza —la liturgia, en términos de Lacoste y de Pickstock[26]— es una forma en la que

23. *conf. IV, 4, 9: "magna quaestio mihi facta sunt"*
24. *conf.X, 16, 14: "terra difficultatis et sudoris nimii"*
25. Mt 5, 8.
26. Han sido Jean-Yves Lacoste, en Francia, y Catherine Pickstock, en el Reino Unido, quienes han recuperado para la filosofía contemporánea la noción de "liturgia". El primero, en diálogo con Heidegger, designando con ella un modo de la existencia que renuncia a que el mundo tenga la última palabra sobre el sentido del ser del *Dasein*. La segunda, describiendo como "liturgia"

la libertad se expone en el mundo hacia una realidad que lo trascienda, aunque esta no comparezca en primera instancia como un fenómeno objetivo o como un ente intramundano. En la medida en que la alabanza (*laudatio*) se dirija a un ser Absoluto, plenamente sustraído a las condiciones ontológicas de lo mundano, deberá ser concebida como la imposibilidad de una comunicación indicativa entre el ser humano y ese Absoluto. No hay nada que se le pueda enseñar a ese ser. Si en realidad ese Bien es realmente perfecto, entonces ya posee todo saber y nada puede serle añadido: "es imposible de creer que enseñemos o recordemos algo a Dios"[27], dice Agustín, y en la carta 130, a Proba:

> [P]odría parecer raro que Dios nos pida hacer peticiones cuando él ya sabe, antes incluso de que se lo pidamos, qué es lo que necesitamos. Sin embargo, debemos pensar que a él no le importa tanto la manifestación de nuestro deseo, que ya conoce muy bien, sino más bien que este deseo se reavive en nosotros mediante la petición para que podamos obtener aquello que él ya está dispuesto a concedernos[28].

La plegaria en Agustín es concebida como un movimiento que, dirigido a Dios, redunda de manera performativa en quien la profiere. Ella instala a quien la ejecuta en una perspectiva que, al menos idealmente, le permite juzgar el mundo como la realización de una serie de posibilidades y no como la totalidad de lo real. El hecho de "dirigirse a Dios", aun cuando él esté fenoménicamente oculto, permite que quien alza los brazos para rezar se mire a sí mismo desde una perspectiva que considera al mundo como relativo, y permite abrir el horizonte desde un punto de fuga que

la vocación última de la filosofía, originada con Sócrates y según la cual ha de renunciar a una metafísica de la presencia y de la objetividad, para concebirse como un saber cuyo lenguaje está nutrido en última instancia de la alabanza dirigida al Bien perfecto. Cfr. Jean-Yves Lacoste, *Expérience et Absolu. Questions disputées sur l'humanité de l'homme*. Paris: Presses Universitaires de France, 1994; Catherine Pickstock, *After Writing. On the Liturgical Consummation of Philosophy*. Oxford: Blackwell, 1998.

27. *mag.* I, 2.
28. *ep.* 130, 8, 17.

podría ser considerado como el punto de fuga del Bien, pues desde ahí es desde donde mira quién entra en el silencio y permite que acontezca la palabra. Y es justamente el silencio un vehículo de entrada a esta forma de la plegaria, pues una oración confiada en palabras del lenguaje humano cuyas claves sintácticas y semánticas provengan de la predicación categorial, estará por principio desviada del destino al que quiere dirigirse. Eso no quiere decir que la palabra humana deba estar completamente ausente de la plegaria, pero sí que esta deberá ser modulada por la escucha de una nueva forma de la verdad, no judicativa, no predicativa, sino propiamente donal, bajo la forma de la paciencia y de la espera.

El deber que tiene la filosofía de abrir espacio para que la palabra del *verbum* sea pronunciada en serio, puede así alcanzar un lugar. Si la filosofía debe enseñarnos, como dice Agustín, a "conocerme a mí mismo, cuál es mi bien, y qué males deben evitarse"[29], esta forma de la plegaria es una de sus condiciones de posibilidad. El silencio permite al deseo ver más, conocerse más y extenderse más. En él se ponen entre paréntesis las condiciones de la topología, se practica una epojé, una suspensión, de lo que el mundo le ofrece al ser humano como objeto y se detiene a considerar un posible "otro modo". Aun cuando este "otro modo" no sea completamente visibilizado y comprendido, aun cuando no pueda haber *scientia* de aquel lugar y de aquella forma nueva y otra de la realidad, sí se extiende, en el movimiento que en el silencio se ejecuta, una cierta forma de la *sapientia* acerca del mundo, pues después de que el silencio penetra y hiere el alma, puede a ella comparecer, con más claridad, que ese mundo es precisamente "lo que no satisface la inquietud". El mundo como horizonte de sentido de la libertad es en este silencio relativizado, y destruido su carácter de totalidad.

Al deseo no se le conoce solamente por el ensayo y el error, ni tampoco únicamente por el discurso filosófico proferido por la razón y la

29. *sol.* I, 1, 1. "*quaerenti memetipsum ac bonum meum, quidve mali evitandum esse*".

articulación de las palabras. Si bien ellas son un momento importantísimo del trabajo filosófico sobre el deseo y sobre la acción, la vida humana requiere de la interiorización y de la profundización en los enclaves del alma para reconocer hacia dónde apunta. No otra fue la intención que tenía Agustín al escribir sus *Confesiones*, y con ellas elaborar si no por primera vez en la historia de la filosofía, sí con un estilo completamente original, uno de los movimientos filosóficos por excelencia: el examen de la propia vida para atestiguar la presencia en ella de un bien mayor y trascendente. "¿Por qué te hago relación de tantas cosas? No ciertamente para que las sepas por mí, sino que excito con ellas hacia ti mi afecto y el de aquellos que leyeren estas cosas, para que todos digamos: "Grande es el señor y laudable sobremanera""[30].

La plegaria, o la oración, es el movimiento que emprendió el hombre del pasaje de *República* VII que, preso en la caverna, emprendió una *metanoia* que involucró el giro total de su cuerpo para dirigir la mirada hacia la salida de la cueva y, una vez ya afuera, se deja iluminar y calentar por la luz del sol que es la verdad misma[31]. En la plegaria, dice Jean-Louis Chrétien:

> [H]ablamos dirigiéndonos a un otro, y en nuestro girarnos hacia él, es a nosotros lo que esta palabra enseña y es sobre nosotros que ella actúa. La palabra afecta y modifica a quien la profiere mucho más que al destinatario. Nos afectamos a nosotros mismos delante de un otro y hacia él. Ésa es en la oración la primera bendición de la palabra: la brecha del destinatario ha roto el círculo, ha abierto en ella una falla que la altera [...] Es precisamente porque no me hablo a mí mismo —porque yo no hablo para mí—, que mi propia palabra, alterada desde su origen, desde antes que la haya podido originar, vuelve sobre mí con una fuerza singular[32].

30. *conf.* XI, 1, 1.
31. Sobre las nociones de *metanoia* y *conversio*, cf. Paul Aubin S. J. *Le problème de la "Conversion". Étude sur un terme commun a l'Hellénisme et au Christianisme des trois premiers siècles.* Paris: Beauchesne, 1963.
32. Chrétien, J.-L. *L'arche de la parole*, p. 29.

El filósofo, en su humildad y con ella, ha de transformar el silencio en oración a Dios, al Absoluto, al Bien perfecto, ha de transformar su silencio en la repetición constante de su deseo, en purificación de él, en la contemplación y la escucha de él, pues es en él en donde puede obtener algún dato, aunque sea somero y demasiado primario sobre la realidad de la *beata vita,* sobre aquello por encima de lo cual nada más grande puede ser deseado[33]. Aun cuando Dios no esté todavía acreditado como fenómeno, la palabra del orante resuena sobre quien ora, recordándole que en el fondo de su deseo habita una llamada que lo convoca hacia lo que está más allá del mundo.

La oración es una necesidad filosófica porque solo el Bien perfecto que ahí podría de alguna forma comparecer, es capaz de restituir el orden y la proporción en el caos que la *hybris* del mundo presenta a diario, en la que hemos caído los hombres y en la que nos hemos tornado nosotros mismos a título de individuos. Si la filosofía es plegaria y con ello oración, levantar los brazos al absoluto no es otra cosa que volver a ser niño y pedirlo todo: es ensanchar el deseo y constituirlo. Orar es colaborar en la transformación del *appetitus* en *voluntas:* con la oración toma el ser humano conciencia de sí mismo, toma conciencia de la *beata vita* y puede comenzar a reconocer los derroteros por los que el abstracto y general *appetitus* ha de ir concretándose poco a poco. Para ello el filósofo deberá reconocer que el elemento resolutorio primordial del deseo no le pertenece a él, sino a la verdad y al Bien, que lo han colocado ahí. Por eso el filósofo es el nuevo infante que, sin voz, reconoce que solo de lo alto puede venir dado el sentido del mundo[34].

33. Cf. *s.* 341, 9: "Quien trascienda todo esto y comience a pensar de manera digna de Dios en cuanto le está concedido al hombre, hallará un silencio digno de ser alabado con la voz inefable del corazón."

34. Un maravilloso estudio sobre la oración como acto performativo desde la filosofía del lenguaje es el libro de Gérald Antoni, *La prière chez Saint Augustin. D'une philosophie du langage à la théologie du Verbe.* Sobre el deseo en específico, ver el último apartado de la parte segunda: "Vers un désir infini de l'infini", pp. 134-154.

Naturalmente, este acto oratorio tiene en Agustín el sentido específico que le otorga el rostro del Dios cristiano. En él, la oración no implica dirigirse a un Bien perfecto abstracto u objetivo, sino a alguien, a otra persona que no es un totalmente otro sino un "muy otro" (*aliud valde*)[35]. La oración tiene como destino al rostro de este Dios, cuyo Verbo, además, se ha encarnado en un momento determinado de la historia de los hombres. No obstante, el carácter religioso de la oración, lo que el gesto del creyente ofrece es una lección y un testimonio de quien no permite que el mundo tenga la última palabra y de quien da pleno crédito a la *inquietudo cordis,* y que actúa racionalmente en consecuencia. Por eso precisamente podemos concebir el silencio de la plegaria como una verdadera hospitalidad, como el recibimiento de la alteridad total, y a la alteridad misma como un elemento imprescindible para la constitución del deseo y para la realización del deber de la filosofía.

BIBLIOGRAFÍA

Agustín de Hipona (*conf.*) *Confesiones.* Obras completas II. Traducción de Ángel Custodio Vega. Madrid: BAC, 2005.

___ (*ep.*) *Cartas.* Obras completas VIII, XIa, XIb. Traducción de Lope Cilleruelo O.S.A. Madrid: BAC, 1995.

___ (*an. quant.*). *La dimensión del alma.* Traducción de Eusebio Cuevas. Obras completas III. Madrid: BAC, 2009.

___ (*ench.*) *Enquiridión.* Obras completas IV. Traducción de Andrés Centeno. Madrid: BAC, 2011.

___ (*mag.*) *El maestro.* Obras completas III. Traducción de Manuel Martínez O.S.A. Revisado y corregido por Santos Santamarta del Río O.S.A. Madrid: BAC, 2009.

35. Cf. *conf.* VII, 10, 16: "No se trataba de esta luz, sino de una luz otra, muy otra [*aliud, aliud valde*] y distinta de todas las luces. No estaba sobre mí mente como está el aceite sobre el agua o el cielo sobre la tierra, sino que era superior a mí porque me había hecho, y yo debajo, por haber sido hecho por ella".

___ (*mus.*) *La música*. Obras completas XXXIX. Traducción de Alfonso Ortega. Madrid: BAC, 1988.

___ (*dial.*) *Principios de dialéctica*. Edición bilingüe, introducción y estudio complementario de Felipe Castañeda. Bogotá: Universidad de los Andes, 2003.

___ (*s.*) *Sermones*. Obras completas VII, X, XXIII-XXVI. Traducción de Pío de Luis. Madrid: BAC, 1985.

___ (*sol.*) *Soliloquios*. Obras completas I. Traducción de Victorino Capanaga. Madrid: BAC, 1994.

___ (*Io. eu. tr.*) *Tratados sobre el Evangelio de san Juan*. Obras completas XIII y XIV. Traducción de Miguel Fuertes y José Anoz. Madrid: BAC, 2010.

___ (*trin.*) *La Trinidad*. Obras completas V. Traducción de Luis Arias. Madrid: BAC, 2006.

Antoni, G. *La prière chez Saint Augustin. D'une philosophie du langage à la théologie du Verbe*. Paris: Librairie Philosophique J. Vrin, 1997.

Aubin S. J. P. *Le problème de la "Conversion". Étude sur un terme commun a l'Hellénisme et au Christianisme des trois premiers siècles*. Paris: Beauchesne, 1963.

Chrétien, J.-L. *L'arche de la parole*. Paris: Presses Universitaires de France, 1998.

___ *Saint Augustin et les actes de parole*. Paris: Presses Universitaires de France, 2002.

Courcelle, P. *Connais-toi toi-même: de Socrate a Saint-Bernard*. Paris: Études augustiniennes, 1974.

Doucet, D. *Augustin. L'expérience du Verbe*. Paris: Librairie Philosophique J. Vrin, 2004.

García-Baró, M. *Introducción a la teoría de la verdad*. Madrid: Editorial Síntesis, 1999.

___ *Filosofía socrática*. Salamanca: Ediciones Sígueme, 2005.

___ *Del dolor, la verdad y el bien*. Salamanca: Ediciones Sígueme, 2006.

___ *De estética y mística*. Salamanca: Ediciones Sígueme, 2007.

Illich, I. *En el espejo del pasado* en *Obras reunidas II*. México: Fondo de Cultura Económica. Traducción de Javier Sicilia y Patricia Gutiérrez Otero. Revisión de Valentina Borremans, 1991, pp. 423-622.

Lacoste, J.-Y. *Expérience et Absolu. Questions disputées sur l'humanité de l'homme*. Paris: Presses Universitaires de France, 1994.

Lagouanère, J. *Intériorité et réflexivité dans la pensée de Saint Augustin. Formes et genèse d'une conceptualisation.* Paris: Institut d'Études Augustiniennes, 2012.

Mayer, C. (ed.). *Augustinus Lexicon (3 vol.)* Basel/Stuttgart: Schwabe & Co. AG, 1986.

Platón. *Fedro*. Traducción de Armando Poratti. Madrid: Ediciones Akal, 2019.

___ *La templanza y la prudencia. Hipias menor. Cármides.* Traducción y estudio de Claurdia Marsico. Comentario de Miguel García-Baró, Salamanca: Ediciones Sígueme, 2020.

___ *Banquete*. Traducción de Marcos Martínez. Madrid: Editorial Gredos, 2005.

Pickstock, C. *After Writing. On the Liturgical Consummation of Philosophy*. Oxford: Blackwell Publishers, 1998.

Verdú, I. "La humildad y el acceso a la verdad en el pensamiento de Agustín de Hipona" en *Cauriensia,* vol. VII, 2012, pp. 385-395.

San Agustín y el pensamiento analógico

Mauricio Beuchot
UNAM, México

1. INTRODUCCIÓN

En este ensayo quisiera resaltar la presencia del concepto de la analogía en San Agustín. Se trata de señalar su pensamiento como analógico, porque hay elementos para hacerlo. El concepto de la analogía trabaja en la filosofía desde los tiempos antiguos. Proviene de los pitagóricos, pasa por el platonismo, el aristotelismo y el neoplatonismo. Así llega al obispo de Hipona, quien lo usa en su filosofía y su teología. También será usado por seguidores suyos como San Buenaventura y Santo Tomás de Aquino.

El pensamiento agustiniano estuvo marcado por un talante analógico. Supo conservar un equilibrio proporcional en las diferentes ramas que tocó. Su exégesis bíblica no fue cerradamente literal ni exasperantemente alegórica, sino que se mantuvo en la mediación, con un sentido simbólico. Lo mismo se dio en su teología sistemática, gracias a su filosofía, tan notable. Tanto en el conocimiento de Dios, como en el de la Trinidad, y en el de Jesucristo, observó una mentalidad analógica, equilibrada a pesar de su corazón inflamado de amor.

2. EL ANALOGISMO DE SAN AGUSTÍN

De hecho, puede decirse que San Agustín fue uno de los genios del pensamiento analógico, es decir, del que busca el equilibrio entre la razón unívoca, demasiado rígida, y la sinrazón equívoca, excesivamente ambigua y dispersa[1]. Si el univocismo tiene la pretensión de lo claro y lo distinto, de lo completamente exacto y riguroso, el equivocismo se derrumba en el relativismo extremo, llegando a la disolución de la razón. Yo he tratado de vertebrar una hermenéutica analógica y, en definitiva, una racionalidad analógica, y encuentro en San Agustín alguien que me apoya y alimenta esa empresa. Ciertamente, no elaboró una teoría de la analogía para su proceder teológico, pero la llevó a la práctica, a su trabajo como escritor y predicador.

En efecto, en cuanto a la idea de la analogía, que será tan usada por los filósofos y teólogos medievales, Agustín tuvo poca influencia en la parte teórica, pero la tuvo más en la práctica, como veremos. En el aspecto doctrinal fue más conocido Boecio, por sus traducciones de Aristóteles. Es cierto que Agustín hizo una exposición de la ambigüedad y la equivocidad en su *De dialectica*, pero tuvo más peso por haber entregado a la posteridad algunas nociones de origen neoplatónico que servirán para aplicar la analogía a la teología[2].

Tal se ve, por ejemplo, en su ontología, con su teoría de las ideas divinas como prototipos de las cosas, los vestigios de la Trinidad en la creación, el carácter jerárquico del universo, etc. Ya la misma idea de participación está relacionada con la noción de analogía, pues las cosas creadas participan del ser de Dios, y, por lo mismo, son semejantes a Él, llevan su impronta y su iconicidad. El que las cosas participen de las ideas divinas conlleva el que sean análogas a ellas, que tengan esa semejanza con Dios.

Tal es la visión del mundo que tiene nuestro santo, por su línea platónica o neoplatónica. "Sin embargo, aunque en la cosmovisión de San

1. Beuchot, M. *La filosofía de san Agustín. Verdad, orden y analogía*, México: Ediciones Paulinas, 2015; S. Agustín, *Tratados*, ed. M. Beuchot y M. Á. Sobrino, México: SEP, 1986.
2. Gambra, J. M. *La analogía en general. Síntesis tomista de Santiago Ramírez*, Pamplona: Eunsa, 2002, pp. 45-46.

Agustín el mundo es semejante y participa de la divinidad, no hace uso de la analogía como instrumento de análisis para explicar la atribución a Dios de las perfecciones halladas en las cosas; su teología, si bien hace uso de la atribución por vía de eminencia, es más bien negativa dado que Dios, por su simplicidad, es inefable"[3]. Está más en la línea de la teología negativa, como lo estuvo la del Pseudo-Dionisio, a pesar de que en ambos palpita la noción de analogía como supereminencia.

Hay que reconocer que en San Agustín no se da de manera tan clara la idea de analogía, como se encontrará después en Santo Tomás y otros escolásticos. Pero están presentes en él sus raíces y su espíritu, ya que conocía algo de los pitagóricos, que fueron los campeones del concepto de proporción, al cual corresponde el de la analogía. De hecho, Agustín conjunta el ideal de armonía de los pitagóricos con la frase de la Sagrada Escritura que dice que todo lo hizo Dios con número, peso y medida. En ello se encuentra implícita la idea de proporción, de un equilibrio armónico en el cual consiste el orden, tema al que dedicó una obra notable.

Además, Agustín es consciente de que los conceptos humanos solo pueden aplicarse a Dios de una manera proporcional, es decir, analógica, no unívoca. Se ve en este pasaje suyo: "Debemos, en cuanto nos sea posible, representarnos a Dios como bueno sin la categoría de la cualidad, grande sin la categoría de la cantidad, creador sin necesidad, colocado por encima de todo sin situación alguna local, abarcándolo todo sin abarcar, omnipresente sin ubicación, eterno sin tiempo, creador de las cosas mudables sin mutación de sí, libre de toda afección y pasión"[4]. Dios está por encima de todas las categorías que pudieran aplicársele, rebasa todo lo creado.

Asimismo, Agustín retoma cosas de Platón y de Plotino, en los cuales se halla de manera germinal la noción de analogía. En efecto, la meta-

3. Ibid., p. 46.
4. San Agustín, *De Trinitate*, V, 1, 2; en *Obras*, vol. V, Madrid: BAC, 1956 (2a. ed.), p. 395.

física ejemplarista lleva a la teoría de la participación, la cual es la base de la analogía o proporción, en cuanto que la participación del Ser, que es Dios, la reciben las creaturas de acuerdo con la proporción de ser que pueden recibir en sus formas o esencias. Esto ya da a nuestro santo una visión del mundo ordenada y jerárquica, es decir, conforme a la analogía de proporción y a la de atribución, aunque no conoce de manera tan clara esa doctrina, pues no tuvo un conocimiento completo de Aristóteles, como lo tendrá Santo Tomás.

En el ejemplarismo agustiniano, con su exigencia de la participación, está la base ontológica de la analogía. Pero más se ve este concepto proporcional en su tratamiento de la Trinidad, en el que usa la semejanza de esta con las operaciones espirituales del hombre. Dice Paul Gilbert: "Es célebre la doctrina trinitaria de San Agustín. Ha sido sumamente fecunda por sus analogías entre la estructura teológica de la Trinidad y la estructura psicológica del espíritu humano. La legitimidad especulativa de estas analogías resulta problemática si se conciben de manera unívoca y consiguientemente conflictiva los dos términos en cuestión, el Dios creador y el espíritu creado"[5]. Esto fue toda una aportación metodológica, pues evita el confundir las cosas en el univocismo; más bien, se aprovecha el que en la analogía predomina la diferencia: "Esta manera de acceder a la inteligencia de la Trinidad no deja de plantear serios problemas. Pero para Agustín la imagen no es más que imagen; en la semejanza que se afirma analógicamente se reconoce una mayor desemejanza. Con esta condición, la semejanza puede funcionar correctamente en la afirmación teológica. En realidad, si el espíritu humano está hecho a imagen de Dios, es también un enigma para sí mismo, ya que no siempre se capta claramente a sí mismo"[6]. Hay una estructura psicológica horizontal y otra económica (de salvación) vertical. Pues bien, "[e]n el cruce de estas dos dimensiones, donde el pensamiento (horizontal),

5. Gilbert, P. *Introducción a la teología medieval,* Estella (Navarra): Ed. Verbo Divino, 1993, p. 57.
6. Ibid., pp. 63-64.

al reflexionar sobre sí mismo descubre que está basado en lo que él no es (vertical), es decir, en donde se centra la analogía de la imagen y la semejanza, allí es donde el pensamiento y la fe se articulan correctamente. Lo incomprensible (vertical) está entonces en el corazón de lo que se comprende de manera justa, y la imagen (horizontal) dice realmente algo de lo que la supera en la fe"[7]. Tal es la utilización de la analogía por nuestro teólogo para pensar la Trinidad.

Además, San Agustín tiene la idea de que las creaturas son imágenes del creador, sobre todo el hombre[8]. Son íconos suyos, análogos de su ser. En ellas se nos presenta principalmente la Trinidad como el modelo. Asimismo, Agustín ve al hombre como un microcosmos o mundo en miniatura, lo cual es muy analógico, porque así el ser humano es el ícono de todos los seres del universo[9]. Las creaturas son íconos del Creador, de manera eminente el hombre. También habla de la vida como un libro, un libro en el que se van escribiendo las acciones, para ser premiadas en el juicio final; en dicho juicio se sacará ese libro de la vida y será el que se lea en el juicio, para premiar a los justos[10]. Y eso es también muy analógico, al igual que la idea de los dos libros escritos por Dios: la naturaleza y la Biblia.

En muchas otras cosas más se muestra el analogismo o la proporcionalidad o equilibrio proporcional del pensamiento de San Agustín, pero una de las cosas principales es en su uso moderado del sentido alegórico además del sentido literal en la interpretación de la Sagrada Escritura o exégesis bíblica. Con los maniqueos había conocido la interpretación de la Biblia pretendidamente literal —porque no la cumplían bien, sino con tretas—; y con San Ambrosio había aprendido la interpretación ale-

7. Ibid., p. 64.
8. Gilson, É. *Introduction à l'étude de Saint Augustin*, ed. cit., pp. 275 ss.
9. San Agustín, *Ad Orosium*, 11; en *Obras*, vol. XXXVIII, Madrid: BAC, 1990, pp. 655-666.
10. El mismo, *De civitate Dei*, XX, 14; en *Obras*, vol. XVI-XVII, Madrid: BAC, 1958, pp. 1478-1480.

górica, quien la empleaba de manera excelente y bien medida. Por eso en su obra *De doctrina christiana*, que es un tratado de hermenéutica, Agustín enseña a utilizar con gusto la alegoría, pero siempre en dependencia del sentido literal, sin soltarse a arriesgados vuelos en los que la fantasía ahogue a la razón y haga perder el suelo de la ortodoxia[11].

Por otra parte, Agustín usa mucho de los símbolos, tanto en sus comentarios exegéticos como en su presentación de la vida espiritual a semejanza de un camino que va de las creaturas al Creador[12]. Las creaturas, con su belleza, nos remiten al Creador, que es le Belleza misma. Las cosas son símbolos de Dios y, si se saben interpretar, conducen hacia Él. No estuvo lejano de esto San Buenaventura, cuando compuso su *Itinerario de la mente hacia Dios*, que refleja un agustinismo muy hondo.

Asimismo, en su interpretación de la historia, nuestro pensador es analógico; pues no lee los acontecimientos en sentido meramente literal, sino en sentido alegórico o simbólico, es decir, como señales de la acción de Dios, de su intervención en la marcha del mundo y del hombre. Es una verdadera filosofía de la historia hecha de manera analógica, respetando la literalidad de los hechos al narrarlos, pero añadiéndoles la lectura simbólica con la clave de la providencia divina. En cada hecho, que es un trozo de la historia, sabe captar el sentido de la totalidad; los fragmentos lo conducen al todo (o en el fragmento es capaz de conocer el todo).

Erich Przywara, gran conocedor de la analogía, a la que dedicó un célebre libro (*Analogis entis*, 1932), tiene también un libro sobre San Agustín (de 1934), donde señala la presencia de la analogía en su pensamiento. De la teología agustiniana dice: "Es una teología negativa, en cuanto que todo hoy, es, verdad-bondad-belleza creados, se disuelven en esa

11. Beuchot, M. "La hermenéutica en S. Agustín y en la actualidad", en *Revista Agustiniana* (Madrid), 38 (1997), pp. 139-156.
12. Alonso del Campo, U. "Imágenes simbólicas en el itinerario espiritual de San Agustín", en *Avgvstinvs*, 22 (1977), pp. 221 ss.

informe nostalgia del '*in infinitum*'. Pero es una teología positiva en su sentido de finalidad, en cuanto que Dios es identificado con el contenido claro y unívoco del es, verdad, bondad, belleza. La 'desemejanza' termina en una 'semejanza'"[13]. En ese pensamiento de grados de ser y niveles de semejanza, encuentra, además, una analogía dialéctica, o una dialéctica analógica: "La recuperación de las gradas en los escalones ya sobrepasados es aquí el antecedente de aquello que se desarrolla en el agustinismo de Nicolás de Cusa: Dios depende tanto de la *coincidentia oppositorum*, que casi se identifica con ella"[14]. Y agrega que todo va en la línea de la imagen o iconicidad y del itinerario a Dios partiendo de las creaturas, desde abajo hasta arriba: "Éste es el sentido que encierra la llamada teoría psicológica de la Trinidad de Agustín: presentimos la posibilidad de llegar a conocer la íntima vida divina a través de la humana; pero al fin la teología positiva del agustinismo rectilíneo e idealista se remite a otra más elevada teología propiamente negativa. Dentro de esta teología, las palabras *es*, *verdad-bondad-belleza*, *hoy*, etc., sólo nos dejan percibir una 'mayor desemejanza', que se nos pierde en el misterio: todas esas grandes palabras, cuando se refieren a Dios, sólo 'dicen lo que Dios no es' (*In Ps.* 85, 12)"[15]. Es el riesgo de la analogía, por oscilar entre la teología positiva y la teología negativa, el de quedarse en una diferencia tan grande, que nos diluye el conocimiento.

De modo especial se encuentra en San Agustín un antecedente de esa coincidencia de los opuestos que se verá en el Pseudo-Dionisio, en Eckhart y en Nicolás de Cusa. Es la dialéctica que acompaña a la analogía, que está ínsita en ella. Es una dialéctica de la diferencia, pues no acaba con los opuestos, sino que los deja subsistir. Es la dialéctica que respeta los diferentes, que los deja acercarse para que puedan coexistir, incluso llegar a ayudarse mutuamente. Sin destruirse, viven de la tensión, habitan en

13. Przywara, E. *San Agustín. Perfil humano y religioso*, Madrid: Ed. Cristiandad, 1984, p. 33.
14. Ibid., pp. 33-34.
15. Ibid., p. 34.

ella, y de esa forma trascienden la oposición, llegan al encuentro, aunque nunca a una síntesis o reconciliación plena y perfecta.

Así, San Agustín estuvo muy próximo a la utilización explícita de la analogía y, por lo mismo, a una hermenéutica analógica, por ser ese equilibrio entre los sentidos del texto lo que precisamente se busca en ella. Además, enseña a tener gusto por los símbolos, los cuales requieren una interpretación alegórica, más allá de la literal, pero siempre con medida y guardando el equilibrio proporcional en la búsqueda del significado.

Inclusive puede hablarse de una dialéctica analógica, o de una analogía dialéctica, en San Agustín. Él evita quedarse en una teología negativa, que corre el peligro de la equivocidad, y que nos deja sin poder hablar de Dios. Pero tampoco se lanza a una teología positiva ingenua, es decir, unívoca, que pretenda hablar de Dios con toda propiedad. Se mantiene en el centro, por lo cual puede hablarse de una postura analógica en nuestro santo.

Es, por ello, uno de nuestros antecesores en la elaboración teórica y en la utilización práctica de una hermenéutica analógica para hacer filosofía y teología. De espíritu abierto pero serio, de mentalidad firme pero comprensiva. Es uno de los avatares de la racionalidad analógica, o pensamiento analógico, que no se llega a la afirmación unívoca y osada (incluso necia) del mundo y de Dios, pero tampoco se queda en una filosofía y teología negativas, sino que llega a una afirmación moderada, a una teología afirmativa pobre pero suficiente, a algo más que a la mera negación, ya que esta nos deja propiamente en el desconocimiento. Y no olvidemos que nuestro santo consagró su vida al conocimiento de la verdad.

3. REFLEXIÓN

La obra filosófica y teológica de San Agustín iluminó durante siglos a muchos que lo han seguido, incluso hasta la actualidad. A mí me ha obsequiado muchos elementos y tesis, aunque no lo he tomado en su totalidad, porque prefiero a Santo Tomás de Aquino. Pero San Agustín posee aspectos que han sido fundamentales para la historia cultural, y por eso tiene mucho que decirnos. Siempre será una fuente viva de inspiración, sobre todo para nuestra época, tan necesitada de alientos vitales.

San Agustín pertenece a la época que se denomina Patrística, llamada así por ser la de los Santos Padres de la Iglesia, esto es, los que fundaron la teología cristiana[16]. Esta etapa suele colocarse, por eso, entre el comienzo del Cristianismo y el inicio de la Edad Media. Nuestro santo es, sin duda, el más representativo de los Padres latinos. Fue el que marcó a toda la Edad Media, principalmente a los que siguieron una corriente más platónica o neoplatónica que aristotélica[17], como los franciscanos. Fue uno de los pilares del neoplatonismo cristiano, la línea que tuvo más seguidores. Ya sea para ser adoptado, adaptado o atacado, nuestro santo fue tomado en cuenta por todos los pensadores medievales, y tuvo un influjo sin igual sobre la generalidad de las escuelas, cosa que continúa en la actualidad. Es el genio que dejó los principios de la filosofía y la teología cristianas, que seguirían en su decurso posterior. Representa al pensamiento grecorromano, sobre todo al de la Roma tardía, y le toca el inicio de su pérdida, con las invasiones de los bárbaros.

Agustín se dedicó a buscar la verdad. Tal fue la impronta de honestidad que dio a su pensamiento y a su vida. Toda su existencia estuvo consagrada a ella. Así superó el escepticismo, encontró la certeza en Dios, y también la rastreó en sus creaturas, en el orden que Él había dado a todas las cosas. Por eso su pensamiento está vertebrado por la Verdad que es Dios. Es el núcleo de su filosofar, que ordena todo. Es lo que impregna sus obras. Aunque no es un pensador completamente sistemático, tiene una síntesis muy aceptable como estructura de sus profundas reflexio-

16. Beuchot, M. *Apuntes de patrología*, México: Publicar al Sur Editorial, 2022, pp. 98-114.
17. Cf. Buganza, J. *Neoplatonismo agustiniano y virtud moral*, Stresa: Edizioni Rosminiane Sodalitas, 2023.

nes. Esa búsqueda de la verdad le dio un gran sentido del orden, el cual no es otra cosa que la aplicación del concepto de la analogía (o proporción) en todas las cosas. Por eso me ha interesado tanto su pensamiento.

Agustín ha sido visto como teólogo, pero también es filósofo, y grande[18]. Su pensamiento tiene un aspecto racional muy fuerte, aunque no está exento de una profunda intuición; incluso puede decirse que además de ser intelectual, está cargado de una fuerte emoción. Tal vez debería decirse que en él predomina la intuición intelectiva sobre el raciocinio científico, por ser la intuición más característica de la sabiduría; y también que predomina lo volitivo, emotivo y afectivo sobre lo intelectual, ya que hay una poesía de gran belleza en sus escritos.

Igualmente, debe decirse que en el pensamiento de San Agustín están muy cerca la razón y la fe, en lo que se ha llamado después filosofía cristiana. Hay una profunda religiosidad y un elevado misticismo en su obra. Todo esto lo heredó a la posteridad, y su herencia está marcada con estas características de su genialidad. Es una herencia que alcanza a llegar hasta nosotros. Somos beneficiarios suyos.

Abordó prácticamente todos los tratados filosóficos, con un espíritu muy abierto a la vez que profundo. Así, estudió la filosofía del lenguaje, que, junto con la lógica o teoría de la argumentación, da inicio a la exposición de cualquier filósofo. Además, conectada con lo anterior, tuvo una teoría hermenéutica, a la que acompaña la retórica. Asimismo, cultivó la gnoseología o teoría del conocimiento. Igualmente, la teología natural o conocimiento filosófico de Dios. De manera especial, estudió la ontología o metafísica, de tono ejemplarista o platónico. Lo mismo la cosmología. Trabajó la antropología filosófica o filosofía del hombre. Y no menos la ética. A ella se suma la filosofía del derecho, dependiente de la anterior. También le sigue la filosofía social o política. Y culmina

18. Sobre aspectos generales de San Agustín, ver Gilson, É. *Introduction à l'étude de Saint Agustin,* París: Vrin, 1949 (3a. ed.); sobre su filosofía, ver Pegueroles, J. *El pensamiento filosófico de San Agustín,* Barcelona: Labor, 1972.

con la filosofía de la historia. Por eso la influencia agustiniana fue muy intensa, sobre todo en la Edad Media. Así se desarrolló el tema de mi interés, a saber, la relación de San Agustín con el concepto de analogía, pues tuvo un pensamiento analógico. Inclusive un texto tan apasionado como es el de sus *Confessiones* está lleno de conceptos filosóficos y teológicos, a saber, elucubraciones sobre Dios, el cosmos y el hombre.

Lo que más me interesa resaltar es la vena analógica o analogista del santo. Hay toda una racionalidad analógica en él, y es lo que he tratado de señalar. El obispo de Hipona tuvo un pensamiento analógico precisamente por haber querido conjuntar la intuición y la emoción, además de la razón. No actuaba solo con ella, pero tampoco sin ella. Este carácter analógico, al menos en germen, ha sido señalado por otros, como Przywara y el mismo Gilson, aunque haciendo ver que se trata de un concepto de analogía incoativo y que no llega a la claridad ni los desarrollos de un Santo Tomás[19]. Con todo, es un pensamiento analógico muy notable, que se ve en varios aspectos de su obra, como lo he señalado. Sobre todo en su hermenéutica bíblica, pero también en su visión simbólica del universo, se detecta ese carácter al que he aludido en su proceder en filosofía y teología.

Es muy interesante este pensamiento vivo de San Agustín, a saber, el núcleo de su doctrina, que es el que ha seguido actuante a través de los siglos. Tiene vitalidad porque desea orientar en la existencia concreta; es no solamente un conocimiento de la realidad, sino, sobre todo, un saber de salvación. Por eso su filosofía está tan relacionada con la teología. Pero puede distinguirse de ella, pues el genio agustiniano daba un lugar importantísimo a la razón, incluso frente al misterio. Él mismo habló de una *filosofía cristiana*[20], que era la que deseaba construir. Es lo que buscamos en su obra, y es lo que él nos regala, como un don preciado, para revitalizar la filosofía de nuestro tiempo.

19. Secretan, Ph. *L'analogie*, Paris: PUF, 1984, p. 30.
20. San Agustín, *Contra Julianum*, IV, 14, 72; en *Obras*, vol. XXXV, Madrid: BAC, 1984, pp. 729-730.

Y es que la filosofía de hoy necesita un poco de esa fuerza existencial que puso nuestro santo en su pensamiento. Requerimos algo del sentido que él supo encontrar para su vida. Estamos quizá en una de las peores crisis culturales, la del vacío, la de la banalidad y la náusea. Por eso es ahora cuando más nos hace falta volver la mirada a pensadores que supieron realizar esto, y beneficiarnos de sus reflexiones.

Además de brillar por su genio personal, San Agustín lo hace por el influjo tan grande que ejerció sobre el pensamiento posterior. No solo en el pensamiento cristiano, sino en el universal. Es claro que fue el maestro incuestionable en la Edad Media cristiana, desatando la corriente llamada agustinismo medieval, en el cual se colocan personajes muy disímbolos, pero muy importantes. Fue, como he dicho, la corriente principalmente adoptada por los franciscanos, pero también se dio en los dominicos. Lo mismo en otros. Inspiró lo más granado de la filosofía del Medioevo.

Pero su influjo pasó también a los modernos, tanto los del Renacimiento, que lo apreciaron mucho, por su platonismo, como también a algunos racionalistas, según se puede ver en Descartes y Malebranche. Incluso llega hasta la actualidad, a través de pensadores connotados, como Max Scheler y Hannah Arendt[21].

Agustín es uno de los hitos principales de la tradición neoplatónica en la historia, y uno de los grandes pilares del analogismo cristiano. Sobre todo del analogismo medieval, que se conectaba mucho con el simbolismo. Por eso lo he tomado muy en cuenta, para desembocar en el pensamiento de la analogía, que es algo muy importante para mí. Es un elemento principal en nuestra narración, en nuestro relato de lo que significa ir construyendo una hermenéutica analógica que nos sirva en la actualidad[22].

21. Scheler, M. *Ordo amoris*, Madrid: Caparrós, 1998; Arendt, H. *El concepto de amor en San Agustín*, Madrid: Encuentro, 2001.

22. Beuchot, M. *La hermenéutica en la Edad Media*, México: UNAM, 2002, pp. 23-40; *Tratado de hermenéutica analógica. Hacia un nuevo modelo de interpretación*, México: UNAM, 2019 (6a. ed.), pp. 51 ss.

Es cierto que San Agustín estuvo más del lado platónico que del aristotélico, pero eso mismo lo ha hecho desarrollar un pensamiento analógico muy interesante, que comparte con Platón y Plotino la visión jerárquica del mundo, tomado como un todo analógico que guarda un orden proporcional. Y, de manera especial, se capta en su lucha con su propio temperamento, tan apasionado y al que, sin embargo, supo dar un equilibrio que debió costarle mucho esfuerzo. Él mismo vivió la analogía en su búsqueda de la virtud, de cosas tan analógicas o llenas de proporción como la prudencia y la templanza.

Dada su sensibilidad para el conocimiento por analogía, por imágenes y metáforas, que es lo propio del simbolismo, Agustín es un influjo en la trayectoria del pensamiento analógico y, por lo mismo, de una hermenéutica analógica, la cual trata de recoger de él esa sensibilidad hacia lo velado de Dios, pero también hacia su brillo como la Verdad en sí misma, la cual no soportamos nosotros, con nuestro conocimiento limitado; por eso necesitamos de la ayuda divina, y en ese no saber completamente lo que deseamos, y reconocerlo con humildad, está lo más granado de una racionalidad analógica, mejor dicho, humana.

4. CONCLUSIÓN

Hemos visto que este gran genio de la humanidad, que llenó varios siglos de la filosofía y la teología con sus doctrinas, tuvo un pensamiento muy analógico. Yo he tratado de seguirlo y plasmarlo en una hermenéutica analógica, pero también en una racionalidad analógica. Se trata de un modo de pensar abierto pero serio, racional y cordial a la vez, conjuntando eso que Pascal llamó las razones de la razón y las razones del corazón.

Esto es algo que se necesita mucho hoy en día, pues estamos atrapados entre dos modos de pensamiento que son unívocos y equívocos. El primero, cerrado y demasiado cerebral, del positivismo nuevo, y el segundo, desmesuradamente abierto y excesivamente relativista, del posmodernismo. Son dos corrientes filosóficas que campean en nuestro momento, pero que nos han llevado a un impasse; por eso ya se necesita uno que abra la puerta y saque a otros territorios. Y ese puede ser un pensamiento analogista.

Habitamos en tiempos difíciles, en los que hay prevención contra la metafísica, inclusive desde la hermenéutica. Pero ambas se necesitan, pues una hermenéutica sin metafísica es descabezada, sin mapa de la realidad, es decir, sin rumbo; y una metafísica sin hermenéutica se cierra en sí misma, se muerde la cola, como la serpiente de los alquimistas. Es preciso, por ello, tener una hermenéutica analógica y una metafísica analógica también, que eviten tanto el absolutismo univocista como el relativismo equivocista. Es algo que nos ha enseñado San Agustín, y el mejor homenaje a él es aprender esta lección que nos ha dado.

BIBLIOGRAFÍA

Alonso del Campo, U. "Imágenes simbólicas en el itinerario espiritual de San Agustín", en *Avgvstinvs*, 22 (1977).

Arendt, H. *El concepto de amor en San Agustín*, Madrid: Encuentro, 2001.

Beuchot, M. "La hermenéutica en S. Agustín y en la actualidad", en *Revista Agustiniana* (Madrid), 38 (1997), pp. 139-156.

___ *La hermenéutica en la Edad Media*, México: UNAM, 2002.

___ *La filosofía de san Agustín. Verdad, orden y analogía*, México: Ediciones Paulinas, 2015.

___ *Tratado de hermenéutica analógica. Hacia un nuevo modelo de interpretación*, México: UNAM, 2019 (6a. ed.).

___ *Apuntes de patrología*, México: Publicar al Sur Editorial, 2022.

Buganza, J. *Neoplatonismo agustiniano y virtud moral*, Stresa: Edizioni Rosminiane Sodalitas, 2023.

Gilbert, P. *Introducción a la teología medieval*, Estella (Navarra): Ed. Verbo Divino, 1993.

Gilson, É. *Introduction à l'étude de Saint Agustin*, París: Vrin, 1949 (3a. ed.).

Gambra, J.M. *La analogía en general. Síntesis tomista de Santiago Ramírez*, Pamplona: Eunsa, 2002.

Przywara, E. *San Agustín. Perfil humano y religioso*, Madrid: Ed. Cristiandad, 1984.

Pegueroles, J. *El pensamiento filosófico de San Agustín*, Barcelona: Labor, 1972.

San Agustín, *De Trinitate*, V, 1, 2; en *Obras*, vol. V, Madrid: BAC, 1956 (2a. ed.).

___ *Ad Orosium*, 11; en *Obras*, vol. XXXVIII, Madrid: BAC, 1990.

___ *Tratados*, ed. M. Beuchot y M. Á. Sobrino, México: SEP, 1986.

___ *Contra Julianum*, IV, 14, 72; en *Obras*, vol. XXXV, Madrid: BAC, 1984, pp. 729-730.

Scheler, M. *Ordo amoris*, Madrid: Caparrós, 1998.

Secretan, Ph. *L'analogie*, Paris: PUF, 1984.

Persona e interioridad: Edith Stein y San Agustín

Rubén Sánchez Muñoz
UPAEP, Universidad

1. INTRODUCCIÓN

En este trabajo queremos mostrar algunas relaciones que hay entre el concepto de persona que Edith Stein desarrolla en su etapa de madurez intelectual y la filosofía de San Agustín. En este caso queremos explorar las relaciones entre persona e interioridad. Consideramos que el mundo interior que Stein identifica como la sede de la afectividad y que llega a identificar con el corazón, tiene sus bases en San Agustín. No queremos decir que los tomó de San Agustín y los introdujo en su antropología. Por el contrario, estos elementos ya estaban operando en la filosofía de Edith Stein desde su tesis sobre el problema de la empatía, pero incorporó más tarde las ideas de San Agustín posiblemente para evaluar sus propios resultados, como lo hizo al leer a santa Teresa y escribir *El castillo interior*, con san Juan de la Cruz en la *Ciencia de la Cruz* o con el Pseudo-Dionisio Areopagita en *Los caminos del conocimiento de Dios*.

El concepto de persona es central para comprender la antropología filosófica de Edith Stein. En varios trabajos hemos explorado diversas líneas de lo que llamamos personalismo en Edith Stein. De este personalismo dieron indicaciones importantes algunos autores, dentro de los cuales podemos mencionar a tres: Juan Manuel Burgos en su *Introducción al personalismo*[1]; Ezequiel García Rojo en sus "Presupuestos para

1. Burgos, J. M. *Introducción al personalismo.* Madrid: Ediciones Palabra, 2012.

una filosofía de la persona en Edith Stein"[2] y Urbano Ferrer en su libro ¿Qué significa ser persona?[3] Entre ellos, García Rojo es quien ha dado mayores referencias para comprender las relaciones entre Stein y San Agustín en el texto citado y en otro cuyo título apunta ya a esta relación, a saber: "Trinidad y creación en Edith Stein"[4] y vamos a recuperar sus aportes más adelante.

En su *Introducción al personalismo,* Juan Manuel Burgos dedica algunas páginas al personalismo de Edith Stein. De este dice que dentro de sus reflexiones antropológicas aborda temas "típicamente personalistas" y señala, dentro de los más importantes, la corporalidad viviente, la persona y las relaciones interpersonales, sobre lo cual destaca la empatía, sus reflexiones sobre la mujer y el tema de la pedagogía[5]. Esto claramente es verdad, pero desde ello no se puede ver cuál es el aporte o los aportes de Edith Stein al personalismo ni lo importante que es el concepto de persona para comprender su propuesta filosófica. Por ello, nuestro trabajo intenta profundizar en estas cuestiones. El libro de Eduardo González Di Pierro es el que más abona a la comprensión de la persona en su relación con la historia[6]. Aunque ciertamente González no adscribe la obra de Stein al personalismo, su estudio es importante para comprender las razones por las cuales nosotros lo hacemos y, además, de manera muy puntual anticipa estas relaciones entre Stein y San Agustín sin ahondar en ellas[7]. También Peter Schulz identifica el concepto de persona como central en la obra de Edith Stein y dedica algunos trabajos a su tratamiento, en especial para fundamentar una

2. García, E. "Presupuestos para una filosofía de la persona en Edith Stein". *Teresianum 35*, 1984, pp. 359-384.
3. Ferrer, U. *¿Qué significa ser persona?* México: Lambda, 2022.
4. García, E. "Trinidad y creación en Edith Stein". *Revista de espiritualidad,* 2001, pp. 75-113.
5. Burgos, J. M. *Introducción al personalismo,* pp. 167-168.
6. González, E. *De la persona a la historia. Antopología fenomenológica y filosofía de la historia en Edith Stein.* Morelia: Driada-UMSNH, 2005.
7. Ibid., pp. 86-101.

teoría de la identidad personal[8]. Pero, de la misma manera, no aparece en su trabajo un tratamiento de las raciones entre Stein y San Agustín, a pesar de que el tema de la interioridad es central.

Por mucho tiempo y en diversos autores se ha subrayado la influencia que hubo en el pensamiento de la filósofa de Breslau del pensamiento de Santo Tomás de Aquino. Suele dársele mucha importancia a esta confrontación que Stein hizo entre fenomenología y tomismo, como si la influencia de Husserl y de Tomás fuesen decisivas y casi las únicas. Pero esto no es así. Es verdad que se trata de una relación importantísima, pues vemos estas huellas y estos intereses en obras como *¿Qué es filosofía? Un diálogo entre Edmund Husserl y Tomás de Aquino*; aparecen estas relaciones en *Acto y potencia* que Stein redactó en 1932 y se desarrolló aún más en *Ser finito y ser eterno* que Stein escribió (tomando como base *Acto y potencia*) entre 1933 y 1936. No podríamos omitir, por supuesto, la traducción que Stein hizo del *De veritate* de santo Tomás y que se publicaron en alemán en 1931 y 1932 en dos tomos[9]. La relación es esencial, pero no es la única. También hay vínculos estrechos con Duns Scoto, como ha mostrado Francesco Alfieri en su libro *The presence of Duns Scotus in the thought of Edith Stein. The question of individuality*[10] y con los místicos: santa Teresa, san Juan de la Cruz y Pseudo Dionisio Areopagita.

Nuestra tesis es que San Agustín ocupa un lugar importante para comprender su antropología personalista y, de modo especial, esta influencia se deja ver en el capítulo VII de *Ser finito y ser eterno* que Stein dedica al tema de "La imagen de la trinidad en la creación", donde mues-

8. Schulz, P. "Persona y génesis. Una teoría de la identidad personal". *Anuario Filosófico*, 1998, pp. 785-817.
9. Ramos, M. *Edith Stein y el "De veritate" de Tomás de Aquino.* Columbia: International Academy of Philosophy Press, 2018.
10. Alfieri, F. *The presence of Duns Scotus in the thought of Edith Stein. The question of individuality.* Heidelberg-New York-London: Springer, 2015.

tra un profundo conocimiento del *De Trinitate* del Obispo de Hipona[11]. San Agustín resulta de sumo valor porque la antropología de Edith Stein da un lugar importante a la interioridad, primero porque es en la interioridad donde la persona se conoce a sí misma y, segundo, porque en el centro más íntimo de la persona se encuentra Dios. La nota esencial de la persona humana que es su ser en comunidad lo encuentra ya en el fondo de su alma, en su núcleo más íntimo, en la comunión con Dios. Y por ello, para Stein "no es posible una antropología filosófica en sentido completo si falta la dimensión religiosa; no puede comprenderse al ser humano como fenómeno si, además de su estructura corpóreo-psíquica no se capta la dimensión más profunda del espíritu que, a fin de cuentas, es el nivel de lo religioso"[12]. Para Stein, Dios es la verdad y Dios se halla en el centro más profundo del alma; para San Agustín, Dios es la verdad y para encontrarla hay que recluirse en el interior ya que *in interiore homine habitat veritas*[13].

2. FUNDAMENTACIÓN

Antes de mostrar dónde y cómo Stein introduce a San Agustín dentro de su pensamiento, vamos a indicar algunos aspectos importantes que abonan a la defensa de esta tesis y que sirven para fundamentar esta línea de trabajo.

a. El primer dato que podemos señalar corresponde al periodo de conversión de Edith Stein. Existe una versión bastante difundida y aceptada, según la cual Edith Stein se convirtió al catolicismo aquella noche del verano de 1921, cuando leía la *Vida* de santa Teresa de Jesús en casa de sus amigos Hans Theodor Conrad y Hedwig Conrad-Martius. Pero

11. González, E. *De la persona a la historia,* p. 95 y García, Ezequiel. "Trinidad y creación en Edith Stein" p. 79.
12. Ibid., p. 101.
13. San Agustín, *De vera religione*, XXXIX, p. 72.

una vez que estudiamos el fenómeno religioso en Edith Stein, vemos que dicha conversión se inscribe en un horizonte más amplio y que no se trata de un evento aislado, sino más bien de la conclusión de un proceso del que hay indicios en textos de 1918 y que, ciertamente, se ve realizado por fin en 1921[14]. En su estudio sobre causalidad psíquica, hizo referencia a un "ateo convencido" que, en sus propias palabras, "siente íntimamente la presencia de Dios", pero se niega a darle crédito a dicha vivencia y, consecuentemente, no dejando que la fe tenga efectos en él[15]. En esta misma obra describe la vivencia del "estado de reposo en Dios", en la forma de un estado de completa relajación y serenidad, en la que no se hace planes para el futuro y se deposita todo en las manos de Dios. Habla de un estado de completa relajación en el que la persona encuentra su descanso en Dios[16]. Existe la posibilidad de que este ateo convencido del que habla Stein, sea ella misma (y que lo haya visto en personas con las que convivía) y que el Estado de reposo en Dios lo hubiese experimentado en su propia persona mucho antes de convertirse. Para el caso que nos ocupa, lo que resulta importante es que durante este período en el que todo parece indicar que Stein ha tenido experiencias religiosas, dentro de los autores en los que se apoyó para comprender el cristianismo, se encontraba San Agustín.

Hasta donde sabemos, durante el año de 1918, incluso desde el año anterior, Edith Stein estuvo ocupada trabajando en la filosofía de la religión[17]. Este año es decisivo, porque Reinach había muerto en noviembre de 1917 y porque alrededor de semana santa de 1918 Stein asistió al

14. Sancho, F. J. "La mística en Edith Stein y sus conexiones con la antropología filosófica". En Rubén Sánchez (Ed.). *Edith Stein. Una filósofa de nuestro tiempo*, Bogotá: Aula de Humanidades-UPAEP, 2020, pp. 227-252.
15. Stein, Edith. "Causalidad psíquica." En *Obras completas 2*, Vitoria-Madrid-Burgos: El Carmen-Espiritualidad-Monte Carmelo, 2005ª, p. 261.
16. Ibid., p. 298.
17. Caballero, J. L. "Prólogo". En Reinach, A. *Anotaciones sobre filosofía de la religión*, Madrid: Ediciones Encuentro, 2007, pp. 5-9.

bautismo de Pauline Reinach; además, en ese mismo año Stein había estado preparando una edición póstuma de los escritos de Reinach y había leído sus apuntes sobre filosofía de la religión[18]. Sabemos, además, que en su cumpleaños Stein se regaló los sermones de Schleiermacher y que, como parte de su búsqueda de comprensión del fenómeno religioso, leyó *La ejercitación del cristianismo* de Kierkegaard, *Los misterios del cristianismo* de Scheeben, los *Ejercicios espirituales* de san Ignacio de Loyola y las *Confesiones* de san Agustín[19]. A todo ello hay que sumarle el estudio de los Evangelios. En efecto, lo que está claro es que entre 1918 y 1921, Stein "anduvo informándose sobre las diversas confesiones cristianas mayoritarias"[20]. Y que, como va a decir después a Román Ingarden, se habría decidido por un cristianismo positivo[21].

Es verdad que la fenomenología es propedéutica para comprender la fe en Edith Stein, como ha indicado Ezequiel García Rojo[22]. Pero una vez que se siente inclinada o, más bien, llamada a la conversión, busca información y lee sobre el cristianismo. En este proceso de conversión el conocimiento de la obra de San Agustín pudo ser importante, sin que llegara a ser decisivo. En efecto, Sancho Fermín recupera esta recepción que Stein hizo de San Agustín y refiere que Stein "trató de desentrañar el contenido de las *Confesiones* [...] pero tampoco la llevaron a una re-

18. Beckmann-Zöller, B. "Fenomenología de la vivencia religiosa en Edith Stein". En Ferrer, U. *Para comprender a Edith Stein*, Madrid: Ediciones Palabra, 2008, pp. 311-367.
19. Sancho, F. J. "Introducción general". En Stein, E. *Obras completas 2*, Vitoria-Madrid-Burgos: El Carmen-Espiritualidad-Monte Carmelo, 2005, p. 29.
20. Sancho, F. J. "Introducción general". En Stein, E. *Obras completas 1*, Vitoria-Madrid-Burgos: El Carmen-Espiritualidad-Monte Carmelo, 2002, p. 54.
21. Stein, E. "Cartas". En *Obras completas 1*, Vitoria-Madrid-Burgos: El Carmen-Espiritualidad-Monte Carmelo, 2002, 654.
22. García, E. "La fenomenología: propedéutica de la fe en Edith Stein". En Ferrer, U. *Para comprender a Edith Stein*, Madrid: Ediciones Palabra, 2008, pp. 369-407.

solución definitiva, a pesar de que comprendía y captaba su mensaje"[23]. Si bien esta tesis se sostiene en este periodo, veremos que no se sostiene para las obras de madurez, en especial por la recepción que hará Stein de San Agustín en *Ser finito y ser eterno*. Es decir, San Agustín no es tan importante para comprender la conversión al catolicismo, pero sí lo es para comprender su obra de madurez, en especial la importancia que da a la interioridad dentro de su propuesta antropológica.

En efecto, en la carta del 20 de febrero de 1917 Stein le habla a Roman Ingarden de sus intereses por la filosofía de la religión. Allí le dice que "es imposible diseñar una teoría de la persona sin afrontar la cuestión de Dios, como es imposible saber qué es historia". Le dice que en ese momento está ocupada leyendo las *Ideas* (suponemos que se trata del tomo II de *Ideas* que Husserl le había encargado a Stein) y que tan pronto terminara le gustaría ocuparse de esas cosas, es decir, de las experiencias religiosas. "Estas son *las* cuestiones que me interesan"[24]. Inclusive en esta misma carta le propone leer juntos a San Agustín. No le dice qué obra, pero lo sugiere.

b. El segundo dato importante es una carta que Stein escribió el 21 de mayo de 1941 a Henri Boelaars. Y ha sido esta carta precisamente la que ha despertado nuestro interés por este estudio de confrontación. En efecto, Boelaars envío a Stein un ejemplar de su tesis doctoral *Der Intentionaliteil der kennis bij Edmund Husserl*. Stein leyó el trabajo, y en aquella carta retroalimenta su texto y realiza algunas precisiones. A parte de la referencia a San Agustín, Stein habla de la constitución del mundo, que en Husserl hay que entender desde la intersubjetividad y no del lado del solipsismo, como se le había venido entendiendo. No se trata de una conciencia individual y solipsista, sino de una intersubjetividad a cuya comprensión Stein quiso abonar con su estudio sobre la empatía.

23. Sancho, F. J. "El ambiente espiritual y humano de Edith Stein". En Ferrer, U. *Para comprender a Edith Stein*, Madrid: Ediciones Palabra, 2008, 57.
24. Stein, E. "Cartas". En *Obras completas 1*, p. 574.

Pues bien, al final de esta carta, Stein le habla a Boelaars de un libro en el que "hay mucho que le interesaría". Se trata de su estudio sobre *Ser finito y ser eterno* que Stein había concluido en 1936 y que a la fecha de 1941 seguía sin publicarse. Y allí da Stein la siguiente indicación sobre el libro: "Aunque tomó como punto de partida a Tomás, ha resultado ser completamente agustiniano"[25].

Pero, ¿en qué sentido este libro es "agustiniano"? ¿Dónde podemos ver lo "agustiniano"? Como hemos indicado antes, nuestra tesis es que lo agustiniano del libro está en el tratamiento de la afectividad de la persona y en la recepción que hace Stein de la trinidad agustiniana, pero ampliando su sentido[26]. Eso no quiere decir que no haya más líneas sobre las cuales explorar. De hecho, las hay. Pero nuestra línea a seguir es la de la afectividad y no las demás de momento. Por ende, se trata de un estudio abierto con la posibilidad de ampliarse.

Además, en la carta del 17 de noviembre de 1935 dirigida a Hedwig Conrad-Martius, Stein dice haber examinado detenidamente y sin pausa su manuscrito y libro sobre el alma de las plantas. Le dice que coinciden mucho sus puntos de vista, pero añade una indicación que resulta sumamente valiosa para este trabajo. Le dice: "Pero, al parecer, yo soy más platónica y agustiniana que usted"[27]. ¿En qué sentido Stein afirma ser más platónica y más agustiniana que su amiga? Como vemos, la afirmación de Stein la realiza en el contexto de un problema que tiene que ver con el alma. En efecto, el problema del alma ocupa un lugar central dentro de las reflexiones del grupo de fenomenólogos pertenecientes al Círculo de Gotinga. De hecho, Hedwig Conrad-Martius había publicado en 1934 su estudio: *Die "Seele" der Pflanze* y en 1933 Alexander Pfänder había publicado su estudio sobre *Die Seele des Menschen. Versuch einer*

25. Ibid., p. 1372.
26. García, E. "Trinidad y creación en Edith Stein". *Revista de espiritualidad,* 2001, p. 94.
27. Stein, E. "Cartas". En *Obras completas 1*, p. 1155.

verstehenden Psychologie y, además, problema de la constitución anímica aparece en *Ideas* II de Husserl. El tema del alma es central para comprender la obra de Edith Stein, porque nos parece que hay una preocupación constante en sus obras sobre este tema. Y en su apéndice a *Endliches und ewiges Sein* sobre "El castillo interior", Stein evalúa las Moradas de Santa Teresa a la luz de la filosofía moderna. En este trabajo discute los libros de Conrad-Martius y Pfänfer apenas señalados[28]. No vamos a seguir esta línea porque en este apéndice Stein confronta los resultados de sus investigaciones con los de Santa Teresa y, aunque es sumamente interesante, este no es nuestro tema.

Pero todavía más. En esta misma carta Stein habla de una "ruptura total" de la primera redacción de un manuscrito, "a favor de la segunda". ¿De qué se habla aquí? Pues la primera redacción de ese manuscrito es precisamente *Potenz und Akt* que Stein redactó en 1932 como habilitación docente para una cátedra en la Universidad de Friburgo y que, en sus propias palabras, partía "de Aristóteles y santo Tomás". Pero luego, en la segunda redacción, el texto se convirtió en *Endliches und ewiges Sein* y en ella es donde Stein es "más platónica y agustiniana".

c. El tercer argumento no sería más que un añadido al segundo, pero vale la pena señalarlo, porque se trata precisamente de las referencias directas a San Agustín en esta obra de madurez, a saber, *Ser finito y ser eterno*. En esta obra sobresale no solo la capacidad de Edith Stein para dialogar desde la fenomenología (a partir de autores como Husserl, Scheler, Heidegger, Conrad-Martius, Pfänder) con la filosofía clásica (en autores como Aristóteles, Platón) y la filosofía cristiana (los libros de la Biblia, San Agustín, Santo Tomás, Duns Escoto), sino también con la mística (de santa Teresa de Jesús, san Juan de la Cruz, Pseudo Dinisio Areopagita, etc.). En el punto de partida de su trabajo está presente el atenerse a lo dado en la experiencia y en seguir el llamado a las cosas

28. Stein, E. "El castillo interior". En *Obras completas 3*, Vitoria-Madrid-Burgos: El Carmen-Espiritualidad-Monte Carmelo, 2007c, pp. 1130-1136.

mismas. Pero, en este atenerse a la experiencia inmediata y a lo dado de manera originaria, Stein da un giro hacia la propia interioridad. Su punto de partida es "la realidad del propio ser", esto es, la experiencia originaria del yo, sus vivencias, su sí mismo, etc.

No es que este punto de partida, o sea el de la experiencia, no lo encuentre ya en la fenomenología de Husserl o en la filosofía de Santo Tomás. A la fenomenología le importa aquello que es dado en la experiencia originaria. Y el tomismo, como el aristotelismo, parten de la experiencia también, aunque quizás no en el mismo sentido. ¿Qué tiene de especial el pensamiento de San Agustín para que Stein avance de una postura aristotélico-tomista a una vía platónica-agustiniana? Hablaremos de ello a continuación.

Por estas razones ya señalaba García Rojo que una de las corrientes que confluyen en el pensamiento de Edith Stein es precisamente la del platonismo "en la versión y transmisión agustinianas. El carácter ideal, la riqueza de contenido, el atractivo antropológico, y la vertiente interiorista, cautivan a la filósofa intrigada por estas mismas cuestiones"[29]. Y, como puede verse, aquí están ya indicadas algunas líneas de confluencia: la interioridad es la línea que venimos persiguiendo nosotros. "Y como sucedió para el tomismo, también la fenomenología fue terreno propicio para descubrir el platonismo agustiniano. Por coincidencias de inquietudes y de vida, el tratamiento que de san Agustín hace Edith Stein resulta familiar y cercano"[30].

A partir de allí, lo que vamos a resaltar en lo que sigue es la recuperación que hace Stein de la interioridad agustiniana, de modo especial los entrecruces que encontramos en el tratamiento de la afectividad y el corazón de la persona. Que el concepto más fuerte de la persona humana en *Ser finito y ser eterno* sea el de la interioridad abre ya un camino para acercarse a San Agustín. Y de eso trata el siguiente apartado.

29. García, E. "Presupuestos para una filosofía de la persona en Edith Stein", p. 366.
30. Ibid., p. 366.

3. "YO VIVO Y SOY"

Antes de pasar al análisis del hombre interior en San Agustín y lo importante que es para Edith Stein, tenemos que buscar un punto de apoyo a manera de punto de partida. Porque el hombre interior es fundamental, pero no es, a mi juicio, el punto de partida.

Si ponemos atención a la obra de Edith Stein vemos que ella, siguiendo el método fenomenológico, trata de apoyarse en la evidencia, en una certeza originaria. "Cada vez que el espíritu humano, en su búsqueda de la verdad, ha partido de un punto indudable, se ha encontrado con este hecho completamente accesible: *la realidad del ser particular*"[31]. La realidad del ser particular constituye, para la filósofa, el "punto de partida para la investigación"[32]. En este punto de partida Stein se apoya fundamentalmente en tres autores. En el orden de aparición tenemos primero a San Agustín. Stein cita el libro X del *De Trinitate* donde Agustín dice: "[...] de todo lo que sabemos, ¿qué conocemos de la misma manera que sabemos que vivimos? En este conocimiento, no tememos ser engañados por ninguna semejanza de la verdad, puesto que es seguro que incluso aquel que se engaña, vive"[33]. Y se trata de un conocimiento "muy íntimo", algo de lo que sabe la persona que lo vive en sí misma, pero sin que llegue a ser un conocimiento transparente, como vamos a ver.

En segundo lugar, Stein recupera el argumento de Descartes sobre el *cogito, ergo sum* como base y principio indubitable. De acuerdo al argumento expuesto en las *Meditaciones metafísicas*, al hecho de dudar le queda el residuo "del cual no se puede dudar el hecho mismo de dudar". El argumento se puede formular diciendo que: si dudo, pienso, y si pienso, existo (*cogito, sum*).

31. Stein, E. *Ser finito y ser eterno. Ensayo de una ascensión al sentido del ser.* México: Fondo de Cultura Económica, 1994, p. 52.
32. Ibid., p. 51.
33. Ibid., p. 51.

En tercer lugar, Stein se apoya en Husserl, quien, de un modo similar, "en sus esfuerzos de fundar el método fenomenológico", propuso suspender el juicio y practicar la *epojé* frente a todo aquello que captamos ingenuamente en la vida cotidiana. Husserl descubre la conciencia como campo de investigación, pero Stein anota que esta conciencia es entendida como "la *vida-del-yo*". En efecto, el objeto de la percepción puede no existir realmente o la conclusión de un juicio puede ser errada, pero ello no suprime en absoluto que la percepción y el juicio son actos de la conciencia, que son vivencias. En consecuencia, "es innegable todo lo que yo deseo y quiero, mis sueños y mis esperanzas, mis alegrías y mis tristezas, en una palabra, todo aquello en que *yo vivo y existo*, lo que se da para el ser del yo consciente de sí mismo"[34].

Y en los tres filósofos se halla contenida la idea del "yo soy". Lo que quisiera sostener a continuación es que Stein da mayor peso al planteamiento de San Agustín que al de Husserl y al de Descartes. Cabe recordar que tanto el pensamiento de Descartes como el de Husserl mantienen relaciones estrechas con el pensamiento de San Agustín[35]. Pero no es que Stein abandone la fenomenología, es que da la impresión de que intenta ir más allá de la conciencia y abarcar nuevas y distintas regiones del ser. De hecho, un aspecto importante en todo ello es que la conciencia es vista por Stein como una región del ser, lo que haría coherente su investigación con el planteamiento de las ontologías regionales. Es en este sentido que recupera la filosofía clásica y medieval.

El conocimiento del propio ser es, a juicio de Stein, el más originario, pero no es el primer conocimiento que tenemos desde un punto de vista temporal. En la base antropológica de la filósofa late la tesis que habla

34. Ibid., p. 53.
35. Véase Taylor, Ch. *Fuentes del yo. La constitución de la identidad moderna.* Barcelona: Paidós, 1996 y Besaheart, M. C. *Person in the world. Introduction to the Philosophy of the Edith Stein.* Dordrecht: Springer, 1997, pp. 175-176 (nota a pie 17).

de una doble apertura del ser humano: hacia afuera y hacia adentro[36]. En un primer momento, el espíritu de la persona está vuelto hacia fuera. En su actitud natural, la mirada del hombre está puesta hacia el mundo externo. El espíritu tarda en dirigir la mirada hacia sí mismo, hacia su propio ser. Pero este mirarse a sí mismo, el volcar la mirada hacia dentro le permite descubrir el mundo interior de su propio ser. Es en este sentido como puede sostenerse que el conocimiento del propio ser "es lo que me está más cerca, es inseparable de mí y constituye un punto de partida detrás del cual es imposible ir más atrás"[37].

Pero esta certeza del propio ser, ¿es el resultado de una reflexión? Podríamos preguntar también: ¿el ser del yo se reduce a la conciencia? ¿Mi ser consiste en ser consciente? O más bien, ¿hay que entender ese yo en un sentido más amplio? "Esta certeza de ser es una certeza *no reflexionada*, es decir, que se encuentra ante todo pensamiento que se dirige hacia atrás, con el cual el espíritu sale de la actitud originaria de su vida orientada hacia los objetos a fin de considerarse a sí mismo"[38]. La dificultad con la que nos encontramos es precisamente que el ser del yo no se trata de un ser transparente, sino de un ser cuyo abismo se le escapa a sí mismo. Es un ser que se desborda constantemente. Es un ser que, por lo mismo, no termina de conocerse y de captarse del todo y, consecuentemente, no alcanza la cima de su ser.

Es cierto que se trata de un yo que puede abarcar su vida pasada y puede volver sobre ella para traerla a la memoria. Pero que no es un ser transparente, y que su propia vida se le escapa a su propia comprensión lo prueba el hecho de que en la corriente de sus propias vivencias encuentra "lagunas que no puede llenar"[39]. A veces no encuentra nada que pueda representar e inclusive "en ciertos lapsos vacíos, no se encuentra

36. Stein, E. *La estructura de la persona humana.* Madrid: Biblioteca de Autores Cristianos, 2003, pp. 36-37.
37. Stein, E. *Ser finito y ser eterno,* p. 53.
38. Ibid., p. 53.
39. Ibid., p. 69.

ni a *sí mismo*"[40]. Muchas cosas de su vida pasada caen en el olvido, algunas las recuerda con dificultad y otras definitivamente se le escapan, no puede dar cuenta de ellas.

Por esta razón, Walter Redmond subrayó acertadamente a mi juicio, la cercanía de Edith Stein con el psicoanálisis, la psicología profunda y el existencialismo[41]. Porque comprende que el ser de la persona no se reduce a su ser consciente. Otra cosa es que ese ser consciente, una vez más, sea el punto de partida desde el cual se puede desplazar a todo lo demás. "Pero todavía hay otra cosa digna de considerarse: el dormir sin sueños, un desvanecimiento... ¿el yo existía durante este tiempo o experimentó una interrupción de su ser? Además, la *corriente de experiencia* para el yo-que-la-vive no se da ni en forma limitada ni en forma ilimitada". Y por ello continúa diciendo que cuando el yo "mira a su pasado retrocediendo siempre, llega un momento en que ya no puede distinguir nada definido; todo *se desvanece*"[42]. Y en diferentes puntos de su ser "se abre un vacío" que le lleva a preguntarse si "¿viene de la nada?, ¿va hacia la nada?, ¿el abismo de la nada puede abrirse bajo sus pies en cualquier momento?"[43].

Otra cuestión que Stein formula es la siguiente. La vida del yo necesita de contenidos para ser lo que es. De lo contrario estaría vacía y dejaría de ser. Stein se pregunta, entonces, "¿de dónde le vienen los contenidos sin lo que no es nada?"[44]. Aquí debemos indicar que las investigaciones de la filósofa están más en la línea de la pasividad, es decir, de lo que ocurre en la vida de la persona antes de toda reflexión, de lo que ocurre en su vida sin que el yo tenga nada que ver. El yo más bien se ve afectado por ello y lo recibe. Este verse afectado puede tener varios sentidos o puede venir de varias direcciones, y de ellas podemos subrayar dos: las

40. Ibid., p. 69.
41. Redmond, W. "La rebelión de Edith Stein: la individuación humana". *Acta fenomenológica latinoamericana* 2, 2005, pp. 89-106.
42. Stein, E. *Ser finito y ser eterno,* p. 69.
43. Ibid., p. 69.
44. Ibid., p. 70.

que provienen del mundo externo y las que vienen del mundo interno. El ejemplo que da es el siguiente: "Un ruido *penetra en mí*, es algo que viene *de afuera*, no brota del yo; lo que concierne al yo es el hecho de *ser tocado* o de *percibir*. Una alegría me viene, proviene *de dentro*, aunque represente generalmente la repuesta a algo que viene del exterior"[45].

Stein quiere saber qué significa ese "dentro" desde el cual provienen estas cosas, como sentimientos o emociones, esa alegría que pone de ejemplo. El tema no es nuevo, porque aparece ya en la tesis doctoral *Zum Problem der Einfühlung* de 1916 y aparece también en obras como *Einführung in die Philosophie* y *Der Aufbau der menslichen Person* (1932/33). Es una línea constante dentro de sus preocupaciones, y lo es porque da precisamente en el núcleo de la persona. En la tesis doctoral realiza una crítica al yo puro husserliano que vuelve a formular en *Ser finito y ser eterno*, por lo menos veinte años después. En aquella obra Stein decía que los sentimientos emanan de una profundidad de la persona y que esa profundidad no es el yo; no puede ser el yo porque Stein está pensando en el yo puro de Husserl y este no tiene ninguna profundidad.

Al darnos esta indicación, Stein acaba de introducir una de las notas esenciales de la persona, a saber, su profundidad y esta profundidad cobrará el sentido de la interioridad, ya que lo quc retoma en cada caso es "*su propia* vida interior"[46]. Profundidad e interioridad no son incompatibles. Lo que pasa es que, como bien ha visto González Di Pierro, el concepto de persona en la obra de Edith Stein se va reformulando con el paso del tiempo. Y así, una versión fenomenológica provisional que aparece en las primeras obras se fortalece y amplía con una versión religiosa. Esta dimensión religiosa es la que, por decirlo de algún modo, "le faltaba"[47]. De

45. Ibid., p. 70.
46. Ibid., p. 69.
47. González, E. *De la persona a la historia. Antopología fenomenológica y filosofía de la historia en Edith Stein*. Morelia: Driada-UMSNH, 2005, p. 87.

hecho, en una carta del 9 de marzo de 1918 Stein le dijo a Roman Ingarden que estaba "trabajando en el análisis de la persona"[48]. Pero antes, en la carta del 20 de febrero de 1917 ya le había indicado que era "imposible diseñar una teoría de la persona sin afrontar la cuestión de Dios"[49]. En este sentido, Stein complementa sus investigaciones con los resultados de la filosofía clásica y medieval. Así, "lo que tenemos es un enriquecimiento de la concepción de persona, por un lado, con los desarrollos de los conceptos iniciales y, por otro, con la adición de los elementos de una filosofía medieval con la que ella entra en contacto posteriormente a través de la lectura de Santo Tomás, pero también el estudio de San Agustín y el filón franciscano que va de San Buenaventura a Duns Scoto"[50].

Entonces, el análisis que desarrolla Edith Stein toma su punto de partida en la conciencia, pero no se queda en ella. De hecho, lo que Stein quiere es comprender la estructura de la subjetividad; en ese sentido acepta que "las vivencias del sujeto constituyen la estructura básica de *cualquier* subjetividad"[51]; pero no cree que la conciencia sea un lugar identificado y localizado que defina de modo exclusivo dicha subjetividad. En todo caso, siguiendo el planteamiento de las ontologías regionales, Stein ve la conciencia como "otra *región* del ser"[52]; consecuentemente, "la conciencia es una *modalidad* del ser y no un *lugar*"[53].

Así que, frente a la conciencia como elemento constitutivo de la subjetividad, estaría también la interioridad. El ser de la persona no se agota en la conciencia. El ser de la persona, de acuerdo con Edith Stein, no coincide plenamente con el yo. Y esto es así debido a que esta interioridad la identifica con el alma de la persona, lo que vamos a encontrar

48. Stein, E. "Cartas". En *Obras completas 1*, p. 607.
49. Ibid., p. 574.
50. González, E. *De la persona a la historia,* p. 87. Véase también Besaheart, Mary Catherine. *Person in the world,* pp. 21, 54 y 110.
51. Ibid., p. 88.
52. Ibid., p. 89.
53. Ibid., p. 89.

también en San Agustín. Veamos este pasaje de *Ser finito y ser eterno*: "La vida del alma tampoco es únicamente la simple vida del yo. El desarrollo y la formación del alma se llevan a cabo en gran parte sin que yo lo sepa por mi conciencia"[54]. Pero, ¿qué quiere decir esta idea y cómo es que el alma se configura sin que yo sea consciente? La idea nos sugiere que la vida es más amplia; que aquello de lo cual tenemos noticia gracias a la vida consciente, es bien poco en comparación con la abundancia de la vida anímica. Stein apunta con ello a una idea de subjetividad que no se agota en el ser consciente, apunta a la subjetividad en un sentido de pasividad, interioridad y profundidad en la que se sostiene la vida del yo. La vida del alma se constituye a partir de zonas de penumbra que el yo debe conquistar para sí mismo, pero cuya abundancia y riqueza lo desbordan y sobrepasan.

En efecto, uno de los temas recurrentes que aparece en la obra de Edith Stein es del núcleo de la persona. Este núcleo, como bien apunta González Di Pierro, es una "instancia positiva que permite la identificación de la persona como única a través de la vivencia profunda de su propia procedencia"; además, la idea que Stein tiene del alma coincide con "el ser íntimo que se desarrolla en el núcleo"[55].

4. EL HOMBRE INTERIOR

Como hemos visto, el punto de partida de la investigación sobre la persona humana es la propia experiencia o la experiencia del ser propio. Este punto de partida ofrece como ventaja que mi ser es lo más próximo a mí. En este sentido, en la antropología filosófica, como han observado autores como Scheler, Coreth, Plessner, Buber y otros, el sujeto y el objeto coinciden. En ello puede reconocerse la deuda de la modernidad con San Agustín. Y esta tesis antropológica también está

54. Stein, E. *Ser finito y ser eterno*, p. 389.
55. González, E. *De la persona a la historia*, p. 91.

presente en las obras de Edith Stein. Por ejemplo, cuando en su curso sobre la estructura de la persona humana de 1932/33 explica el método que guiará su trabajo, subraya precisamente lo importante que es la experiencia de sí misma para la investigación del ser humano: "Si queremos saber qué es el hombre, tenemos que ponernos del modo más vivo posible en la situación en la que experimentamos la existencia humana, es decir, lo que de ella experimentamos en nosotros mismos y en nuestros encuentros con otros hombres"[56]. Es verdad que este no es el único camino posible. Otra posibilidad es la que ella misma recorre al seguir el camino de la experiencia del mundo externo, lo que en sus propias palabras denomina "el mundo de las cosas sensibles"[57] que identifica con el aristotelismo (y que está presente también en la filosofía de Santo Tomás).

Pues bien, dice García Rojo que en el horizonte de las investigaciones sobre el hombre que Stein realiza y las cuales están en el centro de sus preocupaciones personales, una "ontología de la persona se le ofrece necesaria, con la garantía de que sujeto y objeto coinciden" (García 1984, 363)[58]. Y González Di Pierro cita a Ales Bello cuando se pregunta quién es el sujeto del que se habla en la investigación: "Y ¿qué significa sujeto? Paradójicamente, es quien realiza el análisis, manifestando de tal manera su propia actividad [...] pero también, aquel que sufre el análisis y en este sentido es verdaderamente *subjectum*, volviéndose, pues, de esta manera, un *objectum* de la misma investigación en cuanto puesto-delante respecto de quien procede en la investigación"[59]. González Di Pierro afirma, por su parte, que se trata de un fenómeno: "es *fenómeno*; sólo que se trata de un fenómeno *sui generis* que manifiesta [...] una "doble cara", la subjetiva y la objetiva, aunque el contenido de la primera

56. Stein, E. *La estructura de la persona humana,* p. 33.
57. Stein, E. *Ser finito y ser eterno,* p. 293.
58. García, E. "Presupuestos para una filosofía de la persona en Edith Stein", p. 363.
59. González, E. *De la persona a la historia,* p. 88.

debe ser comprendida bajo la forma de la segunda"[60]. Nuestro propio ser es, en consecuencia, lo más cercano a nosotros mismos y lo que ofrece mayor riqueza. Y este es justamente el punto de encuentro entre Edith Stein y San Agustín.

La pregunta que tenemos que hacernos, entonces, es: ¿qué lugar ocupa en todo ello San Agustín? Debo decir que estas coincidencias con la filosofía de San Agustín ya las anticipaba González Di Pierro en su estudio *De la persona a la historia* al decir: "Es interesante hacer notar cómo para Stein la elevación trascendente hacia el sentido (Dios) coincide plenamente con la interioridad y no se opone a ella; en esta línea ella parece más coincidir con el agustinismo que con cualquier otra visión de la metafísica medieval"[61]. Por nuestra parte, tenemos que decir que en el tratamiento de la *interioridad* Stein no solo parece, sino que de hecho *coincide* con la propuesta de San Agustín. Stein sigue la vía de la interioridad agustiniana para fortalecer su idea de la interioridad y de ese modo robustecer, si se puede decir así, su concepto de persona. ¿Por qué San Agustín?

Ya hemos visto que Stein se acerca a varios filósofos de la tradición antigua y medieval con los cuales dialoga desde la fenomenología. Pero llama la atención que San Agustín ocupe un lugar central en el punto de llegada de *Ser finito y ser eterno*. A juicio de Ezequiel García Rojo, San Agustín es importante para Stein porque fue el primero "en conceder peso específico al 'yo', como sujeto de reflexión y a la vez objeto de la misma"[62]. A su juicio, el obispo de Hipona "inaugura una corriente que se hará constante a lo largo de las épocas, y que consiste en 'refugiarse' y ahondar en la propia interioridad para así llegar al núcleo de la persona humana"[63]. Que Stein siguió el camino agustiniano en *Ser finito y ser eterno* también

60. Ibid., p. 88.
61. Ibid., p. 92.
62. García, E. "Presupuestos para una filosofía de la persona en Edith Stein", *Teresianum* 35, 1984, p. 372.
63. Ibid., p. 372.

lo indica F. V. Tomassi al decir: "La *obra magna* de Stein se abre con un ejercicio intelectual que recuerda fuertemente un tema clave de Agustín: el de la búsqueda de la existencia de Dios en lo que experimentamos de las profundidades de nuestra propia alma humana —y en particular en nuestra conciencia interior del tiempo en su proceso fenomenológico de aparición. A continuación, procede a una "ascensión al sentido del ser" antes de concluir con un descenso al reino del mundo creado, leído como modelo e imagen de la Trinidad divina"[64].

En sus trabajos sobre San Agustín, Rosales Meana apunta hacia el influjo que ha tenido el obispo de Hipona en algunos filósofos modernos, tales como Descartes, san Ignacio de Loyola, Lutero, Pascal y Montaigne, y contemporáneos, dentro de los cuales menciona a Scheler, Blondel, Lacoste, Heidegger, Romano, Husserl, Marion, Chrétien y Henry, entre otros. A Edith Stein la nombra de pasada[65], pero habría que decir que dentro de los fenomenólogos que entablaron una comprensión sobre el problema del tiempo y el alma (lo que Stein llama mundo interior), también ella pertenece a este grupo. Pues como venimos sosteniendo, el influjo de San Agustín para comprender *Ser finito y ser eterno* es esencial. San Agustín resulta fundamental para comprender el tema de la subjetividad y la interioridad, de modo especial el tratamiento que de ella hace Stein. No sin razones Rosales Meana se refiere a las *Confesiones* en los términos de una "fenomenología de la existencia humana"[66] que pone en relación con una antropología en la que la interioridad ocupa un lugar central, como ocurre en el caso también de la antropología fenomenológica y personalista de Stein.

64. Tomassi, F. V. "Phenomenology and medieval philosophy". En *The Routledge Handbook of Phenomenology and Phenomenological Philosophy*, de Daniele, Hopkins, B. y Majolino, C. De Santis, London-New York: Routledge, 2021, p. 56.
65. Rosales, D. "Inquietud y deseo. El legado de san Agustín a la filosofía contemporénea", *Revista Chilena de Estudios Medievales*, 2020, p. 50.
66. Ibid., p. 45.

Aquí merece la pena recordar la relación de San Agustín con la fenomenología, por ejemplo, lo importante del tratamiento del obispo de Hipona sobre el tiempo como *distentio animi*, porque se trata de la comprensión del tiempo en un sentido íntimo, que toca el ser interior de la persona. Husserl citó en dos obras fundamentales, a saber, las *Lecciones de fenomenología de la conciencia interna del tiempo* y las *Meditaciones cartesianas*, algunas frases del filósofo africano. Stein conocía muy bien las lecciones de la conciencia del tiempo, porque había editado dichas lecciones de 1905 durante el periodo que fue asistente de Husserl en Friburgo (1916-1918) y que conoció el planteamiento de las *Meditaciones cartesianas* lo prueba la recensión que publicó sobre este libro que el propio Husserl le obsequió. Como señala Rosales, en el libro XI de las *Confesiones* San Agustín desarrolla la idea del tiempo como distentio animi, o sea, como "una propiedad íntima del alma, o incluso como el modo de ser de ésta bajo las condiciones del mundo"[67]. Y esta misma idea es la que, a su juicio subyace "en toda la fundación de la fenomenología husserliana"[68] y es la misma que, a nuestro juicio, está presente también en la obra de Edith Stein: *Ser finito y ser eterno*.

Con mayor razón estamos de acuerdo en que en la antropología de San Agustín se accede al ámbito de lo sagrado "principalmente a través del ámbito de la vía interior"[69]; pero justo esto mismo es lo que encontramos en la propuesta de Edith Stein. En este caso las fuentes en las que se apoya Stein son más que las agustinianas (hemos mencionado a santa Teresa de Jesús, san Juan de la Cruz y Pseudo Dionisio Areopagita). Sin que podamos desarrollar esta línea por ahora por completo, nos parece que una vía de acceso es precisamente la del influjo de Max Scheler en la obra de Stein, ya que ella conocía muy bien la obra de Scheler, y las referencias a la interioridad y al centro interior de la persona están

67. Ibid., p. 48.
68. Ibid., p. 48.
69. Rosales, D. "Mínima fenomenología de la religión en Agustín de Hipona", *Metafísica y persona* 22, 2019, p. 13.

en sintonía con la idea del *Ordo amoris*[70] que el filósofo de Múnich recupera de San Agustín[71] y que, como hemos anunciado, tienen una fuerte influencia en la fenomenología[72], en especial para comprender la afectividad y la ética de los valores[73].

Tanto en la propuesta de San Agustín como en el de Edith Stein, el encuentro con Dios se da, sobre todo, por medio de la interioridad. Dios está presente de muchos modos ya en su creación y la creación participa de las ideas divinas; pero más que todo, Dios se encuentra presente en el interior de la persona. Como señala Charles Taylor en *Fuentes del yo. La constitución de la identidad moderna,* donde dedica un capítulo a la interioridad en San Agustín, el interior de la persona "es el alma" y "el sendero que lleva a Dios está dentro" (Taylor 1996, 144-145)[74]. Taylor sostiene que fue San Agustín quien "introdujo la interioridad de la reflexividad radical y quien la legó a la tradición del pensamiento occidental"[75]. Por su parte, María Zambrano se refirió a San Agustín como el "padre de Europa"[76] y Mircea Eliade dijo que las *Confesiones* "son "el primer libro moderno""[77].

Tanto Stein como San Agustín sostienen que en el corazón de la persona humana se halla Dios, lo que, por otro lado, resulta fundamental para comprender el fenómeno religioso en ambos autores. En las *Confesiones* (X, 27, 38), San Agustín dice:

70. Scheler, M. *Ordo amoris.* Madrid: Caparrós Editores, 2008.
71. Román, Á. D. "El orden del amor. San Agustín y la ética de los valores de Scheler", *Agustinus 58,* 2013, pp. 119-161.
72. Peres, S."Santo Agostinho e a Fenomenologia: O Conceito de Atenção", *Phenomenological Studies - Revista da Abordagem Gestáltica,* 2018, pp. 428-438.
73. Ferrer, U. *¿Qué significa ser persona?,* pp. 55-57.
74. Taylor, Ch. *Fuentes del yo. La constitución de la identidad moderna.* Barcelona: Paidós, 1996, pp. 144-145.
75. Ibid., p. 147.
76. Zambrano, M. *La agonía de Europa.* Madrid: Trotta, 2000, p. 66.
77. Eliade, M. *Historia de las ceencias y las ideas religiosas, vol 3.* México: Paidós, 2020, p. 73.

¡Tarde te amé, hermosura tan antigua y tan nueva, tarde te amé! Y he aquí que tú estabas dentro de mí y yo fuera, y por fuera te buscaba; y deforme como era, me lanzaba sobre estas cosas hermosas que tú creaste. Tú estabas conmigo, mas yo no estaba contigo. Reteníanme lejos de ti *aquellas cosas que, si no estuviesen en ti, no serían.* Llamaste y clamaste, rompiste mi sordera; brillaste y resplandeciste, y fugaste mi ceguera; exhalaste tu perfume y respiré, y suspiro por ti; gusté de ti, y siento hambre y sed; me tocaste y abraseme en tu paz [subrayado nuestro].

En el caso de San Agustín, la búsqueda de Dios "comienza cuando el sujeto se percibe a sí mismo como incompleto o como contingente"[78]. La inquietud del corazón nace de "la constatación de nuestra propia finitud"[79] y eleva a la persona a la búsqueda de Dios. Y esta parece ser la vía agustiniana que Stein sigue en *Ser finito y ser eterno*. Porque parte de la evidencia del ser contingente y finito para ascender gradualmente al sentido del Ser. El reconocimiento de la propia finitud es el punto de partida de la búsqueda del fundamento. Pero, esta misma vía la conduce al ser más íntimo de la persona: al mundo interior o corazón que se muestra como "la sede de la *vida afectiva*"[80] y "el centro de la existencia humana" (*Seele als Zentrum des Menschlichen Daseins*)[81].

Edith Stein misma reconoce haber seguido el camino del agustinismo, aunque no solo ese camino, en *Ser finito y ser eterno*. Así lo expone en el capítulo V dedicado a los trascendentales: "Partiendo de diferentes puntos, tratamos de llegar a la comprensión del ente: seguimos la vía *agustiniana,* que toma su punto de partida en lo que nos es más cercano porque no podemos separamos de ello: el *yo viviente.* Tomamos también la vía *aristotélica,* que parte de lo que se nos impone: el mundo *sensible"*[82]. En efecto, Charles Taylor nos recuerda, en este sentido, que la

78. Rosales, D. "Mínima fenomenología de la religión en Agustín de Hipona", p. 29.
79. Ibid., p. 21.
80. Stein, E. *Ser finito y ser eterno,* p. 468.
81. Stein, E. *La estructura de la persona humana,* p. 155.
82. Stein, E. *Ser finito y ser eterno,* p. 293.

certeza de la propia existencia en San Agustín aparece al situarnos "en el punto de vista de la primera persona"; por ello, el rasgo de esta certeza es "el que sea una certeza para mí; estoy seguro de mi existencia: la certeza es contingente con el hecho de que el conocedor y el conocido son lo mismo. Es la certeza de la autopresencia"[83].

Quisiera recuperar precisamente el modo como Stein centra su atención en la temporalidad de la propia existencia como punto de partida, ya que, como indicamos antes, en este punto Stein recupera a San Agustín, a Descartes y a Husserl. En el tratamiento de la temporalidad coincide con los trabajos de Husserl, pero de modo especial echa mano de dos obras fundamentales de sus contemporáneos, a saber, del texto de Hedwig Conrad-Martius, *Die Zeit* de 1927/1928 y de Martin Heidegger, *Sein und Zeit* de 1927. Es verdad que en el segundo apéndice a *Endliches und ewiges Sein*, Stein realiza una fuerte crítica a la ontología existencial de Heidegger, convirtiéndose en una de sus primeras críticas (Stein 2010), pero del mismo modo puede verse en el prólogo a *Ser finito y ser eterno* que Stein reconoce la influencia de Heidegger[84]. La recepción que Stein hace de los existenciarios la conduce a la profundización del problema de la finitud.

De acuerdo con su línea argumentativa, cada vez que dirijo la mirada a mi propio ser, este se me revela como ser finito, como un ser que deviene de un instante a otro y ante el cual aparece en todo momento la posibilidad de no ser y de la nada[85]. Es un ser frágil que en términos heideggerianos viene de la nada y se encamina hacia la nada[86]. Resulta curioso que en el tratamiento de la finitud ambos, tanto Heidegger como Stein, sean deudores de San Agustín. Pero hay una diferencia fundamental.

83. Taylor, Ch. *Fuentes del yo,* p. 149.
84. Stein, E. *Ser finito y ser eterno,* p. 17.
85. Ibid., p. 74.
86. Véase las críticas de Edith Stein a la filosofía de Martin Heidegger en *Ser finito y ser eterno,* pp. 74-77 y en *La filosofía existencial de Martin Heidegger,* Madrid: Trotta, 2010.

Stein acepta el ser en devenir de la persona humana. Pero no acepta que venga de la nada y se dirija hacia la nada, ni que ante tal descubrimiento la angustia resulte ser el estado de ánimo fundamental. Aquí Stein sigue más de cerca a san Agustín que Heidegger. Stein habla de mi ser como "ser sostenido". Stein no está de acuerdo con que la angustia sea el sentimiento vital, "llega a serlo en algunos casos, que consideramos como enfermizos, pero normalmente caminamos con una gran seguridad, como si nuestro ser fuera un bien seguro"[87].

En el análisis del ser finito, que Stein realiza desde la fenomenología de la conciencia del tiempo, describe este devenir y pasar del ser finito de un instante (el pasado) a otro (el futuro), tocando de manera fugaz el presente. Y aquí es más tomista al seguir la tesis del *actus essendi*. En el presente, el ser finito entra en contacto con el Ser y en ese momento su ser no se halla en la nada sino en el Ser. El ser del ser finito oscila entre la potencialidad y la actualidad. Juzga que en nuestro propio ser finito se encuentran indicios de un ser que es su fundamento. Pero, al igual que San Agustín, Stein acepta la tesis de la participación en el ser. Por eso sostiene que "al hecho innegable de que mi ser es fugaz y se prolonga de un momento a otro y se encuentra expuesto a la posibilidad del no ser, le corresponde otro hecho también innegable y es éste: yo, a pesar de esta fugacidad, *soy* y soy *conservado en el ser* de un instante al otro; en fin, en mi ser fugitivo, yo abrazo un ser duradero"[88].

Para San Agustín, Dios conocía las cosas antes de crearlas; las ideas o modelos de todas las cosas estaban contenidas en Dios. Así lo dice en las *Confesiones* (I, 6, 9): "porque antes del comienzo de los siglos y antes de todo lo que tiene antes existes tú, y eres Dios y Señor de todas las cosas, y se hallan en ti las causas de todo lo que es inestable, y permanecen los principios inmutables de todo lo que cambia, y viven las razones sempiternas de todo lo temporal...". De acuerdo con San Agustín, la *idea*

87. Stein, E. *Ser finito y ser eterno,* p. 75.
88. Ibid., p. 75.

es *ser* y "si las ideas están en Dios, identificadas con el ser de Dios; y el ser de Dios es eterno e inmutable, luego también las ideas son eternas e inmutables, es decir: *non solum sunt ideae, sed ipsae verae sunt*"[89]. Además: "La idea es ser y por ello principio de ser en el devenir. La idea forma lo mudable (lo que no es), para que de algún modo sea" y "La idea es verdadera (o es verdaderamente) y de ella participa todo lo que no es verdadero (o no es verdaderamente), todo lo que es y no es, todo lo que sólo es "de algún modo""[90].

En efecto, Stein habla de Dios, el ser eterno, como sostén que da calma y seguridad, ante el cual la angustia resulta insensata. "Yo me sé sostenido y este sostén me da calma y seguridad [...] En mi ser yo me encuentro entonces con otro ser que no es el mío, sino que es el sostén y el fundamento de mi ser que no posee en sí mismo ni sostén ni fundamento"[91].

Para Agustín, Dios es la suma Verdad y la suma Belleza y "todos los demás seres participan de su ser", siendo que el orden de la creación es un "orden de amor". De acuerdo con Antuñano, para San Agustín: "Si el proceso de aniquilación no se consuma es simplemente porque Dios no deja de sostener en el ser a la criatura, no deja de amarla, pero ella se encuentra al final hundida y condenada a su soledad radical"[92].

Y tanto Stein como Agustín comparten, además, que mientras más se entrega la persona humana al mundo exterior, entre más lejos o apartada está de su propio centro interior, que ambos identifican con el corazón, más alejada está de Dios. Stein habla de la contraposición entre mundo exterior y mundo interior, pero es claro que, para ella, al igual

89. Pegueroles, J. "Nota sobre la participación en la filosofía de San Agustín", *Espíritu 31,* 1982, pp. 117-129.
90. Ibid., p. 118.
91. Stein, E. *Ser finito y ser eterno,* p. 75.
92. Antuñano, S. "Estudio introductorio". En *Confesiones*, de San Agustín, Madrid: Gredos, 2014, p. XXX.

que para el obispo de Hipona, se trata también del hombre exterior y el hombre interior; es decir, que en el hombre mismo hay un adentro y un afuera, un vivir entregado a los sentidos y a los placeres de la carne y un vivir desde la interioridad del alma.

5. INTERIORIDAD Y RELIGIÓN

Desde el punto de vista de una filosofía de la religión, tanto para Stein como para el obispo de Hipona, la *religación* con Dios se da desde la interioridad. Por estar fuera de sí misma, entregada a los sentidos y al mundo externo, la persona humana no puede encontrar a Dios. Dice San Agustín en las *Confesiones*: "porque tú estabas dentro de mí, más interior que lo más íntimo mío y más elevado que lo más sumo mío" (III, 6, 11). Stein, por su parte, siguiendo en esta tesis al santo obispo de Hipona[93], habla de la imagen sobrenatural de Dios por la presencia de Dios en el alma y al hablar de la vocación del alma a la vida eterna reconoce "la interioridad más profunda del alma como la *morada de Dios*"[94]. Defiende que "el alma individual se encuentra destinada a una vida eterna, lo que le permite comprender que debe reproducir la imagen de Dios de una manera completamente personal"[95].

Por su individualidad y porque Dios la hizo a su imagen y semejanza, el ser más íntimo de la persona humana es la morada de Dios, pero es también un misterio para sí misma y lo que hay en ella de más original y propio resulta inefable e incomunicable. Stein aplica la tesis de la imagen de la trinidad de San Agustín no solo a la persona sino a la totalidad de la creación[96]. En efecto, Stein sigue de cerca algunas tesis del *De Tri-*

93. Besaheart, M. C. *Person in the world. Introduction to the Philosophy of the Edith Stein.* Dordrecht: Springer, 1997, p. 117.
94. Stein, E. *Ser finito y ser eterno,* p. 518.
95. Ibid., p. 519.
96. García, E. "Trinidad y creación en Edith Stein". *Revista de espiritualidad,* pp. 75-113.

nitate. "En su explicación teológica de la unidad tripartita de la persona, nuestra autora recurre a la imagen trinitaria encontrada por san Agustín y que san Juan de la Cruz había, igualmente, adoptado, refiriéndola a las tres potencias espirituales que son memoria, entendimiento y voluntad"[97]. A pesar de la importancia de estas tesis, no podemos desarrollarlas en este trabajo por ahora. Solo diremos algunas ideas sobre el amor.

Pues bien, al preguntarse Stein qué significa la acogida de Dios en la interioridad más profunda del alma, su respuesta está en las coordenadas del *Ordo amoris* agustiniano, pues sostiene que "el Dios omnipresente está presente en donde quiera y siempre"[98]. Así, Dios está presente tanto en las creaturas animadas como en las inanimadas. El alma, como el resto de la creación, participa del amor de Dios, puesto que Dios está presente tanto en el mundo exterior como en el mundo interior, por tanto "no se puede decir que Dios viene a un lugar en el que no estaba antes. El hecho de que Dios sea acogido por el alma significa más bien que esta se abre libremente a Él y que se da en esta unión que no es posible más que entre personas espirituales. Se trata de una unión de *amor.* Dios es el amor y la participación del ser divino, que es la que garantiza la unión, debe ser una participación del amor"[99].

En la recepción que hace Stein del *De Trinitate* de San Agustín, el amor "es la gran unidad trinitaria que contiene todo en sí misma y que une la interioridad y la exterioridad"[100]. En efecto, en dicha obra San Agustín se refiere al amor en los siguientes términos: "Consiste el amor verdadero en vivir justamente adheridos a la verdad y en despreciar todo lo perecedero

97. Ferrer, U. *¿Qué significa ser persona?,* 77. Véase sobre esta referencia a Stein, E. "Ciencia de la Cruz". En *Obras completas 5,* Vitoria-Madrid-Burgos: El Carmen-Espiritualidad-Monte Carmelo, 2004, pp. 299-300. Con ello se abre otra línea de trabajo, a saber, la que va de san Agustín hacia san Juan de la Cruz.
98. Stein, E. *Ser finito y ser eterno,* p. 520.
99. Ibid., p. 520.
100. Ibid., p. 469.

por amor a los hombres, a quienes deseamos vivan en justicia" (VIII, 8, 10). Y en lo que podríamos denominar como una descripción fenomenológica del amor, San Agustín describe los elementos constitutivos del amor, a saber: el que ama, lo que se ama y el amor mismo. "Mas el amor supone un amante y un objeto que se ama con amor. He aquí, pues, tres realidades: el que ama, lo que se ama y el amor. ¿Qué es el amor, sino vida que enlaza o ansia enlazar otras dos vidas, a saber, al amante y al amado? Esto es verdad incluso en los amores externos y carnales; pero bebamos en una fuente más pura y cristalina y, hollando la carne, elevémonos a las regiones del alma. ¿Qué ama el alma en el amigo sino el alma? Aquí tenemos tres cosas: el amante, el amado y el amor" (VIII, 10, 14).

Para Stein, "toda comunidad de personas finitas tiene su arquetipo en la Trinidad divina", a diferencia de que el amor humano que se vive en comunidad de individuos, no alcanza el grado de perfección que se da en la Trinidad divina. "El amor —como señala García Rojo— es fuerza que aúna y cohesiona individuos distintos, propiciando comunidades, cuya vida interior está en dependencia directa con el grado de intensidad en la entrega y donación existente entre sus miembros"[101]. Consecuentemente, el amor que se da entre las personas humanas es un reflejo imperfecto del amor que se da "en el arquetipo comunitario trinitario". Y es que del optimismo agustiniano del amor brota una doctrina de la acción en la que "El centro dinámico de la actividad moral radica en la voluntad humana, sometida incondicionalmente a la voluntad de Dios"[102].

En este plano, la experiencia religiosa, es decir, el encuentro con Dios desde el centro interior de la persona tiene implicaciones éticas. De hecho, Stein llegó a decir que la verdura ética era la religión. ¿Por qué? Porque la experiencia de Dios hace posible una conversión y una

101. García, E. "Trinidad y creación en Edith Stein". *Revista de espiritualidad,* p. 109.

102. San Agustín, *Tratado de la Santísima Trinidad.* Madrid: Biblioteca de Autores Cristianos, 1956, p. 525, nota al pie 13.

renovación de la persona desde el centro interior de la persona. Y esta conversión y renovación aparece en la vivencia personal tanto de San Agustín como de Edith Stein. En la vivencia religiosa la persona humana siente a Dios en su propio interior y se siente tocado y sostenido por el Misterio. En este sentido, estamos de acuerdo con Torbeck en que la acción ética en Stein tiene "raíces interiores"[103]. En efecto, como ha observado, por su parte, Galvani: "Lo que puede realizarse moralmente está en la interioridad del individuo —lo que Agustín llama el lugar de las verdades eternas. El camino para impartir la perfección a uno mismo —el anhelo natural de la facultad apetitiva por el bien— está en la acción humana libre precedida por el conocimiento y expresada con amor. Esta perspectiva ética, fundada metafísica y teológicamente, encuentra su explicación en el misterio de la Trinidad. Solo con la Trinidad como modelo podemos entender la vida ética como realización de amor, dice Stein"[104].

En efecto, en la *Ciencia de la Cruz* Stein llega a postular que la actitud religiosa es la actitud "verdaderamente ética", porque la actitud religiosa cuyo fundamento es la fe en Dios, "debe esforzarse por conocer lo que es justo a los ojos de Dios"[105] y quien vive en la fe verdaderamente debe esforzarse por cumplir la voluntad divina. Por ello decía Stein en Ser finito y ser eterno que aquello que han sido arrastrados hacia su propia interioridad más profunda "han experimentado la presencia de una vida nueva, pujante, superior, la de la vida sobrenatural, divina"[106]. Y es aquí, siguiendo la senda de la interioridad, donde Stein vuelve sobre

103. Torbeck, J. W. "Mystical God-Forsakenness and the Ethiks of Solidarity". En *Ethiks and Metaohysics in the Philosophy of Edith Stein*, de M. F. y Calcagno, A. Andrews, Switzerland: Springer, 2022, pp. 46-47.
104. Galvani, M. "The Relationship Between Good and Being in Edith Stein´s Metaphysics", en *Ethics and Metaphysics in the Philosophy of Edith Stein*, de M. F. y Calcagno, A. Andrews, Switzerland: Springer, 2022, p. 131.
105. Stein, E. "Ciencia de la Cruz", p. 346.
106. Stein, E. *Ser finito y ser eterno*, p. 456.

San Agustín y lo cita, mostrando con ello que está de acuerdo con la vía agustiniana que conduce a Dios y que en ello su propio pensamiento y el del obispo de Hipona concuerdan. Aquí es donde Stein es *más agustiniana*. En efecto, cita a San Agustín cuando dice en su *Comentario al Evangelio de San Juan* (15, 25): "Si tú buscas un lugar elevado, un lugar santo, transfórmate interiormente en templo de Dios, 'porque el templo de Dios es santo y vosotros sois el templo'. ¿Quieres tú orar en el templo? Ora en ti mismo. Pero antes debes llegar a ser templo de Dios, porque en su templo Él escucha al que ora"[107]. Y cita allí mismo una vez más estas palabras de *Soliloquios* (II, 6, 9): "Líbrame del error; sé Tú mi guía y que yo me vuelva en mí y en Ti".

Así pues, para San Agustín, como señala Taylor, la interioridad "es la senda que conduce a lo "alto""[108] y, de acuerdo con Gilson, citado en Taylor, "la senda de Agustín "es la que "conduce de lo exterior a lo interior y de lo interior a lo superior"""[109].

Pues bien, el corazón suele identificarse con el alma y, por tanto, con la anterioridad. Y ha sido San Agustín quien con mayor fuerza se ha referido al corazón para expresar la interioridad a su vez que un lugar sagrado en el interior de la persona. Para San Agustín "nuestro corazón está inquieto hasta que descanse en ti" (*Conf.* I, 1, 1). A juicio de Stein, el corazón es "el verdadero *centro vital*"[110]. Y dice que suele designarse al órgano del cuerpo porque es él el que "gobierna la vida del cuerpo". "Pero es costumbre comprender por el corazón la interioridad del alma, puesto que manifiestamente es el corazón el que participa más fuertemente en lo que pasa en el fondo del alma, ya que es ahí donde se puede percibir más claramente la conexión del cuerpo y del alma más que en ninguna otra parte"[111].

107. Ibid., pp. 456-457.
108. Taylor, Charles. *Fuentes del yo,* 151.
109. Ibid., p. 151.
110. Stein, E. *Ser finito y ser eterno,* 451.
111. Ibid., p. 451.

Pero, además, es el corazón, o sea, la interioridad más profunda de la persona, el alma del alma, donde la persona "conoce" o "siente" la esencia de sí misma; es desde allí desde donde se conoce en su singularidad irrepetible, pero, sobre todo, este mundo interior profundo es donde ella encuentra su propia morada, su propia casa, donde puede habitar y desde donde puede hacer uso pleno de su libertad, al grado de que desde allí toma las decisiones más importantes y desde donde puede donarse completamente y ofrecerse en sacrificio. En el alma del alma la persona "adivina [...] el sentido de su ser". Además, "cuando su vida la alimenta de esta interioridad, vive *plenamente* y alcanza el grado más elevado de su ser"[112].

El centro del alma es la morada de Dios y el lugar donde se puede dar el encuentro personal con Él. Pero también es el lugar donde se reconoce con más fuerza la esencia de la persona. "De esta interioridad, la más profunda, resulta también la irradiación de la esencia propia, el crecimiento espiritual de ella misma, que es involuntario. Además, mientras más concentrada está la vida del hombre en esta interioridad, la más profunda de su alma, más poderosa es esta irradiación que mana de él y atrae a los hombres a su seguimiento"[113].

6. REFLEXIÓN FINAL

A lo largo de este trabajo de investigación hemos intentado mostrar uno de los modos a partir de los cuales San Agustín de Hipona está presente en la obra de Edith Stein, de modo especial en la suma de su pensamiento, a saber: *Ser finito y ser eterno*. Seguimos las propias indicaciones de Stein, donde ella misma dijo que esta obra empezó siguiendo a Santo Tomás de Aquino y terminó siendo más agustiniana. Que esto mismo se lo haya dicho a Hedwig Conrad-Martius es algo que nos llamó

112. Ibid., p. 451.
113. Ibid., p. 454.

la atención desde el inicio. Y por ello, quisimos centrar nuestra atención en el tema de la interioridad, porque intuimos que este es uno de los puntos de encuentro entre ambos.

Y así es, en efecto. Ya que hemos mostrado que la antropología existencial de San Agustín y la antropología de la persona de Edith Stein coinciden en poner en el centro de la reflexión el tema de la interioridad. Desde la interioridad, la persona humana no solo se conoce a sí mismo en grados cada vez más altos, sino que, además, es en esta interioridad donde sale al encuentro con Dios. En el centro de la persona ambos filósofos encuentran un lugar sagrado, en el que la persona puede entrar para recogerse en sí misma. En este sentido la filosofía de la religión de Stein y Agustín coinciden plenamente.

Sin embargo, no hemos agotado el tema. Apoyándonos también en las referencias de otros autores, hemos constatado la presencia de San Agustín en Stein, y dicha presencia no se agota en la interioridad. El tema de la imagen de la Trinidad en la creación es un tema que hay que explorar más a fondo y lo mismo podemos decir del amor, y de la libertad y la gracia, temas en los que se deja ver el influjo del obispo de Hipona en la filósofa discípula de Husserl.

BIBLIOGRAFÍA

Alfieri, Francesco. *The presence of Duns Scotus in the thought of Edith Stein. The question of individuality.* Heidelberg-New York-London: Springer, 2015.

Agustín, San. *Confesiones.* Madrid: Gredos, 2014.

___ *De la verdadera religión.* Madrid: Biblioteca de Autores Cristianos, 1956.

___ *Soliloquios.* Madrid: Biblioteca de Autores Cristianos, 1969.

___ *Tratado de la Santísima Trinidad.* Madrid: Biblioteca de Autores Cristianos, 1956.

Antuñano, Salvador. "Estudio introductorio". En San Agustín, *Confesiones*, Madrid: Gredos, 2014, pp. VII-LXXI.

Beckmann-Zöller, Beate. "Fenomenología de la vivencia religiosa en Edith Stein". En Urbano Ferrer (Ed.). *Para comprender a Edith Stein*, Madrid: Ediciones Palabra, 2008, pp. 311-367.

Besaheart, Mary Catherine. *Person in the world. Introduction to the Philosophy of the Edith Stein.* Dordrecht: Springer, 1997.

Burgos, Juan Manuel. *Introducción al personalismo.* Madrid: Ediciones Palabra, 2012.

Caballero, José Luis. "Prólogo". En Adolf Reinach, *Anotaciones sobre filosofía de la religión*, Madrid: Ediciones Encuentro, 2007, pp. 5-9.

Eliade, Mircea. *Historia de las ceencias y las ideas religiosas, vol 3.* México: Paidós, 2020.

Ferrer, Urbano. *¿Qué significa ser persona?* México: Lambda, 2022.

Galvani, Martina. "The Relationship Between Good and Being in Edith Stein's Metaphysics". En *Ethics and Metaphysics in the Philosophy of Edith Stein*, de M. F. y Calcagno, A. Andrews, Switzerland: Springer, 2022, pp. 121-132.

García, Ezequiel. "La fenomenología: propedéutica de la fe en Edith Stein". En Urbano Ferrer (Ed.). *Para comprender a Edith Stein*, Madrid: Ediciones Palabra, 2008, pp. 369-407.

___ "Presupuestos para una filosofía de la persona en Edith Stein". *Teresianum 35* 1984, 359-384.

___ 2001. "Trinidad y creación en Edith Stein". *Revista de espiritualidad* 75-113.

González, Eduardo. *De la persona a la historia. Antopología fenomenológica y filosofía de la historia en Edith Stein.* Morelia: Driada-UMSNH, 2005.

Pegueroles, Juan. "Nota sobre la participación en la filosofía de San Agustín". *Espíritu 31,* 1982, 117-129.

Peres, Sávio. "Santo Agostinho e a Fenomenologia: O Conceito de Atenção". *Phenomenological Studies - Revista da Abordagem Gestáltica,* 2018, pp. 428-438.

Ramos, Miriam. *Edith Stein y el "De veritate" de Tomás de Aquino.* Columbia: International Academy of Philosophy Press, 2018.

Redmond, Walter. "La rebelión de Edith Stein: la individuación humana". *Acta fenomenológica latinoamericana 2*, 2005, pp. 89-106.

Román, Ángel Damián. "El orden del amor. San Agustín y la ética de los valores de Scheler". *Agustinus 58*, 2013, pp. 119-161.

Rosales, Diego. "Inquietud y deseo. El legado de san Agustín a la filosofía contemporénea". *Revista Chilena de Estudios Medievales*, 2020, pp. 43-53.

___ "Mínima fenomenología de la religión en Agustín de Hipona." *Metafísica y persona 22*, 2019, pp. 11-31.

Scheler, Max. *Ordo amoris.* Madrid: Caparrós Editores, 2008.

Schulz, Peter. "Persona y génesis. Una teoría de la identidad personal". *Anuario Filosófico*, 1998, pp. 785-817.

Sánchez, Rubén. *La vivencia religiosa en Edith Stein. A cien años de su conversión y ochenta de su muerte.* México: Lambda, 2022.

___ *Introducción al personalismo de Edith Stein.* México: Universidad Pontificia de México, 2016.

___ *Persona y afectividad. Invitación a la fenomenología de Edith Stein.* Bogotá: Aula de Humanidades, 2020.

Sancho, Francisco Javier. "La mística en Edith Stein y sus conexiones con la antropología filosófica". En Rubén Sánchez (Ed.). *Edith Stein. Una filósofa de nuestro tiempo*, Bogotá: Aula de Humanidades-UPAEP, 2020, pp. 227-252.

___ "El ambiente espiritual y humano de Edith Stein". En Urbano Ferrer (Ed.). *Para comprender a Edith Stein*, Madrid: Ediciones Palabra, 2008, pp. 15-94.

___ "Introducción general". En Edith Stein, *Obras completas 2*, Vitoria-Madrid-Burgos: El Carmen-Espiritualidad-Monte Carmelo, 2005, pp. 21-43.

___ "Introducción general". En Edith Stein, *Obras completas 1*, Vitoria-Madrid-Burgos: El Carmen-Espiritualidad-Monte Carmelo, 2002, pp. 43-145.

Stein, Edith. *La estructura de la persona humana.* Madrid: Biblioteca de Autores Cristianos, 2003.

___ *La filosofía existencial de Martin Heidegger.* Madrid: Trotta, 2010.

___ "Cartas". En *Obras completas 1*, Vitoria-Madrid-Burgos: El Carmen-Espiritualidad-Monte Carmelo, 2002, pp. 551-1413.

___ "Causalidad psíquica". En *Obras completas 2*, Vitoria-Madrid-Burgos: El Carmen-Espiritualidad-Monte Carmelo, 2005, pp. 217-339.

___ 2004b. "Ciencia de la Cruz". En *Obras completas 5*, Vitoria-Madrid-Burgos: El Carmen-Espiritualidad-Monte Carmelo, 2004, pp. 185-477.

___ "El castillo interior". En *Obras completas 3*, Vitoria-Madrid-Burgos: El Carmen-Espiritualidad-Monte Carmelo, 2007, pp. 1113-1136.

___ *Ser finito y ser eterno. Ensayo de una ascensión al sentido del ser.* México: Fondo de Cultura Económica, 1994.

___ *Sobre el problema de la empatía.* Madrid: Trotta, 2004.

Taylor, Charles. *Fuentes del yo. La constitución de la identidad moderna.* Barcelona: Paidós, 1996.

Tomassi, Francesco Valerio. "Phenomenology and medieval philosophy". En Daniele, Hopkins, B. y Majolino, C. De Santis (Eds.), *The Routledge Handbook of Phenomenology and Phenomenological Philosophy*, London-New York: Routledge, 2021, pp. 50-63.

Torbeck, Jacob W. "Mystical God-Forsakenness and the Ethiks of Solidarity". En M. F. y Calcagno, A. Andrews (Eds). *Ethiks and Metaohysics in the Philosophy of Edith Stein*, Switzerland: Springer, 2022, pp. 43-53.

Zambrano, María. *La agonía de Europa.* Madrid: Trotta, 2000.

Libertad del ser humano en clave relacional en San Agustín[1]

Pamela Chávez Aguilar
Pontificia Universidad Católica de Chile

Fecisti nos ad te
conf. I, I, 1

1. INTRODUCCIÓN

En la historia del pensamiento occidental, se han sucedido diversas nociones de libertad; entre ellas, la modernidad ha relevado la idea de libertad como independencia, soberanía de sí y no coacción[2]. El pensamiento contemporáneo, por su parte, ha reflexionado sobre la importancia de estas dimensiones en el ámbito ético-político, como prevención contra cualquier totalitarismo. En el presente, falto de certezas, puede observarse que la afirmación de la libertad se ha vuelto problemática; o bien no se cree en ella debido a determinismos de diversa índole o bien se la reduce a una única dimensión, como la libertad económica. No obstante, el anhelo de libertad permanece y exige una y otra vez su clarificación. Ahora bien, la comprensión de la libertad solo como independencia tiende a mostrar al sujeto humano como un ente aislado, ocultando su carácter relacional y limitando el sentido de la libertad. Por esta razón, resulta fecundo repensar fuentes antiguas en búsqueda de un ensanchamiento comprensivo.

1. La idea inicial de este texto forma parte del proyecto "Libertad interior y ser en relación en San Agustín: el problema ante la sociedad, la historia y Dios", FONDECYT Nº11130237, Chile, 2014-2015.

2. Mill, J. S. *Sobre la libertad.* Madrid: Alianza 2001.

El pensamiento de San Agustín de Hipona ofrece una reflexión enriquecedora por la amplitud de su perspectiva filosófico-teológica. Para este pensador cristiano de la antigüedad tardía, la relación entre personas es una clave que viene dada en la teología trinitaria; asimismo, en la visión bíblica de Dios que hace alianza con su pueblo, pueblo al que llama, habla, escucha, espera, protege y acompaña en todos sus caminos.

Dicha antropología de base queda expresada en las líneas iniciales de *Confesiones*: *fecisti nos ad te et inquietum est cor nostrum, donec requiescat in te*[3]. *Ad te* expresa la estructura humana originaria. El ser humano se reconoce creado hacia el Señor su Dios, siendo su ser constitutivamente intencional, es decir, dirigido hacia otro; esta alteridad le constituye en "alguien", una persona, un alma con aperturidad originaria a la relacionalidad divina. Este rasgo no puede perderlo, pero su despliegue queda sometido a las vicisitudes del transcurso histórico salvífico de la creación, caída y redención y a la propia historia, que es el reino del *liberum arbitrium*. *Inquietum est* expresa la condición humana en el tiempo presente, redimida por Cristo y en camino histórico y biográfico. En ella puede experimentarse la inquietud, en cuanto ignora o rechaza dicha relacionalidad. La conciencia y acogida a la presencia de su Señor —ante quien se encuentra originariamente no sólo en estado de abierto sino de "vuelto hacia"— otorga paz al inquieto corazón, que anhela ese descanso. Finalmente, *in te* expresa la vocación y esperanza humana, intrahistórica y escatológica a la vez; es el ser relacional realizado, que puede comenzar a hacerse presente en la oración, la compañía de un alma hermana o la contemplación de las creaturas, hasta el ser totalmente vuelto hacia Dios en unión amorosa y definitiva.

Este ser en relación con Dios es el que se nos presenta con la triple dimensión del *liberum arbitrium*, la necesidad de liberación y el anhelo de libertad (*libertas*).

3. *conf.* I, I, 1.

2. *LIBERUM ARBITRIUM*

Un principio filosófico fundante del pensamiento de San Agustín es la certeza de la propia existencia y, luego de ello, la certeza de la propia voluntad, que hace nuestro el querer o el no querer por el cual somos íntimamente movidos a aceptar o rechazar una realidad[4]. Esta certeza es expresada así en su diálogo temprano *De libero arbitrio*:

> Confieso algo innegable: todos tenemos esta voluntad; (...) Porque nada hay, en efecto, que sienta yo tan firme e íntimamente que tengo voluntad y que por ella me muevo a procurar el goce de alguna cosa. Y en realidad no encuentro qué cosa pueda llamar mía si no es mía la voluntad por la que quiero y no quiero[5].

La certeza de estar en posesión de la propia voluntad, la conciencia de sí como fuente originaria y causa de automovimiento, vida consciente, vivencias, palabras y actos, es condición de posibilidad de la vida moral y fue defendida por Agustín contra el determinismo maniqueo, astrológico o fatalista[6]. La voluntad que se autoposee y que está cierta de ello, no permanece aislada sino que se encuentra en conexión de influencias no solo exteriores sino interiores; por ejemplo, es afectada por múltiples afecciones involuntarias provenientes de la vida corporal y psíquica, como el desánimo o la tristeza. Entonces, el "yo" parece estar en relación con algo distinto del "yo", con una especie de "yo contiguo" dentro de su propia estructura interior, en relación con otros movimientos que le pasan sin que los quiera o incluso que expresamente no quiere. El conflicto entre aparentes dos voluntades que desconcierta a Agustín en *Confesiones* VIII, podría entenderse como la no coincidencia entre el querer consciente del yo y las afecciones que el yo experimenta y que recibe como provenientes de una recóndita profundidad interior.

4. Chávez, P. "Libertad, responsabilidad y gracia", *San Agustín apuntes para un diálogo con la ética actual,* Santiago: Universitaria, 2010, pp. 155-171.
5. *lib. arb.* I, 12, 25; III, 1, 3.
6. *civ.*, V, IX, 3; *lib. arb.* III, I, 3.

Las afecciones involuntarias no contradicen, sino que suponen el yo que se autoposee y que se reconoce como quien dispone de sí en una opción independiente[7].

Una antigua cuestión debatida y suscitada por la idea de *liberum arbitrium* es su posibilidad de coexistencia con una teología de la gracia. En nuestra opinión, este problema encuentra una explicación iluminadora en el análisis que hace la fenomenóloga Edith Stein de la libertad en Agustín[8]. Según esta autora, el *liberum arbitrium* constituye el acto de la voluntad que se mueve desde ella misma y se dirige hacia algo que está ante ella, respondiendo activamente a un incentivo o "motivo". La voluntad manifiesta la intencionalidad del alma o yo respondiendo con mayor o menor fuerza; este dinamismo interior se entreteje con la acción divina. Por ejemplo, Dios siembra un pensamiento bueno el cual incita o interpela a la voluntad; la fuerza de la voluntad así invocada puede ser pequeña o encontrar obstáculos en las circunstancias acompañantes externas de lo que quiere realizar. Esta actitud débil no se identifica con la decisión de la voluntad, sino que procede de la "vivencia" o experiencia interna del bien buscado y amable, experimentado con mayor

7. Teske, R. "De libero arbitrio", en Allan Fitzgerald (dir.). *Diccionario de san Agustín. San Agustín a través del tiempo,* Burgos: Monte Carmelo, 2006, pp. 803-805; Djuth, M. "Libertad", en Fitzgerald, *Diccionario de san Agustín,* 805-809; von Balthasar, H. U. "Libertad infinita y libertad finita", *Teodramática. Las personas del drama: el hombre en Dios,* Madrid: Encuentro, 1976, pp. 191-248.
8. Stein, E. "Excurso sobre la doctrina de la libertad en San Agustín", en ¿Qué es el hombre? La antropología de la doctrina católica de la fe, Burgos-Vitoria-Madrid: Monte Carmelo-Espiritualidad, El Carmen, 2003, pp. 811-831; Chávez, P. "On Freedom: Three Steps in the Thought of Edith Stein", en Andreas Speer y Stephan Regh (eds.). "Alles Wesentliche läßt sich nicht schreiben" Leben und Denken Edith Steins im Spiegel ihres Gesamtwerks, Colonia: Herder, 2016, pp. 335-346; Chávez, P. "Cuestiones en torno a la recepción de san Agustín por Edith Stein", en: Agustina Serrano y Juan Francisco Pinilla (eds.). "Cuestiones de fe y razón en Edith Stein". *Anales de la Facultad de Teología,* LXV, 104, 2015, pp. 127-139.

o menor vigor. La acción de la gracia divina actúa eficazmente sobre la actitud de la voluntad, haciéndola más fuerte, liberándola de cadenas, como la costumbre. Pero, la decisión libre de la voluntad está expresada en el *Fiat!* que consuma el acto; es el paso a la acción libre y consciente, el verdadero lugar de la libertad, que San Agustín nunca negó ni siquiera en sus escritos antipelagianos, como muestra Edith Stein. La acción divina puede ser también providente, ayudando en las circunstancias externas que rodean un acto; por ejemplo, fortaleciendo el sentimiento de alguien que quiere ayudar a otro. Así, el análisis de Edith Stein muestra que hay libertad como *liberum arbitrium* donde un yo que se autoposee pronuncia un *Fiat.* Y puede reconocerse la acción de la gracia divina allí donde se da un fortalecimiento interior del querer (*velle*) del yo que se autoposee en relación a su poder o fuerza (*posse*) para llevar adelante; igualmente, puede reconocerse la providencia en la presencia concreta de personas coadyuvantes como un maestro o un ser humano fraterno.

La conciencia del yo como libre albedrío de la voluntad inaugura una zona íntima del alma humana impenetrable por otra creatura; dice Agustín que incluso si somos coaccionados a actuar de determinada manera, nadie puede obligarnos a querer. Esto manifiesta la alta vida a la que está llamada la persona humana: vida de relación con Dios y de relación con otros seres personales, la cual no es posible sino desde la libertad interior.

3. POR EL CAMINO DE LA LIBERACIÓN

Dirupisti vincula mea ... Iam liber erat animus meus (*conf. IX, I, 1*)

Junto al rasgo antropológico del ser creado libre, la mirada agustiniana a la libertad considera a la persona humana en su devenir temporal, en camino hacia su ser pleno. Ello concuerda con una clave de lectura de su pensamiento, en el cual pueden distinguirse tres perspectivas en constante tensión: el nivel filosófico, esencialista, abstracto, universalista, que coincide con la metafísica neoplatónica; el nivel teológico, que recoge la experiencia bíblica y de fe y el nivel existencial, relacionado con su propia experiencia interior y vital[9]. Estos últimos dan paso a la idea de la necesidad de ser liberado por el único Mediador y Liberador.

La experiencia de Agustín es que la libertad es frágil y sujeta a difíciles derroteros. Si bien el libre albedrío de la voluntad es una condición ontológica —como también el *ad te*—, su despliegue hacia el pleno querer el bien está inmerso en un trayecto vital, es un bien que se puede perder y que hay que conquistar una y otra vez, en un combate que dura hasta el fin de la existencia y de la historia. La buena voluntad no es una substancia estática sino más bien cierto dinamismo interior; usando la analogía bíblica, es una llama encendida y a veces una mecha que apenas humea[10].

Para San Agustín, la posibilidad de la pérdida radica en la fragilidad del ser humano, creado *ex nihilo*. Por una parte, por la finitud nos encontramos sujetos al cuidado de sí, dada la existencia en la *insecuritas*; por otra, la voluntad se encuentra ante la inescrutable cuestión del mal que se hace[11]. La existencia humana es experimentada por Agustín en medio de una temporalidad que no es abstracta ni homogénea sino dramática; se asemeja a la experiencia bíblica del éxodo del pueblo de Israel, liberado de la esclavitud por un Dios que establece con él una alianza; es un camino sinuoso y arduo por el desierto. La historia de la salvación ahonda este aspecto: el tiempo histórico tras la caída ha hecho entrar al ser humano en una penosa esclavitud, de la cual ha sido liberado necesariamente por Cristo.

En un interesante artículo sobre *De spiritu et littera* de Agustín, Anneliese Meis resume la problemática de la libertad, la gracia y la liberación desde un punto de vista teológico. El ser humano no es plenamente

9. Florez, R. "Puntos para una antropología agustiniana", en *Augustinus Magíster*, Paris: Ètudes Augustiniennes, 1954, pp. 551-557.
10. Is 42, 3.
11. *civ.*, XXII, XXII, 1-3.

libre en la actualidad del mundo, es solo la posibilidad de realizar la libertad que en sí es un don; pero es un bien intermedio, que puede o no dirigir a su plenitud. Siempre acecha el peligro de la tiniebla, el vicio, la confianza soberbia en las propias fuerzas; en el mundo, el libre albedrío es complejo y ambiguo; el ser humano necesita liberación por otro. Esto hace necesarias las iniciativas histórico-salvíficas de liberación de parte de Dios, como la alianza con su pueblo —que incluye la enseñanza de la Ley, la posibilidad de refugiarse en Dios incluso en la infidelidad y el incumplimiento, la justificación mediante la fe en Cristo Jesús—, la fe y la gracia, por ejemplo, en la Pascua y Pentecostés; estas son experiencias liberadoras que buscan iniciar en el ser humano la apertura a la libertad. La dinámica interna de la liberación va desde: la restauración de la imagen de Dios en el hombre por el Espíritu, la curación del alma, la libertad del albedrío, el amor de la justicia, el cumplimiento de la ley y culmina en el amar libremente la justicia. Así, la plenificación de la libertad requiere un dejarse impulsar por el Amor, un deleitarse en el Espíritu, deleite que constituye signo de libertad. Por eso la libertad está en tensión entre el "ya" y el "todavía no". La libertad se resuelve en tensión escatológica; el ser humano camina por la fe hacia la patria definitiva; ha sido liberado para vivir bien y llegar al Sumo Bien; la liberación se ha iniciado[12].

En su historia personal, Agustín experimenta el dinamismo de la atadura y el ser desatado o liberado, su fragilidad y la necesidad del don de la gracia divina que libera y transforma:

> ¡Oh Señor!, siervo tuyo soy e hijo de tu sierva. Rompiste mis ataduras, yo te ofreceré un sacrificio de alabanza (Sal 115, 16) (...); ¿...de qué bajo y profundo arcano no fue en un momento evocado para que yo sujetase la cerviz a *tu yugo suave* y el hombro a *tu carga ligera* (Mt 11, 30), ¡oh Cristo Jesús!, ayudador mío y redentor mío? (Sal 18, 15)[13].

12. Meis, A. "La libertad como gracia en *De spiritu et littera* de san Agustín", *Anales de la Facultad de Teología* 33, 1982, pp. 77-95.
13. *conf.* IX, I, 1.

La conciencia del límite de su yo libre —en el tiempo del *inquietum est*— da paso en él a la certeza del *ad te*. Descubre a Dios que no es solo el ser omnipotente, sino un rostro personal, de compasión y misericordia. Tras la experiencia transformadora del encuentro con Dios, el *inquietum est* es seguido de luminosos momentos de serenidad que tienen el efecto de ahondar el anhelo del *in te*; en la conversación con su madre en Ostia, se puede reconocer uno de esos momentos de estado interior sereno por la certeza de lo que espera:

> Allí solos conversábamos dulcísimamente; y olvidándonos de lo pasado y proyectándonos hacia lo por venir (Flp 3, 13), inquiríamos los dos delante de la verdad presente, que eres tú, cuál sería la vida eterna de los santos, que ni el ojo vio, ni el oído oyó, ni el corazón del hombre concibió (1 Cor 2, 9)... Y mientras estamos hablando y suspirando por ella, llegamos a tocarla un poco con todo el ímpetu de nuestro corazón; y suspirando y dejando allí prisioneras las primicias de nuestro espíritu, tornamos al estrépito de nuestra boca...[14]

Entonces, el ser humano liberado por Cristo en el tiempo histórico-salvífico está aún en camino; en palabras de Edith Stein, está aún *in via*, no *in patria*; en palabras de Agustín "es posada de caminante"[15] buscando amar la justicia, lo que todavía no puede hacer en forma perfecta pero sí inicial.

4. LIBERTAD COMO ANHELO Y HORIZONTE

En el peregrinar vital y pensante de San Agustín, se va develando la auténtica figura de la libertad. La capacidad de autoposesión independiente constituye un bien intermedio para San Agustín, expresando con ello que sin ser un bien menor o desestimable sino uno muy grande e imprescindible para lograr el bien más alto que es vivir rectamente, no

14. *conf.* IX, 10, 23-24.
15. *Io.ev.tr.,* XLI, 13.

es el bien máximo porque de ella se puede hacer mal uso y es corruptible. De esta manera, la libertad como capacidad de autodeterminación tiene que estar en conexión con otro bien, el cual va siendo develado por San Agustín con matices diversos en el desarrollo de su pensamiento.

En *De libero arbitrio*, Agustín considera la libertad como obediencia a la divina voluntad[16]. Es la adhesión a un orden de quien reconoce la finitud de su ser y es consciente de su ser recibido, creado, necesitado de Dios para existir. Someter el propio querer a la divina voluntad es responder a la verdad del propio ser creatural y, por el contrario: "quien no quiere ser de este modo criatura entre los seres, se opone a la voluntad de Dios"[17]. En obras posteriores, como *De civitate Dei,* Agustín entiende la libertad como poder de elegir entre el bien y el mal; así, la libertad está ligada a un orden, al bien, el que puede acoger o rechazar: "la voluntad, que ha sido creada naturalmente buena, pero también mudable, por ser de la nada, por el Dios bueno, el inmutable, puede apartarse del bien para hacer el mal, que se hace por el libre albedrío y puede también apartarse del mal para hacer el bien, que no puede hacer sin el auxilio divino"[18].

La libertad auténtica implica la adhesión al orden del bien que Agustín va develando como *ordo amoris*[19]. No podría ser otra la respuesta del pensador cristiano: la libertad plena consiste en la caridad que se goza en el bien, no que solo le sigue por precepto, ley, presión o temor. Una vez rota la cadena del pecado, queda el ser humano libre para reconocer y aceptar su estar ligado a la caridad. Libertad es, pues, adhesión amorosa al bien. Lo que vincula al bien es el amor, que es la fuente más auténtica del automovimiento. La libertad y el amor pleno solo se consumarán escatológicamente.

16. *lib.arb.* III, 1; I, 13.
17. *Gn. litt.,* VII, XXVI, 37.
18. *civ.,* XV, XXI.
19. *civ.,* XV, XXII.

La redención-liberación realizada por Jesucristo ya inauguró el tiempo de la libertad. Inicialmente, esto puede comprenderse en sentido negativo: ser libre es lo contrapuesto a ser esclavo. Para la humanidad caída, el Salvador ha abierto nuevamente el puente hacia Dios. Pero el tiempo hasta la segunda venida de Cristo es un "todavía no" pleno para el ser humano, quien aún puede caer en el rechazo de Dios, es decir, en el pecado. Quien peca es esclavo del pecado; el mal es como un muro de esclavitud y quien libra de esta esclavitud es el Liberador, Cristo. Liberar es quitar algo que separa y poner en medio otro puente, mediador o reconciliador. Para Agustín, Cristo es el verdaderamente libre[20] y nosotros, en camino a la unión con Él, somos libres en esperanza, llamados a la libertad. Así, la primera libertad puede entenderse como carecer de crímenes entendidos como pecados graves, es decir, homicidio, hurto, fraude, sacrilegio[21]. Quien deja estos se ha erguido ya y comienza a caminar hacia la libertad, dice Agustín. Pero aun en el hombre justo, sin pecado grave, hay falta y una realización imperfecta de la libertad. Por ello, dice Agustín: "En parte, libertad; en parte, esclavitud: aún no es entera, aún no es pura, aún no es plena la libertad porque aún no es la eternidad"[22]. Dada la no plenitud, puede confundirse el uso y el abuso de la libertad; Agustín previene contra ello y muestra la relevancia de enlazar el yo que se autoposee a un bien que le trasciende:

> (Nadie puede decir:) 'Soy libre, he sido llamado a la libertad; esclavo era, pero he sido rescatado y el rescate mismo me ha hecho libre; haré lo que quiero; si soy libre, nadie me impida mi voluntad'. Pero, si con esa voluntad haces el pecado, eres esclavo del pecado. No abuses, pues, de la libertad para pecar libremente, sino úsala para no pecar, pues tu voluntad será libre si fuere piadosa[23].

Agustín llega así a preguntarse dónde radica la plena y perfecta libertad; responde siguiendo a San Pablo: "Cuando las enemistades sean

20. *Io. ev. tr.,* XLI, 5; 7.
21. *Io. ev. tr.,* XLI, 9-10.
22. *Io. ev. tr.,* XLI, 10.
23. *Io. ev. tr.,* XLI, 8.

nulas, cuando sea destruida la muerte, última enemiga. Es preciso, en efecto, que esto corruptible se vista de incorrupción, y que esto mortal se vista de inmortalidad; ahora bien, cuando esto mortal se haya vestido de la inmortalidad, entonces se cumplirá la palabra que está escrita: la muerte fue absorbida en la victoria"[24].

La libertad señala hacia una plenitud no alcanzable en el tiempo presente: amar plenamente a Dios: "la libertad de que habla nuestro Señor Jesucristo no es de este tiempo" y "Seréis verdaderamente discípulos míos y conoceréis la verdad y la verdad os hará libres (Jn 8, 31-32)"[25]. La libertad plena del descanso *in te*, es expresada por Agustín hacia el final de *Ciudad de Dios;* es un don divino que se manifiesta en la seguridad de no poder pecar, el gozo en el amor de Dios y la alabanza y gratitud de quien se sabe amado por su Liberador:

> Ni dejarán tampoco los bienaventurados de tener libre albedrío, por el hecho de no sentir el atractivo del pecado. Al contrario, será más libre este albedrío cuanto más liberado se vea, desde el placer del pecado hasta alcanzar el delite indeclinable de no pecar. Pues el primer albedrío que se dio al hombre, cuando fue creado en rectitud al principio, pudo no pecar, pero también pudo pecar; este último, en cambio, será tanto más vigoroso cuanto que no podrá caer en pecado... por un don de Dios (...). Una será, pues, en todos e inseparable en cada uno la voluntad libre de aquella ciudad, liberada de todo mal, rebosante de todos los bienes, disfrutando indeficientemente de la alegría de los gozos eternos, olvidada de sus culpas y olvidada de las penas; sin olvidarse, no obstante, de su liberación de tal suerte que no se muestre agradecida al liberador[26].

5. EPÍLOGO

El libre albedrío que nos es constitutivo, el camino de liberación en que consiste nuestra existencia y el anhelado horizonte de libertad ple-

24. *Io. ev. tr.,* XLI, 13.
25. *Io. ev. tr.,* XL, 11.
26. *civ.*, XXII, 30, 2-3.

na se corresponden con la antropología relacional, esto es, con la persona humana creada *ad te,* existente en el tiempo *inquietum, in via* hacia el descanso del *in te.*

La conciencia de la compleja y frágil libertad, de la necesidad de Dios en el camino humano, de la necesidad de otros seres humanos fraternos coadyuvantes y del alto destino a que la persona está llamada, pueden resultar iluminadoras para profundizar reflexivamente en formas siempre actuales de pérdida de libertad interior: el desconcierto o desconfianza sobre la verdad y la libertad; la seducción de relaciones opresivas o abusivas, la pesadez de la costumbre, las cadenas del vicio, las estructuras limitativas de la dignidad humana: ignorancia, pobreza, violencia, totalitarismos.

El horizonte escatológico de la libertad plena no exime del combate por la libertad de las esclavitudes interiores o exteriores del ser humano en el tiempo presente. Estas se integran en ella aportando una nueva luz: permite evaluar con serenidad los proyectos intrahistóricos y no absolutizarlos viéndolos con una perfección que ninguna realidad finita puede contener.

Volver la mirada a este pensador de la antigüedad cristiana nos permite descubrir que la clave de la libertad es la relación y una relación de amor. Así como el ser humano no puede conocerse realmente a sí mismo sin reconocerse como es conocido por Dios, tampoco puede desplegar su libertad plenamente sino en relación amorosa con otros y con Dios, en un presente de esperanza.

BIBLIOGRAFÍA

Allan Fitzgerald, dir., *Diccionario de san Agustín. San Agustín a través del tiempo,* Burgos: Monte Carmelo, 2006.

Anneliese Meis, "La libertad como gracia en *De spiritu et littera* de san Agustín", *Anales de la Facultad de Teología* 33, 1982, pp. 77-95.

Edith Stein, "Excurso sobre la doctrina de la libertad en San Agustín", *¿Qué es el hombre? La antropología de la doctrina católica de la fe,* Burgos-Vitoria-Madrid: Monte Carmelo-Espiritualidad, El Carmen, 2003, pp. 811-831.

Hans Urs Von Balthasar, "Libertad infinita y libertad finita", *Teodramática. Las personas del drama: el hombre en Dios,* Madrid: Encuentro 1976, pp. 191-248.

John S. Mill, *Sobre la libertad,* Madrid: Alianza, 2001.

San Agustín, *Confesiones, Obras* II, BAC: Madrid, 2013.

San Agustín, *Ciudad de Dios, Obras* XVII, BAC: Madrid, 2004.

San Agustín, *Tratados sobre el Evangelio de San Juan, Obras* XIII, BAC: Madrid, 2005.

San Agustín, *El libre albedrío, Obras* III, BAC: Madrid, 2009.

San Agustín, *Del Génesis a la letra, Obras* XV, BAC: Madrid, 1969.

Pamela Chávez, "On Freedom: Three Steps in the Thought of Edith Stein", en Andreas Speer y Stephan Regh, eds., "Alles Wesentliche läßt sich nicht schreiben" Leben und Denken Edith Steins im Spiegel ihres Gesamtwerks, Colonia: Herder, 2016, pp. 335-346.

___ "Cuestiones en torno a la recepción de san Agustín por Edith Stein", en: Agustina Serrano y Juan Francisco Pinilla, eds., "Cuestiones de fe y razón en Edith Stein". *Anales de la Facultad de Teología,* LXV, 104, 2015, pp. 127-139.

___ *San Agustín apuntes para un diálogo con la ética actual,* Santiago: Universitaria 2010.

Ramiro Florez, "Puntos para una antropología agustiniana", en *Augustinus Magíster,* Paris: Ètudes Augustiniennes, 1954, pp. 551-557.